Nationalversammlung

1866

Wiederherstellung früherer politischer Zustände

Revolutionen in vielen Orten Europas

1817

freiheitlich; auf die Rechte des Einzelnen bedacht

1813/14

Legitimität

Nationalversammlung in der Frankfurter Paulskirche

Säkularisierung

Deutsches Reich ohne Österreich

kleindeutsche Lösung

Gründung des Deutschen Reiches

Hambacher Fest

Die Wandervogel-Bewegung hat 25.000 Mitglieder.

liberal

28. März 1849

treten für den bestehenden Staat, den Kaiser und die Kirche ein

zeitreise 3

Autoren:
Sven Christoffer
Wilfried Dähling
Helmut Heimbach
Arno Höfer
Andrej Keller
Klaus Leinen

Ernst Klett Verlag
Stuttgart · Leipzig

1. Auflage 1 5 4 3 2 1 | 2011 10 09 08 07

Alle Drucke dieser Auflage sind unverändert und können im Unterricht nebeneinander verwendet werden. Die letzten Zahlen bezeichnen jeweils die Auflage und das Jahr des Druckes.

www.klett.de

Autoren: Sven Christoffer, Wilfried Dähling, Helmut Heimbach, Arno Höfer, Andrej Keller, Klaus Leinen
Redaktion: Carsten Loth

Gesamtgestaltung: Kassler-Design, Leipzig
Piktogramme: Erhard Müller, Leipzig
Kartographien: Kartographisches Büro Borleis & Weis, Leipzig
Grafiken: Lutz Erich Müller, Leipzig; Sandy Schygulla, Leipzig
Herstellung: Karena Klepel
Reproduktionen: Meyle + Müller, Medien-Management, Pforzheim
Druck: Himmer AG, Augsburg

Printed in Germany
ISBN 978-3-12-423030-0

9 783124 230300

Inhalt

Industrialisierung und soziale Frage 68

Imperialismus und Erster Weltkrieg 104

So arbeitest du mit diesem Buch

Dieses Buch hat vier Themeneinheiten. Jede Themeneinheit beginnt mit einer Auftaktdoppelseite. Ein Bild und ein kurzer Text führen in das Thema ein. Die große Karte hilft bei der Orientierung in jenen Staaten und Kontinenten, um die es in der Einheit geht. Die Zeitleiste zeigt dir, durch wie viele Jahre oder Jahrhunderte die „Reise“ auf den nächsten Seiten geht.

Außerdem erhältst du verschiedene Materialien zum Thema: Zeichnungen oder Fotos, Karten, Statistiken, historische Bilder, dazu originale Texte oder auch Berichte von heutigen Wissenschaftlern. Fragen und Anregungen helfen dir, die Texte und Materialien zu erschließen.

Jede Themeneinheit ist in mehrere Kapitel unterteilt. Jedes Kapitel steht auf einer Doppelseite. Auf diesen Doppelseiten findest du links die Verfassertexte (VT), die unsere Autoren für das Buch geschrieben haben.

Projektseiten geben dir und deiner Klasse Anregungen, ein bestimmtes Thema zu vertiefen oder zu erkunden. Genaue Anleitungen helfen dabei, das Projekt auszuprobieren.

Auf solchen farbigen Seiten mit der Überschrift „Methode“ werden Methoden vorgestellt, die dir beim Lernen in Geschichte helfen. Auf diesen Seiten übst du beispielsweise historische Bilder zu interpretieren oder Karikaturen richtig zu deuten.

In dem Kasten mit dem roten Rahmen stehen die methodischen Arbeitsschritte, auf die es bei dieser Methode ankommt. Du findest alle Methoden noch einmal gesammelt am Ende des Buches im Methodenglossar.

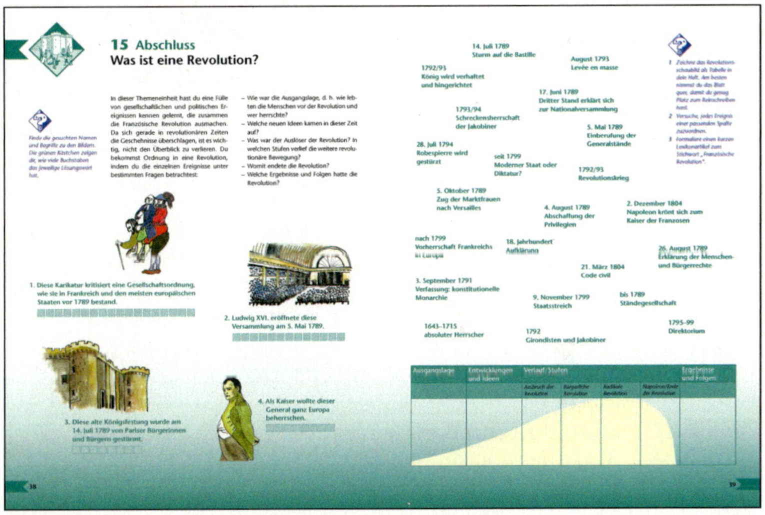

Auf der letzten Doppelseite einer Themeneinheit gibt es ein Spiel, ein Rätsel oder eine abschließende Aufgabe, wo es noch einmal um die wichtigsten Dinge aus den Kapiteln geht. Die Lösungen sollten kein Problem sein. Bist du nicht sicher, kannst du in den Kapiteln nachschlagen.

Kleine Symbole helfen dir, dich in den Kapiteln zurechtzufinden:

Jede Themeneinheit hat ihr eigenes Bild. Du findest es auf jeder Doppelseite links oben in der Ecke.

Hier findest du Vorschläge für Projekte, Lesetipps und Adressen von Informationsstellen.

Erklärung von wichtigen Fachwörtern und schwierigen Begriffen.

Fragen und Anregungen zur Erschließung des Textes und der Materialien.

Hinweis aufs Internet und das Zeitreise-Software-Angebot. Hier werden jeweils passende Module auf den Zeitreise-CD-ROMs genannt oder interessante Seiten im Internet vorgeschlagen. Übrigens: Zusätzliche Tipps und Materialien gibt es im Internet unter Zeitreise EXTRA. Einfach anwählen unter www.klett.de/extra

1789 stürmten die Menschen in Paris die Gefängnisfestung Bastille und entfesselten damit eine große Revolution: Die alten Vorrechte der Adligen und Geistlichen wurden abgeschafft, der König wurde abgesetzt und schließlich hingerichtet. Stattdessen gaben sich die französischen Bürger eine neue Verfassung. Viele Völker Europas folgten dem Beispiel der Franzosen, sodass die Französische Revolution schließlich die gesamte europäische Staatenwelt veränderte.

5. Mai 1789

Die Generalstände treten zusammen.

20. Juni 1789

Die Nationalversammlung beschließt, eine neue Verfassung auszuarbeiten.

26. August 1789

Die Nationalversammlung beschließt die Menschen- und Bürgerrechte.

1791

Die französische National-versammlung verabschiede[t] eine neue Verfassung.

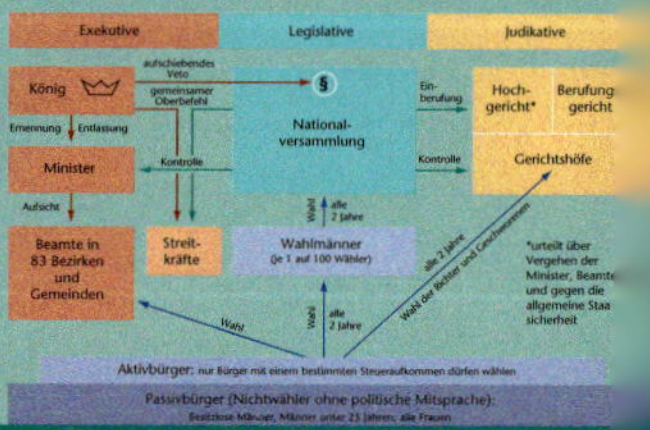

Französische Revolution

Der Sturm auf die Bastille am 14. Juli 1789 (zeitgenössischer Stich). Die alte Festung wurde als Staatsgefängnis und Waffenmagazin genutzt. Obwohl in der Bastille im Juli 1789 nur noch wenige Gefangene saßen, wurde ihre Erstürmung zum Symbol der Revolution.

21. Januar 1793

König Ludwig XVI. wird hingerichtet.

1793/94

Die Schreckensherrschaft der Jakobiner

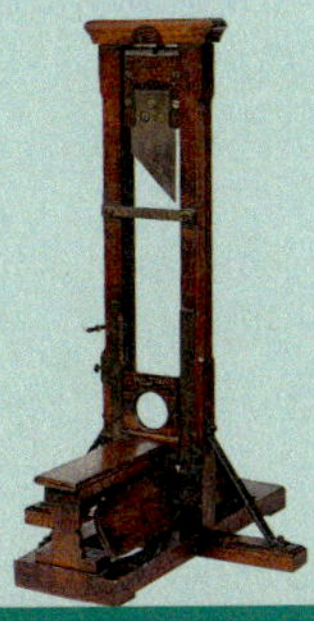

1799–1804

Der General Napoleon Bonaparte übernimmt die Macht und krönt sich 1804 zum Kaiser von Frankreich.

bis 1812

Napoleon dehnt seine Herrschaft über weite Teile Europas aus.

1 In Frankreich ist die Staatskasse leer

Q1 *„Hoffen wir, dass das Spiel bald ein Ende nimmt“*, seufzt der Bauer. Aus seiner Tasche hängen Zettel, auf denen die Salz-, Tabak- und Kopfsteuer, Abgaben und Dienste genannt werden; auf der Hacke steht: „Mit Tränen getränkt“; auf den anderen Zetteln steht: „Bischof, Abt, Herzog, Graf, Pension, Großspurigkeit“ und auf dem Degen: „Gerötet vom Blut“ (französische Karikatur aus dem Jahr 1789).

A-Z

Ancien Régime
(franz. = „alte Herrschaft“)
Zeit des französischen Absolutismus vor der Französischen Revolution.

Klerus
Bezeichnung für den geistlichen Stand. Dazu gehörten Bischöfe, Priester, Äbte und Mönche.

Ständegesellschaft
Die Einteilung der Gesellschaft in Adel, Klerus und Bürgertum. Die Zugehörigkeit zu einem bestimmten Stand war in der Regel durch die Geburt vorgegeben.

Privilegien
Sonderrechte für einzelne Personen oder Personengruppen im Staat.

Vorrechte von Adel und Geistlichkeit

1774 wurde Ludwig XVI. König von Frankreich. Zu dieser Zeit hatte das Land einen langen Wirtschaftsaufschwung hinter sich. Viele Bürger waren durch Handel, Bankgeschäfte oder einen eigenen Betrieb reich geworden. Doch in der Gesellschaft des „Ancien Régime“ galten sie nicht viel. Wenn wichtige Positionen in der Verwaltung oder Offiziersstellen in der Armee zu besetzen waren, bekamen Adlige den Vorzug. Viele wollten sich nur Titel, Einkommen und Rechte sichern. Die damit verbundenen Pflichten nahmen sie nicht ernst. Neben dem Adel war der Klerus mächtig und einflussreich. Den Reichtum der Kirche genossen vor allem hohe Geistliche, die meistens aus dem Adel stammten. Zu diesen Zuständen bemerkte der Aufklärer Voltaire einmal spöttisch, die Vorrechte einzelner Personengruppen, für die es in der Natur weder eine Erklärung noch eine Rechtfertigung gebe, könne er dann anerkennen, wenn Adlige „mit Sporen an den Füßen“ und Bauern „mit Sätteln auf dem Rücken“ geboren würden.

Ein ungerechtes Steuersystem

85 Prozent der französischen Bevölkerung lebten auf dem Land, ein großer Teil davon in sehr ärmlichen Verhältnissen. Die Bauern mussten adligen Herren und der Kirche einen Teil der Ernte abgeben und dem König Steuern zahlen. Auch in den Städten war es für Handwerker, Kleinhändler, Arbeiter und Dienstboten nicht einfach, für das tägliche Leben aufzukommen. Ein Maurer musste zum Beispiel mehr als die Hälfte seines Lohns alleine für Brot und Miete aufwänden. Trotzdem verlangte der König von ihm die allgemeine Kopfsteuer.
Die beiden ersten Stände, Adel und Klerus, waren davon befreit. Selbst reiche Adlige bezahlten kaum Steuern, und auch der Klerus musste nur freiwillige Abgaben leisten.

Am Rande des Staatsbankrotts

Die Hofgesellschaft lebte in Saus und Braus, veranstaltete rauschende Feste und verschwendete täglich ganze Vermögen.
Gleichzeitig unterstützte Frankreich die amerikanischen Kolonisten in ihrem Unabhängigkeitskrieg gegen England, was noch einmal viel Geld kostete. Bald war der Staat hoch verschuldet und konnte seine Zinsen nur noch durch neue Kredite bezahlen. Um mehr Steuern einnehmen zu können, schlugen die Finanzminister Reformen vor. Doch Adel und Klerus wehrten sich, denn sie wollten ihre Privilegien nicht verlieren.

Wachsende Unzufriedenheit

Zur gleichen Zeit verschlechterte sich die wirtschaftliche Lage in Frankreich: In den Städten waren viele Menschen ohne Arbeit. Gleichzeitig stieg aber der Brotpreis seit 1787 ständig an, nachdem Überschwemmungen, Dürreperioden und ein strenger Winter zu Missernten geführt hatten. Handwerker und arme Bauern hungerten und ihre Wut auf den Adel und den König wuchs.

Q3 Austernfrühstück (Gemälde von Jean François de Troy, 1645–1730).

1. *Was erkennst du in Q3 über die Lebensweise der adligen Gesellschaft?*
2. *Welche Stände verkörpern die drei Männer in der Karikatur Q1? Begründe deine Aussagen, indem du Kleidung, Haltung und Texte auswertest.*
3. *Vergleiche die Balkendiagramme in D2. Was sagen sie über die Ständegesellschaft in Frankreich aus? Berechne den Anteil der ersten beiden Stände an der Gesamtbevölkerung in Prozent.*
4. *Beurteile die Einnahmen und Ausgaben des französischen Staates in D1. Warum drohte ohne Erhöhung der Steuern ein Staatsbankrott?*
5. *Gib mit eigenen Worten wieder, wie Calonne das geplante Steuersystem begründete (Q2).*

Q2 Durch ein gerechteres Steuersystem wollte Finanzminister Calonne die Einnahmen erhöhen. 1787 erklärte er:

Was bleibt, um einen entsetzlichen Fehlbetrag zu decken und das ersehnte Gleichgewicht im Staatshaushalt herzustellen? (...) Die Missbräuche. Ja, meine Herren, in den Missbräuchen selber findet sich ein Schatz von Reichtümern, die der Staat zurückfordern darf und zurückfordern muss, um die Ordnung wieder herzustellen. Die Missbräuche werden verteidigt durch persönliche Interessen, Einfluss, Vermögen und alte Vorurteile (...). Das sind die [Missbräuche], die auf der arbeitenden und erwerbenden Klasse lasten: die Missbräuche der Geldprivilegien, die Befreiung vom gemeinsamen Recht und all die ungerechten Bevorzugungen, die einen Teil der Steuerpflichtigen nur entlasten können, um das Los der anderen zu erschweren; die allgemeine Ungleichheit in der Erhebung der Abgaben, das ungeheure Missverhältnis in den [Steuer]leistungen der verschiedenen Provinzen und den Lasten der Untertanen ein und desselben Souveräns (Herrschers).

D1 Der französische Staatshaushalt 1788

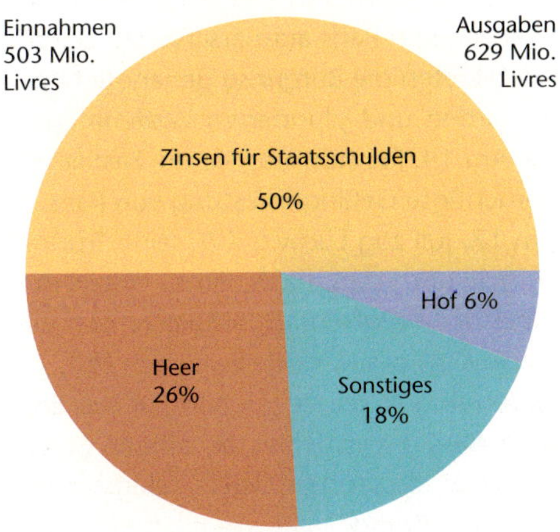

D2 Die französische Ständegesellschaft vor 1789

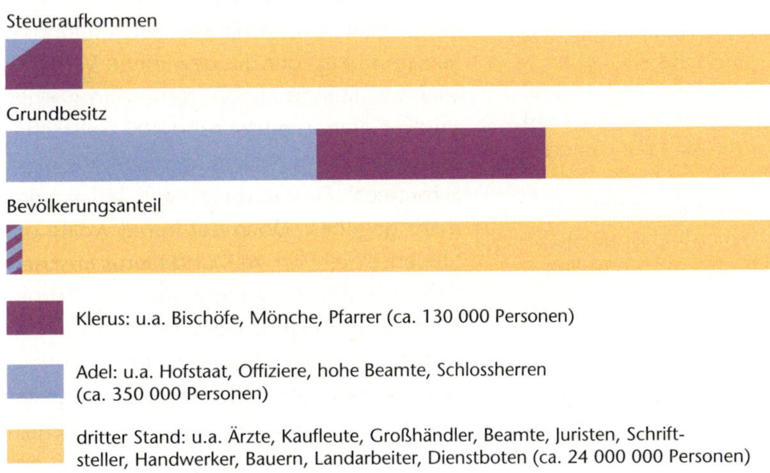

2 Die Revolution beginnt

Q1 *Die Eröffnung der Generalstände* (Gemälde, um 1840). Die drei Stände sitzen in geschlossenen Blöcken zu ebener Erde. Die Vertreter des Dritten Standes waren vor allem Rechtsanwälte und Richter, daneben Kaufleute, Unternehmer und Großgrundbesitzer.

A-Z

Generalstände
Parlament, in dem die drei Stände zusammentraten, um über die Steuerpläne des Königs zu beschließen. Jeder Stand hatte eine Stimme. 1614 hatten sich die Generalstände das letzte Mal versammelt. Seither regierten die Könige unabhängig von ihrem Rat.

Kokarde
Abzeichen, auch Erkennungszeichen. Die Farben Blau, Weiß, Rot zeigten 1789 eine revolutionäre Gesinnung an.

Aufklärung stärkt den Dritten Stand

Beeinflusst von den Gedanken der Aufklärung gewann der Dritte Stand zunehmend an Selbstbewusstsein. Hatte nicht der Philosoph Jean-Jaques Rousseau zu Recht erklärt, es gäbe keinen Unterschied zwischen den Ständen, da bei Geburt alle Menschen gleich und frei seien? Solche Überlegungen überzeugten viele. Einer von ihnen war Emmanuel Sieyès, ein Geistlicher adliger Herkunft. Er schrieb im Januar 1789 die Forderungen des Dritten Standes nieder.

Einberufung der Generalstände

Am 5. Mai 1789 eröffnete der König eine Versammlung, der die gewählten Vertreter aller drei Stände angehörten. Man nannte sie die Generalstände: rund 300 Geistliche, 300 Adlige und 600 Bürgerliche aus ganz Frankreich. Das hatte es seit 1614 nicht mehr gegeben. Doch der König wollte die Steuerfreiheit von Adel und Klerus abschaffen und höhere Steuern für den Dritten Stand durchsetzen. Dazu brauchte er die Zustimmung der Generalstände.
Auf der Versammlung nutzten die Vertreter des Dritten Standes ihre Chance, Forderungen zu stellen. Sie forderten, die Steuern gerechter zu verteilen und politische Mitbestimmung. Doch der König dachte nicht an eine wirkliche Reform des Staates. Gegen seinen Willen luden sie daraufhin die Abgeordneten der beiden anderen Stände ein, gemeinsam über eine neue Ordnung für Frankreich zu beraten. Mehrere Geistliche und einige Adlige waren dazu bereit.

Die Nationalversammlung

Doch es kam schnell zum Streit darüber, ob nach Köpfen oder nach Ständen ausgezählt werden sollte. Die Vertreter des Bürgertums gaben in dieser Frage nicht nach und erklärten sich kurzerhand zur Nationalversammlung. Denn schließlich vertraten sie 98 Prozent aller Franzosen. Der König ließ den Tagungsraum schließen. Daraufhin zogen die Abgeordneten des Dritten Standes in ein leer stehendes Ballhaus des Hofes. Dort schworen sie feierlich, Frankreich eine Verfassung zu geben.

Der Sturm auf die Bastille

In Paris wurde die Lage immer kritischer. Viele Menschen hatten keine Arbeit und die Brotpreise waren ständig gestiegen. Der König versuchte, die Lage zu beruhigen. Einerseits empfahl er den ersten beiden Ständen, sich der Nationalversammlung anzuschließen. Andererseits ließ er Truppen an den Grenzen von Paris aufmarschieren. Daraufhin bildeten die Bürger so genannte Nationalgarden und plünderten Waffenmagazine. Am 14. Juli stürmten sie die Bastille, die berüchtigte Gefängnisfestung von Paris.
Am 17. Juli zog Ludwig XVI. seine Truppen zurück und kam nach Paris. Unter dem Jubel der Bevölkerung heftete er sich eine blau-weiß-rote Kokarde an seinen Hut.
Ende Juli griff die Revolution auf das Land über. Bauern vertrieben die adligen Grundherren und steckten deren Schlösser und Klöster in Brand.

Q5 *Der Ballhausschwur am 20. Juni 1789.*
Ein Jahr später erhielt der Abgeordnete und Maler Jacques Louis David den Auftrag, den Ballhausschwur in einem großen Gemälde für den Sitzungssaal der Nationalversammlung festzuhalten. Sein Entwurf, der hier als Federzeichnung abgedruckt ist, fand 1791 große Zustimmung. Die Szene hat so allerdings nicht stattgefunden, sondern wurde vom Maler besonders ausgeschmückt.

Q2 *Im Januar 1789 verfasste der Abbé Sieyès das Flugblatt „Was ist der Dritte Stand?“:*

Was ist der Dritte Stand? – Alles. Was ist er bis jetzt in der politischen Ordnung gewesen? – Nichts. Was fordert er? – Endlich etwas zu sein. (…) Was braucht die Nation, um zu bestehen und zu blühen? – Private Verrichtungen und öffentliche Ämter. (…) Diese Arbeiten halten die Gesellschaft zusammen. Wer übt sie aus? Der Dritte Stand. Wer wollte es noch bezweifeln, dass der Dritte Stand alles umfasst, um eine vollständige Nation zu bilden? Er ist der starke und kräftige Mann, dessen einer Arm noch immer in Ketten liegt.

Q3 *Bevor der König die Generalstände einberief, ließ er Missstände aller Art in Beschwerdeheften zusammentragen. Es gab etwa 60 000 davon. Die Bauern des Dorfes Guyancourt forderten zum Beispiel:*

1. dass alle Steuern von den drei Ständen ohne irgendwelche Ausnahmen gezahlt werden, von jedem Stand gemäß seinen Kräften,
2. das gleiche Gesetz und Recht im ganzen Königreich, (…)
5. die völlige Beseitigung jeglicher Art von Zehnten in Naturalien, (…)
8. dass die Eigentumsrechte heilig und unverletzlich seien,
9. dass rascher und mit weniger Parteilichkeit Recht gesprochen werde,
10. dass alle Frondienste, welcher Art sie auch sein mögen, beseitigt werden,
11. dass die Einziehung zum Heeresdienst nur in dringenden Fällen erfolge und (...) ohne irgendwelche Ausnahme.

Q4 *Frauen des Dritten Standes verfassten 1789 eine Bittschrift an den König:*

Die Frauen des Dritten Standes werden fast alle ohne Reichtümer geboren; ihre Erziehung wird vernachlässigt (...). Wir bitten Euch inständig, Sire, kostenlose Schulen einzurichten, damit wir unsere Sprache von Grund auf erlernen können, die Religion und die geistlichen und sittlichen Werte (...). Ebenso [ist] es nur gerecht, ihre [der Frauen] Stimmen zu zählen, da sie doch wie die Männer dazu verpflichtet sind, die königlichen Abgaben zu zahlen und den Verpflichtungen des Handels nachzukommen. Man wird eventuell vorbringen, alles, was man ihnen gewähren könne, sei ihnen zu gestatten, sich durch Bevollmächtigte in den Generalständen vertreten zu lassen. Man könnte dem entgegnen, (...) dass weder ein Adliger einen Nichtadligen vertreten kann noch dieser einen Adligen; ebenso (...) können Frauen nur von Frauen vertreten werden.

1. *Woran erkennt man auf dem Gemälde Q1 die Abgeordneten der drei Stände? Wo sitzen der König und die Königin, wo die höchsten Würdenträger des Staates?*
2. *Stelle in einer Tabelle die Forderungen des Dritten Standes zusammen. Unterscheide dabei nach den Forderungen der Bauern (Q3), der Frauen (Q4) und nach allgemeinen Forderungen (Q3, VT).*
3. *Prüfe, wobei die Flugschrift des Abbé Sieyès die Abgeordneten des Dritten Standes unterstützt hat (Q2).*

3 Methode
Karikaturen richtig deuten

Zeitreise multimedial – Das lange 19. Jahrhundert: Gesellschaft – „Karikaturen zeigen die Welt"

Das Jahr 1789
Den Franzosen gilt das Jahr 1789 bis heute als das wichtigste ihrer gesamten Geschichte. Es beendete das Zeitalter des absolutistischen Königtums und gab der großen Mehrheit des Volkes zum ersten Mal die Möglichkeit, Politik mitzugestalten. Gleichzeitig sind Franzosen auch stolz darauf, dass ihr Land für andere zum Vorbild wurde. So ist auch der 14. Juli, der Tag, an dem Pariser Bürger die Bastille stürmten, bis heute der französische Nationalfeiertag.

Mit der Feder „aufgespießt"
Was die Menschen um das Jahr 1789 bewegt hat, können wir heute noch aus ihren Bildern ablesen. Besonders aussagekräftig sind Karikaturen. In Karikaturen drücken Zeichner ihre Meinung zu bestimmten Personen oder Ereignissen auf lustige, spöttische und besonders direkte Weise aus. Bestimmte Merkmale eines Vorgangs oder einer Person werden dabei übertrieben dargestellt und dadurch lächerlich gemacht. Mit einer Karikatur will der Zeichner also nicht einfach informieren, sondern auch Anstoß erregen und seine Zeitgenossen zum Nachdenken bringen.

Q 1 *„Wusste ich's doch, dass wir auch einmal an die Reihe kämen!"* (französische Karikatur).

Methodische Arbeitsschritte

1. Aus welcher Zeit stammt die Karikatur? Wer hat sie gezeichnet?
2. Welche Szene zeigt das Bild? Welche Gegenstände, Sachverhalte, Tiere oder Personen werden abgebildet?
3. Wo weicht der Künstler oder die Künstlerin von der Wirklichkeit ab? Was ist also übertrieben oder verzerrt dargestellt?
4. Welche Symbole erkennst du? Erkläre ihre Bedeutung.
5. Gegen wen richtet sich die Kritik? Wird zum Beispiel eine Person verspottet oder werden gesellschaftliche Verhältnisse kritisiert?
6. Versuche, die Aussage der Karikatur in einem Satz zusammenzufassen.
7. Überlege, welche Wirkung der Zeichner beim Betrachter erzielen wollte:
   Welches Publikum sollte angesprochen werden?
   Ergreift der Karikaturist für eine Person oder eine Sache Partei?
   Wie wirkt die Karikatur auf dich?

Q 2 *Das Ende der alten Zeit* (französische Karikatur von 1789).
Ordne die folgenden Begriffe in einer Tabelle:

① Hut mit Federschmuck
② Schild
③ Bischofsmütze
④ Kardinalshut
⑤ Kragen eines Geistlichen
⑥ Arm- und Schulterrüstung
⑦ Beckenschutz
⑧ Wappen
⑨ Brustpanzer
⑩ Säbel
⑪ Degen
⑫ Orden
⑬ Bischofsstab
⑭ Helm

Adel	Klerus

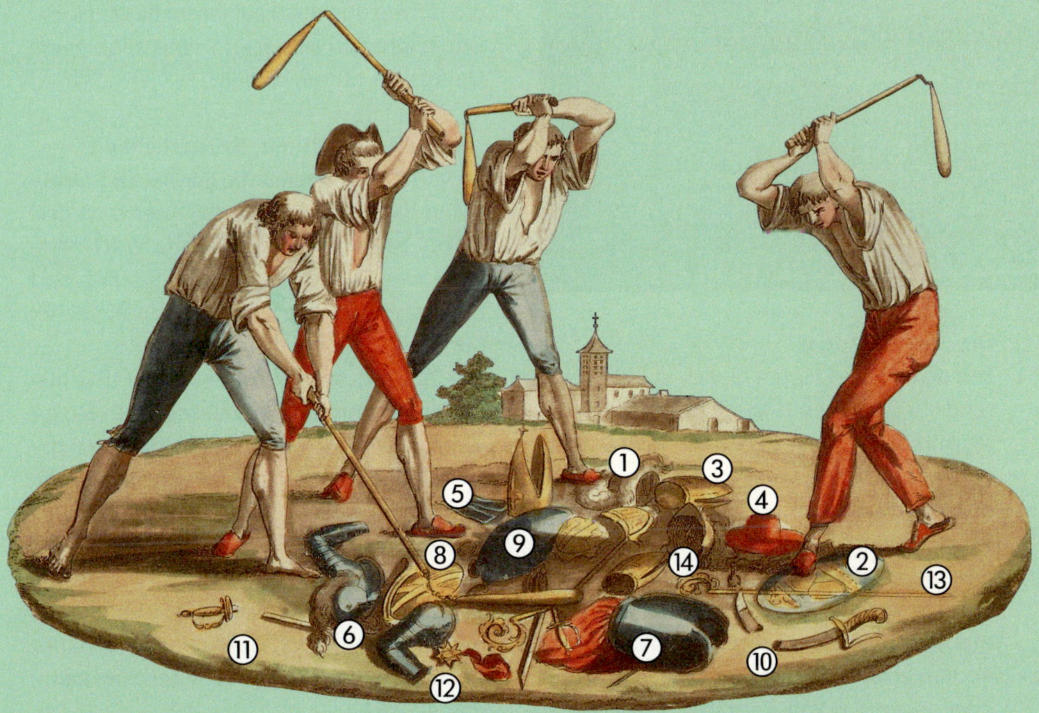

1 Bearbeite die Karikatur Q1 nach den methodischen Arbeitsschritten.

2 Vergleiche diese Darstellung mit der Karikatur Q1, S. 10. Welche Veränderungen stellst du fest? Beachte vor allem die Aussagen der kurzen Texte und die Symbole:
- *Hacke*
- *Kohlkopf, Vögel*
- *Kokarden*

Wer sagt: „Es lebe der König; es lebe die Nation?“
Was soll der Begriff „Nation“ hier ausdrücken?

3 Welchem Stand gehören die jungen Männer in Q2 an? Welchen Ständen sind die Gegenstände am Boden zuzuordnen? Drücke die Aussage der Karikatur in einem Satz aus.

4 Das Jahr 1789 hat die alte Gesellschaftsordnung in Frankreich beseitigt. Welche der beiden Karikaturen drückt den Wandel deutlicher aus? Begründe deine Entscheidung.

4 Die Erklärung der Menschenrechte

Q 1 *Die Erklärung der Menschen- und Bürgerrechte vom 26. August 1789* auf einer Bildtafel der Revolutionszeit. (Die deutsche Übersetzung der Artikel ist hier in gekürzter Form in das Original eingefügt worden.)

Die „große Angst"

Seit dem 19. Juli läuten täglich in vielen tausend französischen Dörfern und Städten die Sturmglocken. Bauern besetzen die Schlösser des Landadels, verlangen die Herausgabe der Dienstbarkeitsbücher und verbrennen sie in Freudenfeuern. Hunderte von Schlössern werden ausgeraubt und angezündet. Gerüchte gehen um, eine der europäischen Mächte plane einen Angriff auf Frankreich. Andere erzählen voller Furcht, dass sich der Adel gegen das Volk verschworen habe.

„Weg mit den Privilegien!"

Viele Adlige flüchten in diesem Sommer 1789 aus Frankreich. Selbst Kirchen und Klöster sind nicht mehr sicher, und auch die besitzenden Bürger fürchten um ihr Eigentum. Die Abgeordneten der Nationalversammlung wissen, dass sie schnell handeln müssen, wenn sie das Chaos verhindern wollen.

In einer Sitzung am 4. August schlägt gegen 11 Uhr abends einer der reichsten Grundbesitzer Frankreichs vor, die alten Vorrechte des Adels abzuschaffen. In einer Welle der Begeisterung tritt nun ein Adliger nach dem anderen vor und verkündet feierlich, auf seine Privilegien zu verzichten. Am frühen Morgen gibt es die alte Ordnung nicht mehr.

Ab sofort sollen alle Franzosen Steuern zahlen. Die Leibeigenschaft der Bauern ist aufgehoben und sie können sich von ihren Abgaben und Frondiensten freikaufen. Bauern dürfen nun auch auf ihrem Besitz jagen. Der Kirchenzehnt wird in eine allgemeine Geldsteuer umgewandelt.

„Freiheit, Gleichheit, Brüderlichkeit!"

So lautet nun überall die Parole. Der Dritte Stand hat sich durchgesetzt. Aber er fordert mehr: Die Stände sollen ganz verschwinden. Ein Graf, Herzog oder Bischof darf nicht mehr Rechte haben als ein einfacher Bürger.

Am 26. August 1789 ist es so weit. Die Nationalversammlung verkündet ein Dokument, das die Vorrechte des Adels und der Geistlichkeit endgültig beseitigt: die Erklärung der Menschen- und Bürgerrechte. Alle Franzosen sind nun als Staatsbürger gleich. Doch es bleiben Fragen: Wie werden die Menschen mit ihrer neu gewonnenen Freiheit umgehen? Ist Frankreich überhaupt noch zu regieren, wenn jeder tun kann, was er will?

Q2 *rechts: Zug der Frauen nach Versailles* (zeitgenössische Radierung). Am 5. Oktober 1789 zogen mehrere Tausend Frauen aus den Pariser Arbeitervierteln nach Versailles, weil sie ihre Familien nicht mehr ernähren konnten. Ihnen schlossen sich Nationalgardisten der neuen Bürgerwehr an. Die Frauen drangen in die königlichen Gemächer ein und machten den König für die Hungersnot verantwortlich. Der König musste schließlich nach Paris kommen und die Beschlüsse der Nationalversammlung anerkennen.

Q3 *Die Schriftstellerin Olympe de Gouges,* mit bürgerlichem Namen Marie Aubry, besuchte die Sitzungen der Nationalversammlung, gründete eine republikanische Frauengesellschaft und verfasste politische Briefe und Streitschriften. 1793 wurde sie hingerichtet, weil sie die Führer der Revolution kritisiert hatte.

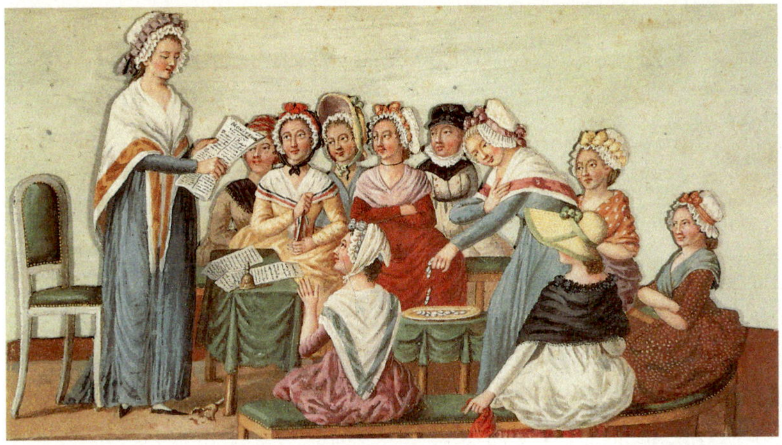

Q5 *Patriotischer Frauenklub* (Zeichnung der Brüder Lesueur von 1791). Frauen hatten maßgeblich dazu beigetragen, die Ideen der Aufklärung zu verbreiten. In der Revolution gründeten sie Klubs, um zu diskutieren, Beschlüsse zu fassen und politische Forderungen zu stellen.

Q4 *Olympe de Gouges in ihrer „Erklärung der Rechte der Frau und Bürgerin", 1791:*

Art. 1: Die Frau ist frei geboren und bleibt dem Manne gegenüber gleichberechtigt. Die sozialen Unterschiede können nur auf dem allgemeinen Nutzen gegründet sein.
Art. 2: Der Zweck jeder politischen Verbindung ist die Bewahrung der natürlichen und unverjährbaren Rechte der Frau und des Mannes; diese Rechte sind Freiheit, Eigentum, Sicherheit und vor allem das Recht auf Widerstand gegen Unterdrückung.
Art. 6: Das Gesetz soll Ausdruck des Willens aller sein; alle Bürgerinnen und Bürger sollen persönlich oder über Vertreter zu seiner Entstehung beitragen, für alle sollen die gleichen Bedingungen gelten.

Q6 *Ist die neue „Gleichheit" mit Vorrechten der Männer vereinbar? Die Männer der Nationalversammlung betonten immer wieder, dass alle Franzosen gleich seien. Doch als sie Frankreich 1791 eine neue Verfassung gaben, waren sie nicht bereit, den Frauen das Wahlrecht zuzugestehen. Olympe de Gouges zeigte sich von der Entwicklung tief enttäuscht:*

Mann (...), sag an, wer hat dir die selbstherrliche Macht verliehen, mein Geschlecht zu unterdrücken? Einzig der Mann (...) fällt in diesem Jahrhundert der Aufklärung und Vernunft in gröbste Unwissenheit zurück und glaubt, despotisch über ein Geschlecht verfügen zu können, das alle intellektuellen Fähigkeiten besitzt. Er ist es, der Nutzen aus der Revolution zieht und seinen Anspruch auf Gleichheit geltend macht.

1. *Die Frauengestalt links in Q1 verkörpert die französische Nation; das kannst du an den Farben erkennen. Welche symbolische Bedeutung haben die Ketten?*
2. *Wodurch unterscheidet sich das Manifest der Olympe de Gouges (Q4) von der Menschenrechtserklärung (Q1)?*
3. *Die Ideen von 1789 finden sich heute in den Verfassungen fast aller Staaten wieder. Vergleiche mit den Artikeln 1 bis 19 des Grundgesetzes.*

5 Projekt
Menschenrechte heute

Die Erklärung der Menschen- und Bürgerrechte von 1789 war ein Dokument, das vielleicht wie kein zweites gewirkt hat. Menschen in aller Welt haben seitdem dafür gekämpft, dass ihnen diese Rechte garantiert sind. Menschenrechte gehen uns alle etwas an. Daher müssen wir uns darum kümmern, dass sie auch eingehalten werden. Wenn Menschen gefoltert oder durch Terror eingeschüchtert werden, sollten wir darauf aufmerksam machen. Auch das ist ein Beitrag zum weltweiten Kampf um die Menschenrechte.

Menschenrechte
Rechte, die allen Menschen gleichermaßen und von Geburt an zustehen.

Q 1 *1948 kamen in Paris Vertreter aus den damals 48 Mitgliedsstaaten der Vereinten Nationen (United Nations Organization = UNO) zusammen. Sie veröffentlichten die „Allgemeine Erklärung der Menschenrechte“:*

Art. 1: Alle Menschen sind frei und gleich an Rechten geboren. (...)

Art. 3: Jeder Mensch hat das Recht auf Leben, Freiheit und Sicherheit der Person.

Art. 4: Niemand darf in Sklaverei und Leibeigenschaft gehalten werden. (...)

Art. 5: Niemand darf der Folter oder grausamer, unmenschlicher oder erniedrigender Behandlung oder Strafe unterworfen werden.

Art. 9: Niemand darf willkürlich festgenommen, in Haft gehalten oder des Landes verwiesen werden.

Art. 18: Jeder Mensch hat den Anspruch auf Gedanken-, Gewissens- und Religionsfreiheit. (...)

Q 2 *Erklärung der Rechte des Kindes. Beschluss der UNO-Vollversammlung vom 20. November 1959:*

Grundsatz 1: Das Kind erfreut sich aller in dieser Erklärung enthaltenen Rechte. Ohne jede Ausnahme und Unterscheidung oder Benachteiligung durch Rasse, Hautfarbe, Geschlecht, Sprache, Religion, politische oder sonstige Überzeugung, nationale und soziale Herkunft, Eigentum, Geburt oder sonstige Umstände, sowohl hinsichtlich seiner selbst wie seiner Familie, hat das Kind auf diese Rechte Anspruch.

Grundsatz 2: Das Kind genießt besonderen Schutz; ihm werden Gelegenheiten und Erleichterungen durch Gesetz und auf andere Weise gegeben, sich gesund und natürlich in Freiheit und Würde körperlich, geistig, moralisch, seelisch und sozial zu entwickeln. (...)

Grundsatz 3: Das Kind hat Anspruch auf einen Namen und eine Staatsangehörigkeit von Geburt an.

Menschenrechtsverletzungen: Eine Ausstellung planen und durchführen

1 Entscheidet euch für ein bestimmtes Thema, z. B. Folter und Misshandlung politischer Gefangener, Unterdrückung von Minderheiten, moderne Sklaverei. Wenn ihr mehrere Themen wählt, lasst sie von verschiedenen Gruppen bearbeiten. Formuliert einen Titel für eure Ausstellung.
2 Überlegt, für welches Publikum die Ausstellung durchgeführt werden soll: für die eigene Klasse, die Schulgemeinschaft, einen Elternabend oder eine Abschlussfeier.
3 Sammelt Material: Zeitungsberichte, Fotos, Grafiken, Statistiken, Bücher u. a.
4 Ordnet das Material den Themen zu und bearbeitet es: Fotos muss man häufig vergrößern und eine Bildlegende dazu schreiben. Bei Texten sollte man immer überlegen, ob sie noch gekürzt werden können.
5 Für eine Ausstellung außerhalb der Klasse braucht man Stellwände; fragt den Hausmeister.
6 Gestaltet ein Plakat für eure Mitschüler, schreibt Einladungen für Eltern und Lehrer. Legt fest, wer die Besucher empfängt und sie durch die Ausstellung führt.

Grundsatz 4: (…) Das Kind hat das Recht auf ausreichende Ernährung und ärztliche Betreuung.

Grundsatz 5: Das Kind, das körperlich, geistig oder sozial behindert ist, erhält diejenige besondere Behandlung, Erziehung und Fürsorge, die sein Zustand und seine Lage erfordert. (…)

Grundsatz 7: Das Kind hat Anspruch auf unentgeltlichen Pflichtunterricht, wenigstens in der Volksschule. (…)

Grundsatz 8: Das Kind ist in allen Notlagen bei den Ersten, die Schutz und Hilfe erhalten.

Grundsatz 9: Das Kind wird vor Vernachlässigung, Grausamkeit und Ausnutzung jeder Art geschützt. Es ist in keinem Falle Gegenstand des Handels. Das Kind wird erst nach Erreichung eines geeigneten Mindestalters zur Arbeit zugelassen; nie wird es gezwungen oder wird ihm erlaubt, einen Beruf oder Tätigkeit auszuüben, die seiner Gesundheit oder Erziehung schaden oder seine körperliche, geistige oder moralische Entwicklung hemmen.

Q **3** *Moderne Sklaverei. Henriette Akofa wächst in Togo auf. Als sie fünfzehn ist, wird sie von einer Freundin der Familie mit falschen Versprechungen nach Paris gelockt. Dort wird sie jahrelang in einem Haushalt wie eine Gefangene gehalten und ausgebeutet. In ihrem Buch „Keine Zeit für Tränen" aus dem Jahr 2000 berichtet sie auch über das Schicksal anderer Mädchen:*

Celine, ein Mädchen aus Benin, war als Hausangestellte eines afrikanischen Botschafters nach Paris gekommen. Man hatte auch ihr versprochen, dass sie nur auf die Kinder aufpassen müsse, im Gegenzug könne sie die Schule besuchen. Tatsächlich aber schuftete sie den ganzen Tag im Haus und schlief auf dem Boden. Die Hausherrin beleidigte sie zuerst, dann schlug sie sie aus nichtigem Anlass. Die Schläge wurden immer schlimmer, bis ihre „Arbeitgeber" ihr eines Tages mehrere Zähne ausschlugen. (…) Einmal schüttete die Hausherrin ihr heißes Öl in die Ohren und warf sie schließlich einfach auf die Straße.

Q **4** *Über das Schicksal von Kindersoldaten berichtete UNICEF 2003:*

Für die Kommandeure sind Kinder eine ideale Verstärkung: Sie bekommen kaum Sold, sind gehorsam und begreifen oft die Gefahr, in die sie sich begeben, noch nicht. Deshalb werden sie auch an vorderster Front eingesetzt. „Sie haben mich aus meinem Dorf entführt, mich geschlagen und mir Drogen gegeben, damit ich tat, was sie wollten. Sie sagten: ‚Wenn du nicht kämpfst und unsere Feinde tötest, dann töten wir dich'", (…) erzählt Charlie aus Sierra Leone. (…) Was ihm und weiteren 10 000 Kindern zugemutet wurde, ist entsetzlich: Sie mussten Dörfer niederbrennen, wurden dazu gezwungen, Menschen Arme und Beine abzuschlagen – oft in ihrer eigenen Nachbarschaft. (…) Auch Mädchen haben die Rebellen entführt, vergewaltigt und sie gezwungen, mit ihnen zu leben. Sie wurden oft über Jahre sexuell missbraucht. Viele wurden nach den Vergewaltigungen schwanger und kehrten, selbst noch lange nicht erwachsen, mit einem Kind zurück.

Q **5** *Etwa 300 000 Kindersoldaten* werden weltweit in Konflikten eingesetzt, die meisten davon in Afrika. Sie schleppen Munition, spionieren feindliche Stellungen aus und kämpfen. Manchmal werden sie sogar gezwungen, eigene Nachbarn und Verwandte umzubringen, um sie an die Truppe zu fesseln und eine Rückkehr in die Dörfer unmöglich zu machen.

A-Z

Amnesty International ist eine Organisation, die sich für den Schutz der Menschenrechte einsetzt. Mehr als 1,5 Millionen Mitglieder und Förderer setzen sich weltweit für die Freilassung und Unterstützung von Personen ein, die wegen ihrer Überzeugung, ethnischen Herkunft, wegen ihres Glaubens oder Geschlechts inhaftiert sind und Gewalt weder angewandt noch befürwortet haben. Darüber hinaus kämpft Amnesty International gegen Folter und Todesstrafe sowie das „Verschwindenlassen" von Menschen an.
www. amnesty.de

Wichtige Organisationen, die sich für die Menschenrechte einsetzen

- UNHCR Hoher Kommissar für Menschenrechte der UNO www.unhchr.ch
- UNICEF Weltkinderhilfswerk www.unicef.de
- terres des hommes www.tdh.de

6 Frankreich wird Republik

1 *Die Kutsche mit der königlichen Familie* wird unter Bewachung der Nationalgarde nach Paris zurückgeleitet (zeitgenössischer Stich).

„Der König will fliehen!"
Seit Oktober 1789 lebte die köngliche Familie im Stadtschloss von Paris. Dort fühlte sie sich aber nicht sicher. Daher entschloss sich Ludwig XVI., ins Ausland zu fliehen. Von dort aus wollte er mit königstreuen Truppen nach Paris marschieren und die Revolution beenden. In der Nacht zum 21. Juni 1791 verließ die königliche Familie heimlich die Hauptstadt. Doch 60 Kilometer vor der Grenze fiel einem Postmeister die Kutsche auf. Bei näherem Hinsehen erkannte er Ludwig XVI., als Diener verkleidet. Der König wurde unter Beschimpfungen nach Paris zurückgebracht, wo er von nun an fast wie ein Gefangener in seinem Schloss lebte.

Wie soll Frankreich regiert werden?
In der Nähe des Schlosses tagte die Nationalversammlung und diskutierte die neue Verfassung für Frankreich. Jetzt stellte sich die Frage, ob man überhaupt noch einen König brauchte. Die Mehrheit war dafür: Frankreich wurde eine konstitutionelle Monarchie. Zwar regierte Ludwig XVI. weiter als König, aber er musste einen Eid auf die Verfassung leisten. Diese wiederum schränkte seine bisher absolute Macht stark ein.

Das Ausland droht mit Krieg
Zu dieser Zeit bereiteten sich der deutsche Kaiser und der König von Preußen darauf vor, in Frankreich militärisch einzugreifen. Denn sie wollten nicht, dass einfache Bürger die Rechte eines Königs schwächten. Außerdem war der Kaiser in Wien der Schwager Ludwigs XVI. Französische Adlige, die in das benachbarte Kurfürstentum Trier geflohen waren, stellten eine Armee auf, um ihren König zu befreien. Die Nationalversammlung erklärte daraufhin Österreich im April 1792 den Krieg. Viele Franzosen waren begeistert, denn sie glaubten, durch einen Krieg ließen sich die revolutionären Ideen überall in Europa verbreiten. Auch Ludwig XVI. war für den Krieg – doch setzte er insgeheim auf einen Sieg der Österreicher und ihrer Verbündeten.

Der König wird hingerichtet
Die verbündeten Fürsten drohten, Paris zu zerstören, wenn dem König auch nur „die mindeste Gewalt oder Beleidigung" zugefügt würde. Die Drohung löste erst Angst, dann Empörung aus. Man warf dem König Verrat vor. Eine bewaffnete Volksmenge drang ins Schloss ein, tötete die Wachsoldaten und nahm Ludwig XVI. gefangen. Mittlerweile marschierten die Preußen und Österreicher auf Paris zu und Gerüchte über eine Gegenrevolution königstreuer Adliger machten die Runde. Verschärfend kam hinzu, dass viele Menschen hungerten. In dieser Situation gewannen radikale Revolutionäre und ihre Anhänger aus den unteren Volksgruppen die Oberhand. Eine neue Nationalversammlung setzte den König am 21. September 1792 ab und erklärte Frankreich zur Republik. Ludwig XVI. wurde wegen Landesverrats angeklagt und schließlich zum Tode verurteilt. Wenige Monate später wurde auch die Königin Marie Antoinette hingerichtet.

A-Z

konstitutionelle Monarchie
Der König ist als Staatsoberhaupt an eine Verfassung (Konstitution) gebunden. Seine Macht ist durch ein Parlament (Volksvertretung) eingeschränkt.

Republik
Staatsform, die auf der Volkssouveränität gründet, d. h. das Volk als höchste Gewalt ansieht. Regierung und Parlament werden nur auf Zeit gewählt.

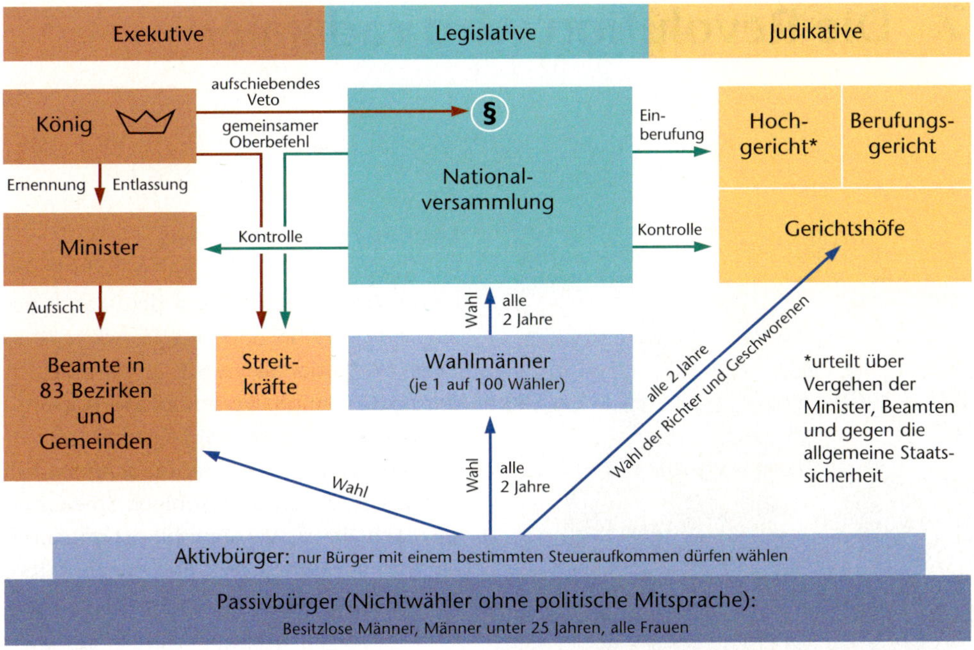

D 1 *Die Verfassung Frankreichs vom 3. September 1791.* Von den 25 Millionen Einwohnern Frankreichs zählten etwa 4 Millionen zu den Aktivbürgern, nur ungefähr 50 000 Bürger zahlten so hohe Steuern, dass sie auch als Wahlmänner gewählt werden durften.

Q 2 *Für den Tod des Königs stimmte auch Maximilien de Robespierre, ein junger Rechtsanwalt aus der nordfranzösischen Stadt Arras. Vor den übrigen Abgeordneten begründete er seine Entscheidung so:*

Welches ist der Entschluss, den die gesunde Politik vorschreibt, um die werdende Republik zu festigen? Dass man die Verachtung des Königtums tief in die Herzen eingrabe und alle Anhänger des Königs mit Betäubung schlage (...).
Die Völker schleudern den Blitz, das ist ihr Urteil, sie klagen die Könige nicht an, sie versenken sie in das Nichts (...). Ah, wir sind so zart gegen die Unterdrücker, weil wir ohne Erbarmen gegen die Unterdrückten sind! (...) Ludwig muss sterben, weil das Vaterland leben muss!

Q 3 *Die Hinrichtung Ludwigs XVI.* am 21. Januar 1793 durch die Guillotine (zeitgenössischer Stich)

?

1 *Zeichne einen Zeitstrahl für den Zeitraum von 1789 bis 1793. Trage die Ereignisse ein, die Ludwig XVI. betreffen. Wie verändert sich seine politische Stellung, wie seine persönliche Situation?*
2 *Wie begründet Robespierre in Q2 das Todesurteil gegen Ludwig XVI.?*
3 *Beschreibe die Einzelheiten in der Abbildung Q3. Wie wird das Ereignis dargestellt?*
4 *Untersuche die Verfassung der konstitutionellen Monarchie Frankreichs nach den methodischen Arbeitsschritten von S. 149. Vergleiche den Staatsaufbau mit dem der USA.*

7 Die Revolution wird radikaler

Q1 *Hungernde Menschen in den Pariser Elendsvierteln* (Aquarell von 1793). Wie die Menschen auf dem Bild bezahlten die einfachen Leute meist mit Papiergeld. Da die Revolutionsregierung immer mehr davon druckte, misstrauten die Menschen seinem Wert und gaben nur ungern Waren dafür her. Dadurch wurde Getreide knapp und Brot teuer.

Sansculotte
(frz. sans = ohne; culotte = Kniehose) Bezeichnung für die radikalen Republikaner.

„Das Vaterland ist in Gefahr!"

Mit diesem Aufruf wandte sich die Nationalversammlung im Sommer 1792 an alle Franzosen. Frankreich war für einen Krieg gegen die anrückenden Heere Preußens und Österreichs schlecht gerüstet, denn die meisten adligen Offiziere waren geflohen. Viele marschierten sogar mit dem Feind gegen Paris. Die Revolutionsregierung nutzte die nationale Begeisterung und warb Freiwillige an. Schlecht ausgerüstet, aber entschlossen drängten sie die Angreifer zunächst zurück. Bald gewannen die gegnerischen Berufsheere aber wieder die Oberhand.

Gleichzeitig kam es in vielen Provinzen Frankreichs zu Aufständen gegen die Revolutionsregierung. Zwar hatten es die meisten Bürger und Bauern begrüßt, dass der Adel auf Privilegien verzichten musste. Doch nun ließ die Regierung in Paris die Kirchengüter einziehen und Klöster schließen. Als auch Priester verhaftet wurden, die den Eid auf die Verfassung verweigerten, rebellierte die gläubige Landbevölkerung.

Jakobiner und Girondisten

Eine dreifache Krise bedrohte nun die Revolution: der Bürgerkrieg auf dem Land, der auswärtige Feind und eine Hungersnot in Paris. Im Nationalkonvent, so nannte sich die dritte Nationalversammlung seit September 1792, waren republikanisch gesinnte Abgeordnete in der Mehrheit. Am besten organisiert waren die Jakobiner. So wurden sie nach ihrem Versammlungsort, einem ehemaligen Jakobinerkloster, genannt. Ihre Führer Robespierre und Danton hielten mitreißende Reden im Konvent, während Jean Paul Marat in Zeitungsartikeln den Volkszorn gegen König und Kirche lenkte.

Die Gegner der Jakobiner vertraten die Interessen der Bürgerinnen und Bürger mit eigenem Besitz. Sie waren anfangs auch bereit, mit dem König zusammenzuarbeiten. Da einige Abgeordnete aus der Landschaft Gironde kamen, hießen sie Girondisten.

Sansculotten beherrschen die Straße

Die Jakobiner stützten sich vor allem auf die Volksschichten, die nichts oder wenig besaßen und bisher kaum beachtet worden waren, wie Handwerker, Arbeiter, Marktfrauen, Wäscherinnen, Näherinnen, Tagelöhner und Kleinhändler. Die Jakobiner forderten Gleichheit und meinten damit nicht nur politische Rechte wie das Wahlrecht für alle, sondern auch Brot, Kleidung und Wohnungen zu bezahlbaren Preisen. Wenn sie bewaffnet auftraten, schüchterten sie sogar die Abgeordneten des Konvents ein.

Die radikalsten unter ihnen nannte man Sansculotten, weil sie die Kniehosen und Seidenstrümpfe der Reichen verachteten und stattdessen lange Hosen trugen. Sie sprachen sich mit „Bürger" an und duzten auch Fremde. Frauen und Männer zeigten ihre revolutionäre Gesinnung, indem sie blau-weiß-rot gestreifte Kleidung trugen. Das waren die Farben der Nation.

Q5 *„Bürgerinnen" und „Bürger" des neuen Frankreich* tanzen um einen „Freiheitsbaum" und singen Revolutionslieder (zeitgenössische Radierung). Freiheitsbäume waren überall in Frankreich am 14. Juli 1790 zum Andenken an den Sturm auf die Bastille gepflanzt worden. Die rote Mütze galt seit der Antike als Zeichen der befreiten Sklaven; sie war nun die Kopfbedeckung der Sansculotten.

Q2 *Die Erziehung von Kindern sollte nach dem Willen des Jakobiners Saint-Just im Sinne der Revolution so aussehen:*

Die Kinder gehören fünf Jahre lang ihrer Mutter, wenn sie selber sie ernährt hat, dann bis zu ihrem Tod der Republik (...).

Das Kind und der Bürger gehört dem Vaterland. Gemeinsame Erziehung ist Pflicht. Die Disziplin der Kindheit ist unerbittlich hart. (...)

Im Alter von fünf bis sechzehn Jahren werden die männlichen Kinder für das Vaterland erzogen. (...)

Kinder dürfen weder geschlagen noch liebkost werden. Man lehrt sie das Gute, indem man sie der Natur überlässt. (...)

Die Kinder werden zu allen Jahreszeiten in Leinen gekleidet. Sie schlafen auf Matten und ruhen acht Stunden. Sie werden gemeinsam ernährt. Sie bekommen nur Wurzeln, Früchte, Gemüse, Brot und Wasser zu essen (...).

Alle Kinder tragen bis zum Alter von sechzehn Jahren die gleiche Kleidung. Von sechzehn bis einundzwanzig tragen sie die Kleidung des Arbeiters, von einundzwanzig bis fünfundzwanzig den Soldatenrock (...).

Die Mädchen werden im Hause ihrer Mütter erzogen.

Q3 *Das Gesetz zur allgemeinen Volksbewaffnung („Levée en masse") von 1793:*

Art. 2: Die jungen Männer gehen an die Front, die Verheirateten schmieden Waffen und übernehmen den Verpflegungstransport, die Frauen nähen Zelte, Uniformen und tun in den Hospitälern Dienst; die Kinder zupfen aus altem Leinenzeug Scharpie (Verbandsmaterial); die Greise lassen sich auf öffentliche Plätze tragen, um den Soldaten Mut und Hass gegen die Könige zu predigen und ihnen die Einheit der Republik einzuschärfen.

Art. 7: Niemand kann sich bei dem Wehrdienst, zu dem er einberufen wird, von einem anderen vertreten lassen.

Q4 *Das bekannteste Revolutionslied lautete in einer radikalen Fassung so:*

Ah, das geht ran, das geht ran,
das geht ran,
Die Aristokraten an die Laterne;
Ah, das geht ran, das geht ran,
das geht ran,
Die Aristokraten, hängt sie dran!
Und wenn sie alle hängen, marsch,
Haut man ihn'n die Schippe vorn Arsch.
Ah! das geht ran, das geht ran,
das geht ran.

A–Z

Levée en masse
Allgemeine Wehrpflicht, im August 1793 von den Jakobinern eingeführt, um im Krieg gegen zahlreiche europäische Mächte bestehen zu können.

1. *Mit welchen Argumenten konnten radikale Politiker seit 1792 vor allem die unteren Volksschichten für sich gewinnen (VT, Q1)?*
2. *Gegen wen richtet sich der Text des Revolutionsliedes Q4?*
3. *Welche Symbole sind in Q5 abgebildet? Welche Bedeutung haben sie? Zu welcher Gruppe gehört der Mann rechts? Worauf will er die anderen hinweisen?*
4. *An welchem antiken Vorbild orientiert sich Saint-Just in Q2? Was hältst du von seinen Erziehungsvorstellungen?*

8 Terror statt Freiheit

Q1 *Ein Revolutionstribunal verhört einen Bürger* (zeitgenössischer Stich). Hunderte von „Verdächtigen“ wurden täglich vor solche Ausschüsse geladen: Adlige, Priester, wohlhabende Bürger, aber auch Handwerker, Bauern und Lohnarbeiter. Ein Verteidiger, wie vor Gericht üblich, war nicht zugelassen. Urteile wurden schnell und willkürlich gesprochen. Sie lauteten meistens: „Tod durch die Guillotine!“

A-Z

Direktorium
Regierung Frankreichs 1795–1799. Sie begünstigte das Besitzbürgertum.

„Herrschaft des Schreckens“

Die Jahre 1793/94 gingen als die Zeit des „großen Terrors“ in die französische Geschichte ein. Tausende von Menschen wurden ohne einen ordentlichen Prozess hingerichtet. Fast jeder konnte plötzlich verhaftet und eingesperrt werden.

Wie war das in einem Staat möglich, der gerade erst die Menschenrechte zu seiner Grundlage gemacht hatte?

1793 kamen von überall her schlechte Nachrichten: Räuberbanden zogen plündernd durchs Land, vielerorts gab es Aufstände königstreuer Bauern. In den Städten hungerten die Menschen. Zu alledem hatte England ein starkes Bündnis europäischer Staaten gegen Frankreich zusammengebracht. Ihr Plan war, die Revolutionsregierung in Paris abzusetzen und die Monarchie wieder einzuführen. Im Konvent setzten sich nun die radikalen Jakobiner gegen die Girondisten durch. Robespierre wurde Vorsitzender einer Notstandsregierung, die als „Wohlfahrtsausschuss“ fast unbeschränkte Vollmacht erhielt.

Die Jakobiner werden entmachtet

Der Wohlfahrtsausschuss zwang Händler und Bauern, billiges Getreide zu liefern. Auch für Brot, Fleisch, Salz, Zucker und alltägliche Gebrauchsgegenstände wurden niedrige Höchstpreise festgesetzt. Wer sich nicht daran hielt, galt als „Feind der Republik“ – ebenso wie Geistliche, Adlige und alle, die kein „Zeugnis staatsbürgerlicher Gesinnung“ vorzeigen konnten. Verdächtigungen und anonyme Anzeigen waren an der Tagesordung, denn die Bürger wurden dazu angehalten, sich gegenseitig zu bespitzeln. Revolutionsgerichte sprachen ein Todesurteil nach dem anderen. Fast 40 000 Menschen kamen um, auch alte Revolutionäre – erst die Girondisten, dann die Jakobiner selbst. Nun musste jeder um sein Leben fürchten. In dieser Situation verschworen sich ehemalige Anhänger gegen Robespierre und stürzten ihn. Am 28. Juli 1794 wurde er unter der Guillotine hingerichtet.

Besitzbürger setzen sich durch

Wie sollte die Revolution nun weitergehen? Drei politische Lager kämpften um die Vorherrschaft: das um Beruhigung der Lage bemühte Besitzbürgertum, die Anhänger der Monarchie und die Jakobiner, die an den Errungenschaften der Revolution festhielten. Die Besitzbürger setzten sich schließlich durch: Politische Treffen der Jakobiner wurden verboten, die vorher festgelegten Lebensmittelpreise wurden freigegeben und stiegen stark an. Hungeraufstände waren die Folge. Eine neue 1795 verabschiedete Verfassung unterstrich die Vorherrschaft des Besitzbürgertums, indem sie ein Wahlrecht einführte, das nur den Reichen – etwa 30 000 Franzosen – die Wahl einräumte und den Schutz des Eigentums festschrieb. Die bürgerliche Regierungsgewalt übernahm ein Direktorium, bestehend aus fünf Männern.

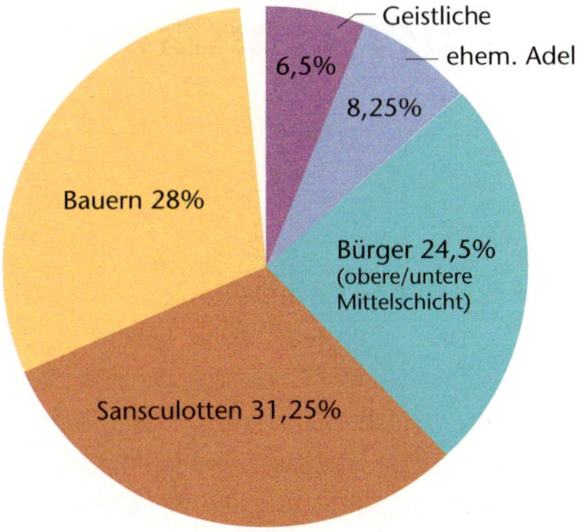

D 1 *Bilanz des Terrors:* Zwischen Oktober 1793 und Juli 1794 wurden etwa 13 000 Menschen hingerichtet, von denen wir wissen, welcher Bevölkerungsgruppe sie zuzurechnen sind. Die ehemalige Königin Marie Antoinette starb im Oktober 1793 unter der Guillotine.

Q 2 *Der Jakobiner Jean Paul Marat schrieb am 10. August 1792 in einem Zeitungsartikel:*

Niemand verabscheut Blutvergießen mehr als ich, aber um zu verhindern, dass das Blut in Strömen fließt, dringe ich in euch, einige Tropfen zu vergießen. Um die Pflichten der Menschlichkeit mit der Sorge für die öffentliche Sicherheit in Einklang zu bringen, schlage ich euch vor, die revolutionsfeindlichen Mitglieder der Stadtverwaltung, der Friedensrichter (…) und der Nationalversammlung auszumerzen.

Q 3 *Wie funktionierte die Politik des Terrors? Aus dem Gesetz über die Verdächtigen, Konventsbeschluss vom 17. September 1793:*

Art. 1. Unmittelbar nach der Verkündung dieses Gesetzes werden alle Verdächtigen, die sich auf dem Gebiet der Republik befinden und noch auf freiem Fuße sind, verhaftet und eingesperrt.

Art. 2. Als verdächtig gelten:

1. diejenigen, die sich durch ihr Verhalten, ihre Beziehungen, ihre Reden oder ihre Schriften als Anhänger der Tyrannei und des Föderalismus [hier: Rebellion gegen den Konvent in mehreren Provinzen nach dem Sturz der Girondisten von Mai bis Dezember 1793] und als Feinde der Freiheit zu erkennen gegeben haben; (…)

5. jene der einstmals Adligen, die Gatten und Gattinnen, Väter und Mütter, Söhne und Töchter, Brüder und Schwestern, die nicht beständig ihre Verbundenheit mit der Revolution bekundet haben, sowie Emigranten.

Q 5 *Maximilien de Robespierre (1758–1794) wuchs in ärmlichen Verhältnissen auf.* Da er sehr begabt war, bekam er ein Stipendium an der Universität, studierte Rechtswissenschaften und wurde Anwalt. 1789 wurde er als Abgeordneter des Dritten Standes in die Generalstände gewählt. 1793 gehörte er zu den führenden Jakobinern.

Q 4 *Der Jakobiner Camille Desmoulins veröffentlichte am 20. Dezember 1793 einen Appell an Robespierre, in dem er ein Ende des Terrors forderte. Wenig später wurde er verhaftet und unter der Guillotine hingerichtet. In dem Zeitungsartikel hieß es:*

Die Menschenrechtserklärung kennt kein Haus der Verdächtigung (…). Es gibt keine verdächtigen Personen, es gibt nur Angeklagte für Delikte, die durch das Recht festgelegt sind (…). Sie wollen alle Ihre Feinde durch die Guillotine auslöschen. Gab es jemals einen größeren Irrsinn? Können Sie auch nur einen Einzigen auf dem Schafott hinrichten, ohne sich zehn Feinde in seiner Familie oder unter seinen Freunden zu machen? Glauben Sie, dass diese Frauen, diese alten und gebrechlichen Menschen (…), die Sie einsperren, gefährlich sind?

1 *Beschreibe die Personen in Q1. Welchen Bevölkerungsschichten könnten sie angehören? Erscheinen sie dir für eine Gerichtsverhandlung geeignet? Versetze dich in die Lage des Mannes links. Was droht ihm, wenn er „schuldig" gesprochen wird?*

2 *Warum glaubten anfangs viele Menschen, die harten Maßnahmen Robespierres seien notwendig, um die Republik zu retten (VT)?*

3 *Wie rechtfertigt Marat in Q2 die Ermordung einiger Abgeordneter?*

4 *Mit welchen Argumenten lehnt Desmoulins in Q4 den Terror ab?*

D 2 *Die Guillotine* (Modell). Die Hinrichtung mit dem Beil führte nicht immer zum Tode; deshalb entwickelte der französische Arzt Guillotin das „humanere" Fallbeil.

9 Napoleon wird Kaiser der Franzosen

1 *Napoleon Bonaparte überquert die Alpen* (Ölgemälde von Jacques Louis David, 1801). Statt des Pferdes benutzte Napoleon in Wirklichkeit ein Maultier.

A-Z

Bürgerliches Gesetzbuch
Es regelt die privaten und wirtschaftlichen Beziehungen der Bürger, z. B. das Erbrecht oder den Kaufvertrag.

General des Direktoriums

Im Herbst des Jahres 1795 entstand für die neue bürgerliche Regierung Frankreichs eine gefährliche Situation: Die Anhänger der Monarchie planten einen gewaltsamen Umsturz. In seiner Not übertrug das Direktorium einem 26-jährigen Artilleriegeneral das Kommando über die Regierungstruppen in Paris. Der ließ in der Stadt Kanonen aufstellen und auf die anstürmenden Königsanhänger feuern. Der junge Offizier hieß Napoleon Bonaparte. Die Direktoren waren mit ihrem General zufrieden. Sie gaben ihm 1796 den Oberbefehl über die Italienarmee, die bisher erfolglos gegen Österreich gekämpft hatte. Napoleon besiegte die Österreicher und eroberte Land für Frankreich. Das machte ihn auch beim französischen Volk beliebt.

Vom Ersten Konsul zum Kaiser

1799 nutzte Napoleon seine Macht zu einem Staatsstreich: Er setzte das Direktorium ab, nannte sich selbst Erster Konsul und übernahm mit zwei weiteren Konsuln die Regierungsgewalt. „Die Revolution ist beendet", ließen sie verkünden. Das entsprach dem Willen der meisten Franzosen, die sich nach zehn wirren Jahren vor allem Ruhe und Ordnung wünschten. Napoleon regierte bis 1804 als Erster Konsul, dann krönte er sich selbst zum Kaiser.

Ein moderner Staat …

Napoleon wollte aus Frankreich einen modernen Staat machen. Als wichtigste Grundlage ließ er ein bürgerliches Gesetzbuch, den Code civil, ausarbeiten. Damit verwirklichte er die Forderungen der Revolution nach persönlicher Freiheit und der Gleichheit aller vor dem Gesetz. Der Code civil wurde zum Vorbild für viele Staaten Europas.
Napoleon wusste auch, dass ein wirtschaftlich starkes Frankreich den einfachen Menschen Arbeit und dem Bürgertum Aussicht auf Gewinne gab. Deshalb förderte er Industrie und Handel, ließ Kanäle und Straßen bauen und vergab Rüstungsaufträge.

… oder eine Militärdiktatur?

Napoleon brauchte die Armee, um seine Macht im Inneren zu sichern und die Vorherrschaft Frankreichs in Europa durchzusetzen. Solange er siegte, war seine Herrschaft kaum gefährdet. Eine echte Opposition gab es sowieso nicht, denn Napoleon berief die Kandidaten des Senats selbst. Er ernannte auch die Richter, Beamten und Offiziere. Die Polizei bespitzelte das Volk und kontrollierte die Zeitungen. Manche Entscheidungen ließ Napoleon durch Volksbefragungen bestätigen. So hatte es den Anschein, dass die Franzosen mit seiner Politik einverstanden waren.

Q2 *Über Republik und Freiheit äußerte sich Napoleon 1797 in einem vertraulichen Gespräch mit dem Diplomaten Miot de Melito:*

Glauben Sie vielleicht, dass ich eine Republik begründen will: Welcher Gedanke! (…) Das ist eine Wahnvorstellung, in die die Franzosen vernarrt sind, die aber auch wie so manche andere vergehen wird. Was sie brauchen, das ist Ruhm, die Befriedigung ihrer Eitelkeit, aber von Freiheit verstehen sie nichts. Blicken Sie auf die Armee! Die Erfolge und Triumphe, die wir soeben davongetragen haben, die haben den wahren Charakter des französischen Soldaten wieder hervortreten lassen. Für ihn bin ich alles. Das Direktorium soll es sich nur einfallen lassen, mir das Kommando über die Armee wegzunehmen! Dann wird man sehen, wer der Herr ist. Die Nation braucht einen Führer, einen durch Ruhm hervorragenden Führer, aber keine Theorien über Regierung, keine großen Worte, keine Reden von Ideologen, von denen die Franzosen nichts verstehen. Man gebe ihnen ihre Steckenpferde, das genügt ihnen, sie werden sich damit amüsieren und sich führen lassen, wenn man ihnen nur geschickt das Ziel verheimlicht, auf das man sie zumarschieren lässt.

Q3 *Presseverordnung von 1800:*

Ab sofort werden alle Zeitungen verboten, die Artikel gegen den sozialen Frieden, gegen die Volkssouveränität, gegen den Ruhm der Armee veröffentlichen oder die Angriffe gegen die Regierung und gegen die mit der Republik befreundeten und verbündeten Nationen enthalten, auch wenn diese Artikel Auszüge aus ausländischen Zeitungen sind.

Q4 *Auszug aus dem Code civil vom 21. März 1804:*

Art. 213: Die Frau (ist) ihrem Manne Gehorsam schuldig.

Art. 215: Die Frau kann ohne Genehmigung ihres Mannes nicht vor Gericht auftreten.

Art. 230: Die Frau kann (nur) (…) die Ehescheidung verlangen, wenn (der Mann seine Nebenfrau) im gemeinschaftlichen Hause gehalten hat.

Art. 544: Eigentum ist das Recht, eine Sache auf die unbeschränkteste Weise zu benutzen und darüber zu verfügen, vorausgesetzt, dass man davon keinen durch die Gesetze oder Verordnungen untersagten Gebrauch macht.

Art. 545: Niemand kann gezwungen werden, sein Eigentum abzutreten, ausgenommen zum öffentlichen Besten.

1 Nenne die Maßnahmen, mit denen Napoleon Frankreich zu einem modernen Staat machte.

2 Betrachte das Gemälde Q1. Überlege, zu welchem Zweck der Maler den General Napoleon so dargestellt hat. Nimm dazu die methodischen Arbeitsschritte auf Seite 29 zuhilfe.

3 Was sagt die Abbildung Q5 über die Zeit des Direktoriums aus? Warum hätten sich wohlhabende Bürger 1793/94 so nicht gezeigt?

4 Überprüfe anhand von Q2, wie Napoleon zur Revolution und zur Republik stand.

5 Der Code civil hat in den letzten 200 Jahren viele Änderungen erfahren, ist aber bis heute gültig. Was sagt das über Napoleons Gesetzeswerk aus (VT, Q4)?

Q5 *Wohlhabende Bürgerinnen und Bürger in der Zeit des Direktoriums* (zeitgenössische Radierung)

10 Methode
Historienmalerei – gemalte Geschichte?

„Ein gut gewählter Augenblick"
Im Januar 1808 beendete der Maler Jacques Louis David ein Gemälde, das schon alleine aufgrund seiner Größe für Aufsehen sorgte: 6,10 m in der Höhe und 9,30 m in der Breite! Es zeigte den Augenblick, in dem Napoleon seine Frau Josephine krönte.
An diesem 2. Dezember 1804 waren die höchsten Würdenträger Frankreichs in der ehrwürdigen Kathedrale Notre-Dame in Paris erschienen, um nach Revolution und Konsulat wieder eine erbliche Monarchie zu begründen: das Kaisertum Napoleons.
Als Napoleon das fertige Gemälde sah, war er sichtlich zufrieden. „Ein gut gewählter Augenblick", sagte er zu David.

Historiengemälde als Quelle
In einem Historiengemälde wurde ein besonderer Augenblick für die Nachwelt festgehalten. Das Geschehen erscheint darauf meist als spektakuläres Ereignis. Oft treten wichtige Persönlichkeiten, manchmal sogar der Auftraggeber selbst, in den Mittelpunkt des Gemäldes. Dabei bleibt keine Einzelheit zufällig, denn der Auftraggeber will so dargestellt werden, wie er von der Nachwelt am liebsten gesehen werden möchte.

Q 1 *Kaiserkrönung 1804* (Ausschnitt aus einem Ölgemälde von J. L. David). Napoleon greift durch die Art seines Kostüms sowie durch den Lorbeerkranz bewusst auf die Tradition römischer Kaiser zurück. Einige Symbole, wie die Lilie auf dem Mantel, knüpfen auch an die französischen Könige an.

Der Maler Jacques Louis David

David wird 1748 als Sohn eines Perückenmachers geboren. Seit 1789 begeistert er sich leidenschaftlich für das Neue und erhält als „Maler der Revolution" den Auftrag, den Ballhausschwur zu malen (siehe S. 13). Er wird in den Konvent gewählt und stimmt dort für die Hinrichtung des Königs. Als Anhänger Robespierres 1794 eingesperrt, wird er 1795 vom Direktorium freigelassen. David ist von dem neuen Helden Bonaparte fasziniert; seine Bilder verbreiten den Ruhm des Ersten Konsuls. 1804 ernennt ihn Napoleon zum „Hofmaler". 1816 wird er von Ludwig XVIII. als „Königsmörder" aus Frankreich verbannt und stirbt 1825 im Exil in Brüssel.

Q 2 *oben: Skizze zum Krönungsgemälde.* Napoleon hatte dem Papst nicht mitgeteilt, dass er vorhatte, sich selbst zu krönen. Was hatte Napoleon wohl sonst befürchtet?
– Vergleiche den Entwurf (Q2) mit dem später fertig gestellten Krönungsgemälde (Q1). Überlege, warum David die Darstellung ändern musste.

D 1 *unten: Anordnung der Personen im Gemälde.* Ordne die folgenden Personen den Ziffern 1–6 zu: Napoleon, Josephine, Papst Pius VII., Napoleons Schwestern als Schleppenträgerinnen, Napoleons Mutter mit Familienmitgliedern, Marschälle Napoleons.

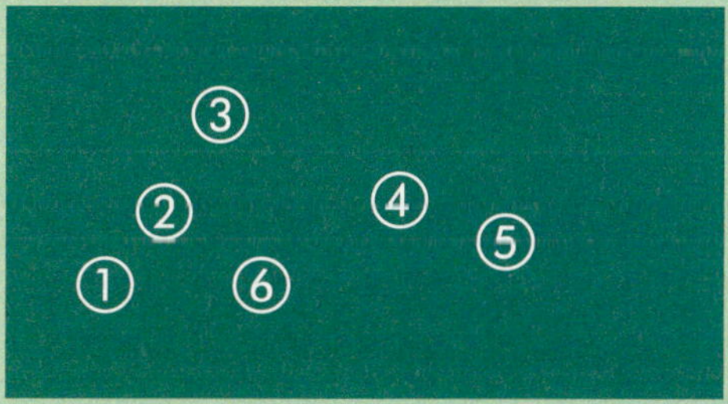

Methodische Arbeitsschritte

Fragen zur Person des Malers und zur Person des Auftraggebers

1. Wer war der Maler des Bildes? Wann hat er gelebt?
2. Wer war der Auftraggeber? Welche Position hatte er inne?

Fragen zu den dargestellten Ereignissen und Personen

3. Was ist auf dem Gemälde zu sehen? Wie sind die Personen dargestellt?
4. Welche Personen oder Handlung stellt der Maler in den Mittelpunkt?
5. Hat der Maler das Dargestellte selbst gesehen oder haben ihm andere davon berichtet?

Fragen zur Wirkung

6. Wie setzt der Maler Farben oder den Wechsel von Licht und Schatten ein, um eine bestimmte Wirkung zu erzielen?
7. Welchen Eindruck wollte der Maler oder Auftraggeber dem Betrachter vermitteln?
8. Wie wirkt das Gemälde auf dich selber?

1 *Beschreibe die Kleidung des Kaisers und seine Haltung. An welche Tradition knüpft Napoleon damit an?*

2 *Warum sagte Napoleon zu David: „Ein gut gewählter Augenblick"?*

3 *Was tut der Papst in dieser Szene? Wie wirkt er? Napoleon war mit der Darstellung des Papstes unzufrieden. Kannst du dir denken warum?*

4 *Napoleons Mutter Maria Lätizia war bei der Krönung nicht anwesend, weil sie die Familie Josephines ablehnte. Warum ist sie trotzdem abgebildet?*

11 Napoleon ordnet Europa neu

Rheinbund
Ein Bund einiger südwestdeutscher Staaten, der sich 1806 auf Wunsch Napoleons bildete. Der Bund brachte den beteiligten Fürsten neue Titel und Gebiete ein. Sie mussten sich aber mit Napoleon verbünden und Frankreich im Kriegsfall Truppen stellen.

Von umjubelten Befreiern …
Mit dem Schlagwort: „Friede den Hütten, Krieg den Palästen!", marschierten Ende 1792 französische Revolutionstruppen in Aachen und in Mainz ein. Die Mainzer Bürger wählten im März 1793 einen „Rheinisch-deutschen Nationalkonvent", der prompt den Anschluss an Frankreich beschloss. Überall pflanzten nun begeisterte Bürgerinnen und Bürger Freiheitsbäume. Als die Franzosen im Juni 1793 vor den Truppen der deutschen Fürsten kapitulieren mussten, flohen auch die deutschen Revolutionäre oder wurden eingesperrt.
1792 waren die Franzosen für viele Deutsche Befreier von der verhassten Fürstenherrschaft gewesen. Das änderte sich mit den Kriegen, die Napoleon führte. Bald wurde klar, dass er nur ein Ziel hatte: Europa unter französische Vorherrschaft zu bringen.

… zu verhassten Besatzern
Um sein Ziel zu erreichen, führte Napoleon Kriege in Italien, Deutschland, Spanien und Russland. Zu Lande schien er unbesiegbar, doch zur See war England stärker. Deshalb musste Napoleon den Plan aufgeben, in England einzudringen. Stattdessen wollte er England durch einen Wirtschaftskrieg ruinieren. Er verfügte über alle englischen Waren eine Kontinentalsperre. Das bedeutete, dass kein englisches Schiff einen Hafen auf dem europäischen Kontinent anlaufen durfte und dass der Handel mit englischen Waren verboten war.
Um seine Herrschaft auf dem Kontinent abzusichern, setzte Napoleon in einigen Staaten Verwandte als Könige ein. Die deutschen Fürsten im Südwesten brachte er dazu, aus dem Reich auszutreten und einen eigenen Bund, den Rheinbund, zu gründen.

D1 *Europa zur Zeit Napoleons*

Q1 *Napoleon als Pfefferkuchenbäcker* (Karikatur des Engländers James Gillray, 1806).
Im Jahr 1806 belohnte Napoleon viele deutsche Fürsten für ihre Treue mit neuen Titeln. ① Auf dem Schieber steht der ehemalige Markgraf von Baden, er ist gerade zum Großherzog „gebacken" worden. Daneben sieht man den Herzog von Württemberg und den Kurfürst von Bayern; die beiden zieht Napoleon als „frisch gebackene" Könige aus dem „Ofen für kaiserliche Pfefferkuchen" ②. ③ Auf der Kommode stehen backfertige „Teigvizekönige" bereit. ④ Aus dem Korb schauen „korsische Königlein"; damit sind Napoleons Verwandte gemeint. ⑤ Im Ascheloch liegt der „Abfall" der napoleonischen Politik. ⑥ Im Hintergrund knetet Napoleons Außenminister Talleyrand die Länder Polen, Ungarn und die Türkei wie Teig durch. Auf dem Backtrog steht „Politisches Durchkneten".

D2 *Die Kriege Napoleons bis 1807:*

1796/97 In Oberitalien besiegt Napoleon Österreich und zwingt den Kaiser, alle deutschen Gebiete links des Rheins an Frankreich abzutreten. 3,5 Millionen Deutsche kommen damit unter französische Herrschaft.

1798/99 Napoleon will Englands Handel im Orient durch einen Feldzug in Ägypten stören. Er siegt bei den Pyramiden; die Flotte wird aber im Hafen von Abukir von Admiral Nelson versenkt.

1799–1802 Napoleon setzt sich mit glanzvollen Siegen gegen England, Russland, Österreich, Portugal, Neapel und die Türkei durch (Koalitionskrieg).

1805 Napoleon besiegt die Österreicher und Russen in der Dreikaiserschlacht von Austerlitz. Die französische Flotte unterliegt aber in der Seeschlacht von Trafalgar dem englischen Admiral Nelson. Damit gewinnt Großbritannien die Seeherrschaft; eine Invasion der Britischen Inseln ist nicht mehr möglich.

1806/07 Bei Jena und Auerstedt siegt Napoleon über die Preußen. Nur die mit Preußen verbündeten Russen können verhindern, dass Preußen ganz aufgeteilt wird. Es verliert aber alle Gebiete westlich der Elbe und polnische Besitzungen. Zar Alexander I. von Russland und Napoleon schließen ein Bündnis und teilen Europa in zwei Einflusszonen auf.

Q2 *Vor einem neuen Feldzug gegen Russland sagte Napoleon 1811 zu seinem Polizeiminister Fouché:*

Ich brauche 800 000 Mann, und ich habe sie; ganz Europa werde ich hinter mir herschleifen! (...) Ich habe meine Bestimmung noch nicht erfüllt; ich will beenden, was kaum begonnen. Wir brauchen ein europäisches Gesetz, einen europäischen Gerichtshof, eine einheitliche Münze, die gleichen Gewichte und Maße (...). Aus allen Völkern Europas muss ich ein Volk und aus Paris die Hauptstadt der Welt machen.

1. *Untersuche die Karte D1 und die Auflistung D2. In welchen Ländern führte Napoleon Kriege? Welchen Staat hat er aus welchen Gründen nicht besiegen können?*
2. *Schreibe aus der Karte D1 die Staaten heraus, in denen Verwandte Napoleons regierten.*
3. *Wie wird Napoleon in der Karikatur Q1 dargestellt? Welche Wirkung sollte die Karikatur wohl erzielen? Warum konnte die Zeichnung in England veröffentlicht werden?*
4. *Vergleiche Napoleons Pläne in Q2 mit der Europäischen Union heute. Worin liegt der Unterschied?*

12 Reformen statt Revolution

Q 1 *Die preußischen Reformer* (Holzstich, 19. Jahrhundert). Von links: General Gerhard von Scharnhorst, Freiherr Karl August von Hardenberg, Reichsfreiherr von und zum Stein. Sie modernisierten die Landwirtschaft, das Gewerbe, die Verwaltung und die Armee.

A-Z

Säkularisierung
Kirchengüter werden verstaatlicht und geistliche Herrschaften abgeschafft.

Mediatisierung
Bisher nur dem Kaiser unterstellte Reichsritter, Reichsstädte und Kleinstaaten wurden seit 1803 in einen anderen, größeren deutschen Staat eingegliedert.

Kein Land, aber 300 „Höfchen"

Verglichen mit Frankreich war Deutschland um 1800 ein sehr altertümliches Gebilde. Das „Heilige Römische Reich Deutscher Nation", so lautete der vollständige Name, war in über 300 Einzelherrschaften zerstückelt. Eine einheitliche Reichspolitik wie in Frankreich war nicht möglich. Es gab zwar einen Kaiser in Wien, doch der hatte keine wirkliche Macht über die Fürsten des Reiches. Diese waren eifersüchtig darauf bedacht, ihre Eigenständigkeit zu behaupten und das eigene Ländchen zu vergrößern. Dazu kam, dass katholische und protestantische Fürsten oft gegeneinander arbeiteten.

Nur zwei Staaten waren so mächtig, dass sie auch in der europäischen Politik als Großmächte eine Rolle spielten: Österreich und Preußen. Doch diese beiden waren Rivalen um die Vorherrschaft in Deutschland. So war es für Napoleon leicht, ein altes Ziel der französischen Politik durchzusetzen: den Rhein als Ostgrenze Frankreichs zu nehmen. Die betroffenen deutschen Fürsten auf der linken Seite des Rheins interessierte eigentlich nur, wie sie für verlorene Gebiete entschädigt werden könnten.

Säkularisierung und Mediatisierung

Seit 1803 sorgte Napoleon dafür, dass zwischen seinem Land und den deutschen Großmächten Österreich und Preußen ein Kranz von „Pufferstaaten" entstand. Diese waren zu schwach, um Frankreich anzugreifen, konnten aber wertvolle Verbündete gegen den Kaiser und das Reich sein. Auf Druck Napoleons sorgte Kaiser Franz II. dafür, dass der Reichstag in Regensburg die geistlichen Herrschaften verstaatlichte und die meisten Kleinstaaten in größere Staaten eingliederte. Damit verschwanden sie einfach von der politischen Landkarte. Als 16 deutsche Staaten 1806 den Rheinbund gründeten und aus dem Reich austraten, legte Kaiser Franz II. die deutsche Kaiserkrone nieder.

Napoleons Verbündete, wie Bayern, Baden und Württemberg, gaben sich Verfassungen und führten den Code civil ein. Alle Bürger waren nun vor dem Gesetz gleich. Die Bauern wurden aus ihrer Abhängigkeit befreit, Handwerker von der Zunftordnung.

Vom Untertan zum Staatsbürger

Preußen erlitt 1806 eine demütigende Niederlage. Im Frieden verlor es einen großen Teil seines Staatsgebietes und musste seine Armee stark verkleinern. Einige Minister, Beamte und Offiziere rieten König Friedrich Wilhelm III., den Staat von Grund auf zu erneuern. Ihre Argumente waren:

- Nur ein modernes Preußen kann sich in einem zukünftigen Krieg gegen ein modernes Frankreich behaupten.
- Aus Untertanen muss man freie, selbstständige Staatsbürger machen, die sich für ihren Staat interessieren und ihn daher auch verteidigen.
- Ohne Reformen drohen Preußen „französische Verhältnisse", also Revolution; mit Reformen bleibt die Monarchie erhalten. Das überzeugte den König.

D1 *Deutschland 1790 und 1812*

Q2 *Der preußische Reformer Karl August von Hardenberg schrieb 1807:*

Der Wahn, dass man der Revolution am sichersten durch Festhalten am Alten und durch strenge Verfolgung der durch solche geltend gemachten Grundsätze entgegenstreben könne, hat besonders dazu beigetragen, die Revolution zu befördern (...). Also (brauchen wir) die Revolution im guten Sinne, gerade hinführend zu dem großen Zwecke der Veredlung der Menschheit, durch Weisheit der Regierung und nicht durch gewaltsame Impulsio [Anstoß] von innen und außen, – das ist unser Ziel, unser leitendes Prinzip. Demokratische Grundsätze in einer monarchischen Regierung: Dieses scheint mir die angemessene Form für den gegenwärtigen Zeitgeist. Die reine Demokratie müssen wir noch dem Jahre 2440 überlassen, wenn sie anders je für den Menschen gemacht ist.

D2 *Übersicht über die Reformen in Preußen:*

1807 Bauernbefreiung: Die persönliche Bindung der Bauern an adlige Grundherren wird aufgehoben. Bauern dürfen in die Stadt ziehen, Adlige ein bürgerliches Gewerbe betreiben.

1808 Selbstverwaltung der Städte: Die Bürger wählen Stadtverordnete; diese setzen Steuern fest und ernennen Verwaltungsbeamte. Die Betätigung der Bürger in der Selbstverwaltung ist an Bildung und Eigentum gebunden.

1810 Gewerbefreiheit: Auflösung der Zünfte. Jeder darf ein Gewerbe gründen.

1812 Judenemanzipation: Die Juden werden rechtlich zu Staatsbürgern und damit allen anderen gleichgestellt.

1814 Allgemeine Wehrpflicht: Für freie Bauern und Bürger sollte es eine Ehre sein, König und Vaterland zu dienen.

1. *Vergleiche die beiden Karten D1. Welchen Vorteil hatte die von Napoleon erzwungene politische „Flurbereinigung“ für Deutschland?*
2. *Wodurch wurde die Modernisierung Preußens ausgelöst? (VT)*
3. *Erläutere, was die einzelnen preußischen Reformen beinhalteten (D2).*
4. *In Frankreich gab es eine Revolution „von unten“, in Preußen Reformen „von oben“. Worin liegt der Unterschied?*

13 Hessische Staaten während der Vorherrschaft Napoleons

1 *Das kurfürstliche Schloss Wilhelmshöhe* in Kassel hieß unter König Jérôme Napoleonshöhe.

Kurfürst
Die Kurfürsten wählten bis 1806 den Kaiser des Heiligen Römischen Reiches Deutscher Nation. Ihr Herrschaftsgebiet nannte sich Kurfürstentum oder in Kurzform Kurhessen, Kurköln usw. Kur kommt von küren und heißt jemanden auswählen.

Königreich Westfalen
Es wurde nach dem Frieden von Tilsit (1807) von Napoleon Bonaparte für seinen Bruder Jérôme aus dem Kurfürstentum Hessen, dem Herzogtum Braunschweig und hannoverschen sowie preußischen Gebietsteilen geschaffen.

Kurfürstentum Hessen-Kassel

Auch auf dem Gebiet des heutigen Hessens entstanden durch Mediatisierung und Säkularisierung größere Staaten. Die Landgrafschaft Hessen-Kassel wurde 1803 zum „Kurfürstentum" und Landgraf Wilhelm IX. stieg zum Kurfürsten Wilhelm I. auf (vergleiche die Karten auf Seite 33). Der antifranzösisch und antirevolutionär eingestellte Kurfürst weigerte sich 1806 jedoch, dem neu gegründeten Rheinbund beizutreten. Als Folge eroberten 1806 französische Truppen Kurhessen und verjagten den Kurfürsten. Auf den Kasseler Thron setzte Napoleon seinen jüngsten Bruder Jérôme. Hessen-Kassel verschwand von der Landkarte und ging in dem bis weit nach Norddeutschland reichenden Königreich Westfalen auf.

Reformen nach französischem Muster

Dieser neue Staat wurde in Paris nach französischem Vorbild gestaltet: Er erhielt eine Verfassung, alle Bürger waren vor dem Gesetz gleich. Standesunterschiede gab es keine mehr. Es wurde sogar ein westfälischer Reichstag gewählt, der jedoch die Regierung nur beraten durfte. Juden erhielten die volle Gleichberechtigung und es bestand Religionsfreiheit. Zünfte und Zölle, außer an den Grenzen des Königreichs, verschwanden.

Widerstand gegen die Fremdherrschaft

Dennoch herrschte unter der Bevölkerung große Unzufriedenheit. Wie alle Rheinbundstaaten musste auch das Königreich Westfalen viel Geld und viele Soldaten für die Kriege Napoleons zur Verfügung stellen. So wurden die hessischen Gebiete des Königreichs Westfalen zu einem Zentrum des Widerstands gegen die „französische Fremdherrschaft". Die Aufstände wurden vom französischen Monarchen jedoch mit größter Härte niedergeschlagen, die Anführer öffentlich hingerichtet.

Das Alte kehrt zurück

Als Napoleon 1813 militärisch besiegt war, kehrte der alte Kurfürst Wilhelm I. nach Kassel zurück. Er versuchte, die meisten Neuerungen wieder rückgängig zu machen. Enttäuschte, hungernde Bauern schrieben deshalb schon 1816: „Die Franzosenzeiten waren schlimm, aber die jetzigen sind (...) schlimmer."

Großherzogtum Hessen-Darmstadt

Hessen-Darmstadt stieg nach dem Beitritt zum Rheinbund 1806 zum Großherzogtum auf und vergrößerte sein Herrschaftsgebiet enorm. Großherzog Ludewig I. entmachtete den Adel. Dabei ging es ihm vor allem um die Abschaffung der Steuerfreiheiten, da auch er hohe Geldsummen und viele Soldaten an Napoleon entrichten musste. Sein Ziel, den Kurfürsten in Kassel zu beerben und König von Hessen zu werden, erreichte er nicht. 1813 wechselte Ludewig I. wiederum die Seiten und kämpfte gegen Napoleon. Dies sicherte ihm einen Großteil seines Großherzogtums.

Q2 *Am 15. November 1807 schrieb Napoleon an seinen Bruder Jérôme, den König von Westfalen:*

Diese Art zu regieren, bietet gegen Preußen einen besseren Schutz als die Elbe, als Festungen oder als die Protektion [Schutz] durch Frankreich. Welches Volk wollte zum Willkürregiment Preußens zurückkehren, wenn es die Vorzüge einer weisen und liberalen Staatsführung genießt? (…) Um es unumwunden zu sagen, vertraue ich für die Festigung der Monarchie in Westphalen mehr auf die wohltuende Wirkung dieser modernen Einrichtungen als auf die größten militärischen Siege. Wichtig ist vor allem, dass die Bevölkerung unter dem neuen Regime in Freiheit, Gerechtigkeit und Wohlstand leben kann, wie es bisher noch in keinem deutschen Land möglich war. Wenn die Regierung des Modellstaats sich diesem Ziel verschreibt, werden die positiven Wirkungen weit über das Königreich hinaus im Rheinbund insgesamt nicht ausbleiben.

Q4 *23 Jahre alt war Jérôme, der jüngste Bruder Napoleons, als er 1807 König von Westfalen wurde.* König Lustig nannten ihn die Kasseler wegen seines ausschweifenden Lebenswandels. Das Gemälde zeigt Jérôme in seiner Krönungstracht.

Q3 *Wechselvolle Geschichte: Zuerst Landgraf, dann Kurfürst und nach sieben Jahren Exil wieder Kurfürst: Wilhelm I. von Hessen-Kassel (1743–1821).* Nach seiner Rückkehr auf den Thron machte er die meisten französischen Reformen wieder rückgängig.

D1 *Der Historiker Eckart G. Franz schrieb im Jahr 1984 über die Geschichte von Hessen-Darmstadt:*

Rund 175000 Einwohner hatte Hessen-Darmstadt mit den 1803/06 „akquirierten" [erhaltenen] Landen dazugewonnen. Doch Napoleons Blut-Preis musste bezahlt werden. Schon in den ersten Oktobertagen 1806 marschierten die hessischen Bataillone als Verbündete Frankreichs gegen Preußen, 1808 ging es nach Spanien, 1809 nach Österreich, und 1812 mussten sich unter dem Kommando des jüngsten Landgrafen-Sohnes Prinz Emil fast 5000 Hessen-Darmstädter dem verhängnisvollen Zug der „Grande Armee" nach Russland anschließen, von dem dann nur ein Zehntel der Teilnehmer zurückkehren sollte.

1 Vergleiche die Entwicklung im Großherzogtum Hessen-Darmstadt und im Kurfürstentum Hessen-Kassel miteinander (VT, D1, Q3).

2 Erläutere die Ziele, die Napoleon mit der Gründung des Königreichs Westfalen verfolgte (Q2).

3 Sieh Dir das Herrscherbild König Jérômes (Q4) genau an: Welche Wirkung sollte das Bild auf den Betrachter erzielen und wie sah der König sich selbst? Betrachte dazu die verwendeten Farben und Gegenstände, die Haltung und Position des Königs auf dem Bild. Das Methodenglossar (S.149) gibt dir weitere Hinweise zur Interpretation des Bildes.

4 Sammelt gemeinsam Argumente, die für oder gegen einen Aufstand gegen König Jérôme sprechen (VT). Wie würdet ihr euch entscheiden?

5 Informiere dich, zu welchem Gebiet dein Heimatort während der Zeit Napoleons gehörte.

14 Die Völker Europas wehren sich

Q1 *Erschießung der Aufständischen.* Der spanische Maler Francisco de Goya malte dieses Bild 1814. Goya hatte die Leiden der Bevölkerung in dem Volkskrieg gegen Napoleon miterlebt und in Gemälden festgehalten.

Aufstände gegen Napoleon

1807 beherrschte Napoleon im Bündnis mit dem russischen Zaren das ganze europäische Festland. Gegen seinen letzten Gegner England hatte er die Kontinentalsperre errichtet, um ihn wirtschaftlich zu ruinieren. Doch viele Länder wollten auf die Industrieprodukte aus England nicht verzichten. Vor allem die Baumwollstoffe waren billig und von ausgezeichneter Qualität. Kolonialwaren wie Kaffee, Tee und Zucker waren auf dem Festland sehr beliebt. Außerdem verkauften die Staaten des Kontinents viele ihrer Erzeugnisse in England. Viele Orte entlang der englischen und europäischen Küste wurden zu Schmugglerhäfen. So versuchten Händler, die Kontinentalsperre zu unterwandern. Als Portugal sich weigerte, seine Häfen für englische Waren zu schließen, marschierten Napoleons Truppen in das Land ein und besetzten es.
In Spanien hatte Napoleon seinen Bruder Joseph als König eingesetzt, um das Land besser kontrollieren zu können. Doch am 2. Mai 1808 erhoben sich in der spanischen Hauptstadt Madrid Bauern, Handwerker und Geistliche gegen die französische Herrschaft. Mit einem Heer von über 300 000 Mann schlug Napoleon den Aufstand nieder. Die Aufständischen wurden gefangen genommen und gleich am nächsten Morgen erschossen.

Ein Nationalgefühl entsteht

Zwar hatte Napoleon es geschafft, die Spanier wieder unter seine Herrschaft zu bringen. Doch das Bewusstsein des Volkes, eine Nation zu sein, konnte Napoleon nicht mehr unterdrücken. Auch in den deutschen Ländern sprachen immer mehr Menschen von einer deutschen Nation. Gemeinsam wollten sie sich gegen die französische Herrschaft wehren. 1809 wagten die Österreicher den Aufstand, doch auch dieses Mal blieb Napoleon noch Sieger.

Feldzug gegen Russland

Als der russische Zar sich nicht mehr an die Kontinentalsperre hielt, setzte Napoleon alles aufs Spiel. Die Verbündeten, aber auch Preußen und Österreich mussten ihm Truppen stellen. Mit seiner „Großen Armee" von 600 000 Mann zog er 1812 bis nach Moskau. Die russischen Soldaten wichen in den weiten Raum des Landes zurück und boten Napoleon keine Gelegenheit zu einer Entscheidungsschlacht. Der Feldzug endete vernichtend für die „Große Armee", nur 10 000 Soldaten überlebten die Strapazen.

Die Befreiungskriege

Diese Niederlage Napoleons war wie ein Signal für die europäischen Völker. Im Februar 1813 schloss der preußische König ein Bündnis mit Russland, dem auch Österreich und England beitraten. Aus ganz Deutschland meldeten sich nun Freiwillige, um für die Befreiung ihres Vaterlandes zu kämpfen. In der großen Völkerschlacht bei Leipzig 1813 erlitt Napoleon die entscheidende Niederlage. 1814 zwangen ihn die Verbündeten abzudanken und verbannten ihn auf die Insel Elba. 1815 versuchte er, seine Macht zurückzugewinnen, doch er wurde bei Waterloo vernichtend geschlagen und auf die Insel St. Helena im Atlantik verbannt. Dort starb er 1821.

A-Z

Nation
Wenn eine große Zahl von Menschen durch gemeinsame Sprache, Geschichte und Kultur miteinander verbunden ist, spricht man von einer Nation. Menschen einer Nation können auch auf mehrere Staaten verteilt leben. Im 19. Jahrhundert waren viele Deutsche damit nicht mehr zufrieden; sie wollten einen gemeinsamen Staat, einen Nationalstaat.

Q4 *Napoleons Lebenslauf* in einer zeitgenössischen deutschen Karikatur

Q2 *Napoleon führte im Sommer 1813 Verhandlungen mit dem österreichischen Staatskanzler Metternich:*

Metternich: Krieg und Frieden liegen in der Hand Eurer Majestät. (...) Heute können Sie noch Frieden schließen, morgen dürfte es zu spät sein. (...)

Napoleon: (...) Nimmermehr! Ich werde zu sterben wissen, aber ich trete keine Handbreit Boden ab. Eure Herrscher, geboren auf dem Throne, können sich zwanzigmal schlagen lassen und doch immer wieder in ihre Residenzen zurückkehren; das kann ich nicht, ich, der Sohn des Glücks! Meine Herrschaft überdauert den Tag nicht, an dem ich aufgehört habe, stark und folglich gefürchtet zu sein. (...)

Metternich: (...) Das Glück kann Sie ein zweites Mal wie im Jahre 1812 im Stich lassen. (...) Ich habe Ihre Soldaten gesehen, es sind Kinder. (...) Und wenn diese jugendliche Armee, die Sie heute unter die Waffen gerufen haben, dahingerafft sein wird, was dann?

Napoleon: (...) Ich bin im Felde aufgewachsen, und ein Mann wie ich schert sich wenig um das Leben einer Million Menschen.

Q3 *„Hass gegen die Franzosen". Der jüngste Bruder Napoleons, Jérôme Bonaparte, genoss während seiner Regierungszeit als König von Westfalen nur wenig Sympathien beim Volk. Über die Stimmung in der Bevölkerung während seiner Herrschaft schrieb Jérôme Bonaparte am 5. Dezember 1811 an seinen Bruder:*

Man gibt sich den verücktesten Hoffnungen hin und ist überaus begeistert. Man nimmt Spanien zum Beispiel, und wenn der Krieg [mit Russland] ausbrechen sollte, werden alle zwischen Rhein und Oder gelegenen Gegenden der Schauplatz einer ausgedehnten und lebhaften Erhebung werden.

Der Hauptgrund dieser gefährlichen Bewegungen ist nicht nur der Hass gegen die Franzosen und die Ungeduld, das fremde Joch abzuschütteln; es ist vielmehr im Unglück der Zeiten begründet, in dem völligen Ruin aller Kassen, in der Vermehrung der Steuern und Kriegsbeiträge, dem Unterhalt der Truppen, dem Durchmarsch der Soldaten und der ständigen Wiederkehr von einer Unzahl von Plackereien aller Art.

1. *Wie stellt Goya in Q1 die Soldaten dar, wie die Aufständischen?*
2. *Österreich wäre 1813 zum Frieden bereit gewesen, wenn Napoleon Deutschland geräumt hätte. Warum zog Napoleon das Risiko der Schlacht vor (Q2)?*
3. *Was befürchtete Jérôme Bonaparte für Deutschland im Fall eines Russlandfeldzuges? Wie begründete er das seinem Bruder gegenüber (Q3)?*
4. *Untersuche die Karikatur Q4. Welche Stationen aus Napoleons Karriere sind dargestellt? Wann muss die Karikatur entstanden sein?*

15 Abschluss
Was ist eine Revolution?

Finde die gesuchten Namen und Begriffe zu den Bildern. Die grünen Kästchen zeigen dir, wie viele Buchstaben das jeweilige Lösungswort hat.

In dieser Themeneinheit hast du eine Fülle von gesellschaftlichen und politischen Ereignissen kennen gelernt, die zusammen die Französische Revolution ausmachen. Da sich gerade in revolutionären Zeiten die Geschehnisse überschlagen, ist es wichtig, nicht den Überblick zu verlieren. Du bekommst Ordnung in eine Revolution, indem du die einzelnen Ereignisse unter bestimmten Fragen betrachtest:

- Wie war die Ausgangslage, d. h. wie lebten die Menschen vor der Revolution und wer herrschte?
- Welche neuen Ideen kamen in dieser Zeit auf?
- Was war der Auslöser der Revolution? In welchen Stufen verlief die weitere revolutionäre Bewegung?
- Womit endete die Revolution?
- Welche Ergebnisse und Folgen hatte die Revolution?

1. Diese Karikatur kritisiert eine Gesellschaftsordnung, wie sie in Frankreich und den meisten europäischen Staaten vor 1789 bestand.

2. Ludwig XVI. eröffnete diese Versammlung am 5. Mai 1789.

3. Diese alte Königsfestung wurde am 14. Juli 1789 von Pariser Bürgerinnen und Bürgern gestürmt.

4. Als Kaiser wollte dieser General ganz Europa beherrschen.

14. Juli 1789
Sturm auf die Bastille

August 1793
Levée en masse

1792/93
König wird verhaftet und hingerichtet

17. Juni 1789
Dritter Stand erklärt sich zur Nationalversammlung

1793/94
Schreckensherrschaft der Jakobiner

5. Mai 1789
Einberufung der Generalstände

28. Juli 1794
Robespierre wird gestürzt

seit 1799
Moderner Staat oder Diktatur?

1792/93
Revolutionskrieg

5. Oktober 1789
Zug der Marktfrauen nach Versailles

2. Dezember 1804
Napoleon krönt sich zum Kaiser der Franzosen

4. August 1789
Abschaffung der Privilegien

nach 1799
Vorherrschaft Frankreichs in Europa

18. Jahrhundert
Aufklärung

26. August 1789
Erklärung der Menschen- und Bürgerrechte

21. März 1804
Code civil

3. September 1791
Verfassung: konstitutionelle Monarchie

9. November 1799
Staatsstreich

bis 1789
Ständegesellschaft

1795–99
Direktorium

1643–1715
absoluter Herrscher

1792
Girondisten und Jakobiner

1 Zeichne das Revolutionsschaubild als Tabelle in dein Heft. Am besten nimmst du das Blatt quer, damit du genug Platz zum Reinschreiben hast.

2 Versuche, jedes Ereignis einer passenden Spalte zuzuordnen.

3 Formuliere einen kurzen Lexikonartikel zum Stichwort „Französische Revolution".

Ausgangslage	Entwicklungen und Ideen	Verlauf/Stufen				Ergebnisse und Folgen
		Ausbruch der Revolution	*Bürgerliche Revolution*	*Radikale Revolution*	*Napoleon/Ende der Revolution*	

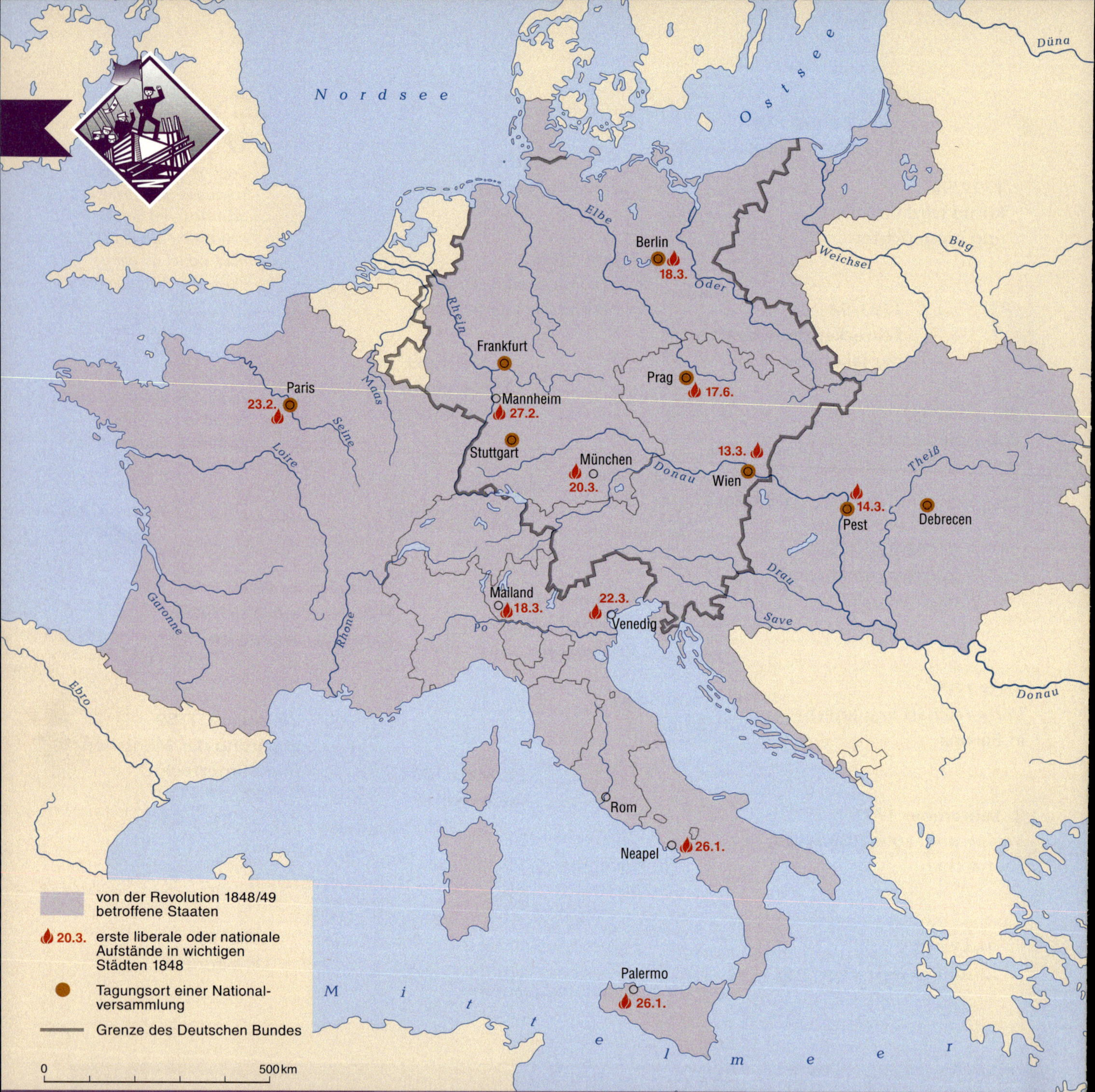

1815

Auf dem Wiener Kongress schließen sich die deutschen Einzelstaaten zum „Deutschen Bund" zusammen.

1832

Auf dem Hambacher Fest demonstrieren über 20 000 Menschen für einen freiheitlichen, liberalen Nationalstaat.

1848

In vielen Ländern Europas brechen Revolutionen aus.

Deutsche streben nach Einheit und Freiheit

Die Mitglieder des Vorparlamentes ziehen in die Frankfurter Paulskirche ein (kolorierte Lithografie, 1848). Das Vorparlament tagte vom 31. März bis zum 3. April 1848 in der Paulskirche. Seine Aufgabe war es, die Wahl der Abgeordneten für die Nationalversammlung vorzubereiten.

Frühjahr 1848: An vielen Orten Europas brechen Aufstände los. Menschen aus allen Bevölkerungsschichten gehen für „Einheit und Freiheit" auf die Barrikaden. Sie demonstrieren für einen geeinten Nationalstaat, für Grundrechte und frei gewählte Parlamente. So versammeln sich z. B. in Frankfurt Abgeordnete aus allen Teilen des Deutschen Bundes zum ersten deutschen Parlament. Doch die Revolution scheitert, weil der Kaiser die erarbeitete Verfassung ablehnt.

Mehr als 20 Jahre später, im Jahr 1871, entstand aber doch noch ein deutscher Nationalstaat: das Deutsche Reich mit einem Kaiser an der Spitze. Damit verwirklichte sich eine Forderung der Aufständischen von 1848: ein geeintes Deutschland.

War damit aber auch die Freiheit erreicht?

1848/49

Die erste deutsche Nationalversammlung tagt in der Frankfurter Paulskirche.

1871

Das Deutsche Reich wird gegründet. Wilhelm I. wird zum Deutschen Kaiser ausgerufen.

1871–1890

Otto von Bismarck regiert als deutscher Reichskanzler.

ab Ende des 19. Jh.

Antisemitische Verbände werden gegründet und jüdische Bürger zunehmend diskriminiert.

1 Wien 1815 – die Fürsten setzen sich durch

Q1 *Europas Herrscher auf dem Wiener Kongress* (zeitgenössische Radierung). In der Mitte in weißer Uniform Kaiser Franz von Österreich, neben ihm sitzend König Friedrich Wilhelm III. von Preußen, hinter dem Globus stehend Zar Alexander I. von Russland. Vor dem Tisch hat sich König Friedrich I. von Württemberg aus seinem Sessel erhoben.

A-Z

Legitimität
bedeutet, dass jemand das Recht hat, einen Staat zu führen. Für die Monarchen des Wiener Kongresses waren das nur solche Herrscher, deren Vorfahren schon auf den Thronen gesessen hatten.

Deutscher Bund
Der Deutsche Bund wurde 1815 als loser Zusammenschluss von 35 deutschen Staaten und vier freien Städten gegründet. Er trat an die Stelle des aufgelösten „Heiligen Römischen Reiches Deutscher Nation". Die Staaten und Städte waren beim Frankfurter Bundestag, in dem Österreich den Vorsitz hatte, durch Gesandte vertreten.

Der Wiener Kongress

In den Jahren 1813 und 1814 hatten in Deutschland Menschen aus allen Volksschichten große Opfer gebracht. Sie waren als Freiwillige begeistert in den Krieg gezogen oder hatten bereitwillig einen Teil ihrer Habe geopfert: Decken, Getreide, Pferde, sogar ihre goldenen Eheringe. Viele träumten von einem großen und starken Vaterland, in dem das Volk die Politik mitbestimmt.

Im September 1814 kamen in Wien Kaiser, Könige, Fürsten und Diplomaten aus den Staaten Europas zusammen. Sie wollten darüber verhandeln, wie Europa nach Napoleons Sturz neu geordnet werden sollte. Die Verhandlungen dauerten über ein Jahr. Damit sich die Teilnehmer nicht langweilten, gab es ein großes Unterhaltungsprogramm mit Bällen, Konzerten und Festen. „Der Kongress tanzt, aber schreitet nicht voran", hieß es spöttisch. Das stimmte nicht ganz, aber die Abgesandten der größten Staaten hatten sehr unterschiedliche Interessen: So wollte der russische Zar seine Macht nach Westen ausdehnen. Dem widersetzte sich der österreichische Außenminister Metternich. Auch Preußen versuchte, seine politische Macht zu vergrößern.

Ein Bündnis gegen die Freiheit

Metternichs Ziel war es, überall wieder die legitimen Herrscher in ihre alten Rechte einzusetzen. Die Fürsten fürchteten sich aber davor, dass wieder ein Herrscher versuchen würde, die Vorherrschaft an sich zu reißen. Deshalb schlossen sich der Zar von Russland, der Kaiser von Österreich und der König von Preußen in der „Heiligen Allianz" zusammen. Sie versprachen einander, gegen jeden vorzugehen, der die bestehende Ordnung stören sollte. Die meisten Fürsten Europas traten dem Bündnis später bei.

Enttäuschte Hoffnungen

Die Wünsche der Völker in den deutschen Ländern spielten in Metternichs Vorstellung keine Rolle. Sie hatten auf einen Nationalstaat gehofft. Metternich fürchtete, dass ein geeintes, großes deutsches Reich gefährlich für das europäische Gleichgewicht werden könnte. Daher blieb Deutschland staatlich zersplittert. Die Fürsten schlossen ihre Länder nur lose im Deutschen Bund zusammen. So behielten sie ihre Titel und Herrschaftsansprüche. Viele junge Menschen, die für Deutschlands Einheit und Freiheit gekämpft hatten, waren tief enttäuscht.

D1 *Europa nach dem Wiener Kongress.* Preußen erhielt Teile Sachsens und die Rheinprovinz mit Westfalen als Entschädigung für abgetretene polnische Gebiete. Österreich übernahm Teile von Italien. Außerdem wurde das Königreich der Vereinigten Niederlande neu gegründet.

Zeitreise multimedial – Das lange 19. Jahrhundert: Gesellschaft – „Der Deutsche Bund 1815–1866“

Q2 *Der österreichische Außenminister Fürst Metternich erläuterte seinem engsten Mitarbeiter, Friedrich Gentz, auf dem Wiener Kongress die geplante Deutschlandpolitik:*

Metternich: Wir müssen Europa im Auge haben, lieber Gentz, wenn wir von Deutschland sprechen. Bedenken Sie, wie wenig das Deutsche Reich für eine wirklich europäische Politik geleistet hat, und das war gut so. Der Deutsche Bund, den wir schaffen wollen, muss daher so wenig Einheitlichkeit und Macht besitzen, dass er für wirkliche Staaten wie Österreich und Preußen keine Bedeutung hat.

Gentz: Euer Exzellenz meinen, er solle mehr dem Gleichgewicht in Europa als den deutschen Interessen dienen?

Metternich: Genau das meine ich, und sehen Sie, Gentz, dieses Preußen, dessen Besitz in so vielen kleinen „Päckchen“ über ganz Deutschland verstreut ist, kann einem in sich geschlossenen Österreich die Führung in Europa nicht streitig machen.

Q3 *Freiherr vom Stein kritisiert die Deutsche Bundesakte im Juni 1815:*

Jeder Mann, der sein Vaterland liebt und dessen Glück und Ruhm wünscht, ist berufen zu untersuchen, ob der Inhalt dieser Urkunde der Erwartung der Nation entspricht, der Größe ihrer Anstrengungen, ihrer Leiden, der Tatkraft und Beschaffenheit des Geistes. (...) Unsere neuen Gesetzgeber haben an die Stelle des alten Deutschen Reiches einen Deutschen Bund gesetzt, ohne Haupt, ohne Gerichtshöfe, schwach verbunden für die gemeinsame Verteidigung. Die Rechte der Einzelnen sind durch nichts gesichert als die unbestimmte Erklärung, „dass es Landstände geben solle“; ohne dass etwas über deren Befugnisse festgestellt ist (...). Man muss hoffen, dass die despotischen Grundsätze (...) nach und nach durch die öffentliche Meinung, die Freiheit der Presse und das Beispiel zerstört werden, welches mehrere Fürsten, (...) geben zu wollen scheinen, indem sie ihren Untertanen eine weise Verfassung erteilen.

1. *Betrachte das Bild Q1. Worum ging es den Monarchen vor allem? Beachte den Globus, die ausgebreiteten Karten sowie die Hände der Hauptakteure.*
2. *Liste nach der Karte D1 die Gebiete auf, die die Großmächte Russland, Preußen und Österreich 1815 erworben haben.*
3. *Warum mussten die Aussagen Metternichs aus Q2 1815 geheim bleiben?*
4. *Gib die Kritik des Freiherrn vom Stein (Q3) mit eigenen Worten wieder. Kannst du seine Meinung nachvollziehen?*

2 Bürger fordern Freiheit und Einheit

1 *Bücherverbrennungen auf dem Wartburgfest 1817* (Holzstich, um 1880). Zum Abschluss des Wartburgfestes wurde an die Verbrennung einer päpstlichen Urkunde durch Martin Luther erinnert. Daran angelehnt wurden nun auch symbolisch Gegenstände verbrannt.

Restauration
(von lat. restaurare = etwas wiederherstellen)
Die Fürsten versuchten nach 1815, die politischen Zustände wiederherzustellen, wie sie vor der Französischen Revolution gewesen waren.

liberal
(von lat. liber = frei)
Die Liberalen strebten einen freiheitlichen Verfassungsstaat an, in dem die Menschen- und Bürgerrechte garantiert sind.

reaktionär
Bezeichnung für rückwärtsgewandte, fortschrittsfeindliche Kräfte.

Für Freiheit und Gleichberechtigung

Die Jahre zwischen 1815 und 1848 bezeichnet man als Zeit der Restauration. Damit ist der Versuch der Fürsten gemeint, die politischen Veränderungen nach der Französischen Revolution wieder rückgängig zu machen. Manche Historiker sprechen auch vom Zeitalter Metternichs. Der österreichische Kanzler konnte nämlich mehr als drei Jahrzehnte lang eine veraltete Ordnung aufrechterhalten.

Viele Menschen wollten sich mit diesen politischen Zuständen aber nicht abfinden. Beeinflusst von den Ideen der Aufklärung und der Französischen Revolution hatte sich in Deutschland ein selbstbewusstes Bürgertum entwickelt. Es forderte nun Gleichberechtigung mit den Adligen, Religions-, Meinungs- und Pressefreiheit sowie gesicherte Mitbestimmungsrechte durch ein gewähltes Parlament. Neben diesen liberalen Forderungen wollten viele Bürger einen gemeinsamen Nationalstaat. Auch nach den Entscheidungen des Wiener Kongresses hielten viele an diesen Forderungen fest. 1815 schlossen sich in Jena Studenten zu einer Burschenschaft zusammen. Sie wollten so ein erstes Zeichen für die deutsche Einheit setzen. „Ehre, Freiheit, Vaterland", lautete ihr Leitspruch, Schwarz, Rot, Gold waren ihre Farben. Bald gab es an fast allen deutschen Universitäten solche Verbindungen. Am 18. Oktober 1817 fand auf der Wartburg bei Eisenach eine Kundgebung aller Burschenschaften statt. Sie forderten einen Nationalstaat und eine Verfassung auf der Grundlage der Menschenrechte. Bei dieser Versammlung verbrannten die Studenten auch Symbole der verhassten Fürstenherrschaft wie etwa fürstentreue Bücher. Diese Aktionen dienten Metternich und anderen Fürsten als Vorwand, um studentische Vereine und Burschenschaften streng zu überwachen.

Die Karlsbader Beschlüsse

1819 ermordete ein radikaler Student den Dichter Kotzebue. Dieser galt als Spitzel des russischen Zaren und als reaktionärer Schriftsteller. Für Metternich war der Mord ein willkommener Anlass, um schärfer gegen alle diejenigen vorzugehen, die in Deutschland für mehr Freiheit eintraten. Im böhmischen Kurort Karlsbad beschlossen Vertreter der größeren deutschen Staaten verschiedene Maßnahmen, die sich vor allem gegen Studenten, Professoren und die Presse richteten. Die Burschenschaften wurden verboten und Zeitungen einer strengen Zensur unterworfen. Überall musste man mit staatlicher Überwachung rechnen: Polizeispitzel öffneten Briefe, stöberten in Buchhandlungen nach verbotenen Büchern und schrieben die Vorlesungen liberaler Professoren an der Universität mit. Selbst in Cafés belauschten sie die Gespräche der Gäste. Wer wegen „falscher" Gesinnung auffiel, musste mit Gefängnis oder Berufsverbot rechnen. Viele Deutsche wanderten wegen dieser Zustände nach Amerika aus.

Q2 *Der Denkerclub* (anonyme Karikatur um 1825). Auf der Tafel rechts steht unter anderem: „II. Schweigen ist das erste Gesetz dieser gelehrten Gesellschaft.
III. Auf dass kein Mitglied in Versuchung geraten möge, seiner Zunge freien Lauf zu lassen, so werden beim Eintritt Maulkörbe ausgeteilt.
IV. Der Gegenstand, welcher in jedmaliger Sitzung durch ein reifes Nachdenken gründlich erörtert werden soll, befindet sich auf einer Tafel mit großen Buchstaben deutlich angeschrieben."

Q3 *Die „Karlsbader Beschlüsse" verfasste der Bundestag in Frankfurt am 20. September 1819. Darin hieß es unter anderem:*

Die Bundesregierungen verpflichten sich gegeneinander, Universitäts- und andere öffentliche Lehrer, die durch erweisliche Abweichung von ihrer Pflicht oder Überschreitung der Grenzen ihres Berufs, durch Missbrauch ihres rechtmäßigen Einflusses auf die Gemüter der Jugend, durch Verbreitung verderblicher, der öffentlichen Ordnung und Ruhe feindseliger oder die Grundlagen der bestehenden Staatseinrichtungen untergrabender Lehren, ihre Unfähigkeit zur Verwaltung des ihnen anvertrauten (...) Amtes unverkennbar an den Tag gelegt haben, von den Universitäten und sonstigen Lehranstalten zu entfernen. (...) Ein [solcher] Lehrer darf in keinem anderen Bundesstaat bei irgendeinem öffentlichen Lehrinstitut wieder angestellt werden. (...) Solange der gegenwärtige Beschluss in Kraft bleiben wird, dürfen Schriften, die in der Form täglicher Blätter oder heftweise erscheinen, desgleichen solche, die nicht über 20 Bogen im Druck stark sind, in keinem deutschen Bundesstaate ohne Vorwissen und vorgängige Genehmhaltung der Landesbehörden zum Druck befördert werden.

Q4 *Ein Deutscher, der 1823 aus den Niederlanden in die Heimat zurückkehrte, schrieb über die Zustände in den deutschen Staaten:*

Die Ströme, die Berge, die alten Türme erkenne ich noch, aber die Menschen nicht mehr. (...) Als ich hier anfangs, noch unbekannt mit den neuen Verhältnissen, nach alter Gewohnheit von der Politik des Tages reden wollte, erhielt ich kaum eine Antwort; der eine wich aus, der andere brach ab, viele stahlen sich weg. – Wo niemand über öffentliche Angelegenheiten öffentlich spricht, da ist gewiss keine Freiheit; wenn aber gebildete Männer selbst in der Mitte ihrer Bekannten solche Gegenstände zu berühren vermeiden (...), dann hat entweder die feige Selbstsucht oder der Despotismus den Gipfel erreicht. (...) Überall ist die Polizei mit ihren Spionen tätig – selbst die Briefe werden geöffnet.

1. *Stelle die Forderungen zusammen, die Bürger und Studenten in Deutschland nach dem Wiener Kongress erhoben (VT).*
2. *Schreibe in wenigen Stichpunkten auf, was die Karlsbader Beschlüsse beinhalteten (VT, Q3).*
3. *Gib mit eigenen Worten die Stimmung in den deutschen Staaten wieder, wie sie der Verfasser von Q4 beschreibt.*
4. *Erläutere die Karikatur Q2. Worin besteht der Spott des Karikaturisten?*

3 Protest gegen die Fürstenherrschaft

1 *Das Hambacher Fest 1832* (zeitgenössischer Stich)

Vorbild Frankreich

Im Juli 1830 brachen Unruhen in Paris aus. Studenten, Arbeiter und Handwerker errichteten Barrikaden in den Straßen. Der französische König Karl X. hatte versucht, absolutistisch zu regieren. Er hatte die Pressefreiheit eingeschränkt und das neu gewählte Parlament aufgelöst. Das ließ sich das Volk nicht gefallen. Karl X. musste abdanken. Sein Nachfolger, der „Bürgerkönig" Louis Philippe, hob die Pressezensur auf und erweiterte das Wahlrecht.
Die Vorgänge in Paris entfachten Begeisterung bei den deutschen Liberalen. In einigen Bundesstaaten kam es zu kleineren Unruhen. Verfassungen, Pressefreiheit und eine Reform des Deutschen Bundes wurden gefordert.

Das Hambacher Fest

Den Höhepunkt dieser Freiheitsbewegung in Deutschland bildete das Hambacher Fest. Am 27. Mai 1832 kamen etwa 25 000 Menschen in Neustadt in der Pfalz zusammen. Von dort zogen sie zur Schlossruine nach Hambach, um für Freiheit und nationale Einheit zu demonstrieren. Hauptredner war der liberale Schriftsteller Philipp Siebenpfeiffer. Er rief alle Deutschen dazu auf, sich nicht länger unter dem Joch der Fürsten zu beugen. Wenige Tage später wurden Siebenpfeiffer und andere Redner verhaftet.
Die Regierungen in den deutschen Staaten hoben die Rede- und Versammlungsfreiheit auf. 1837 wurden in Göttingen sieben Professoren entlassen, weil sie gegen die Abschaffung der Landesverfassung protestiert hatten. Viele Demokraten flohen in die Schweiz oder nach Frankreich.

Rückzug ins Private

Enttäuscht von der Politik, zogen sich nun viele Bürger vom politischen Leben zurück ins Private. Ein neues bürgerliches Lebensgefühl entstand: Familie und Kinder standen an erster Stelle, daneben waren die Männer vielleicht noch in einem Gesangs-, Turn- oder Schützenverein. Auf korrekte und saubere Kleidung wurde ebenso Wert gelegt wie auf gute Benimmregeln. In Mode und Kleidung orientierte man sich an Paris und London. Häuser und Wohnungen wurden gemütlich, aber nicht protzig eingerichtet. Nach einem treuherzigen Bürger aus einer 1850 erschienen Gedichtsammlung nennt man heute die so entstandene Form bürgerlichen Lebens „Biedermeier".

Wachsende Spannungen im Vormärz

Auch wenn sich einige Bürger scheinbar ins Private zurückzogen, gärte es unter der Oberfläche. Die Forderungen nach einem Nationalstaat und einer liberalen Verfassung waren nicht vergessen. Als in den Jahren 1846–1848 Missernten die Nahrungsmittel verteuerten und eine Wirtschaftskrise ausbrach, verstärkte sich der politische Protest. Ein Funke konnte nun zur Explosion führen. Als im März 1848 tatsächlich eine Revolution losbrach, bezeichnete man die Jahre davor rückblickend als „Vormärz".

Q2 *Aus der Rede des Journalisten Siebenpfeiffer auf dem Hambacher Fest:*
Und es wird kommen der Tag, der Tag des edelsten Siegstolzes, wo der Deutsche vom Alpengebirg und der Nordsee, vom Rhein, der Donau und Elbe den Bruder im Bruder umarmt, wo die Zollstöcke und die Schlagbäume, wo alle Hoheitszeichen der Trennung und Hemmung und Bedrückung verschwinden samt den Konstitutiönchen, die man etlichen mürrischen Kindern der großen Familie als Spielzeug verlieh; (...) wo das deutsche Weib nicht mehr die dienstpflichtige Magd des herrschenden Mannes, sondern die freie Genossin des freien Bürgers, unsern Söhnen und Töchtern schon als stammelnden Säuglingen die Freiheit einflößt; (...) wo der Bürger nicht in höriger Untertänigkeit den Launen des Herrschers, (...) sondern dem Gesetz gehorcht und auf den Tafeln des Gesetzes den eigenen Willen liest und im Richter den frei erwählten Mann seines Vertrauens erblickt; (...). Es lebe das freie, das einige Deutschland!
Hoch leben die Polen, der Deutschen Verbündete! (...) Hoch lebe jedes Volk, das seine Ketten bricht und mit uns den Bund der Freiheit schwört!
Vaterland – Volkshoheit – Völkerbund hoch!

Q3 *1837 hob der König von Hannover die erst 1834 eingeführte Landesverfassung auf. Dagegen protestierten sieben Göttinger Professoren, die daraufhin entlassen wurden. Auf ein öffentliches Protestschreiben gegen die Entlassung reagierte der preußische Innenminister:*
Dem Untertan ziemt es nicht, an die Handlungen des Staatsoberhauptes den Maßstab seiner beschränkten Einsicht anzulegen und sich in dünkelhaftem Übermute ein öffentliches Urteil über die Rechtsmäßigkeit derselben anzumaßen; die Unterzeichner der Adresse hätten daher in dem Benehmen der Göttinger Professoren nicht eine Verteidigung der gesetzmäßigen Ordnung, sondern nur ein unziemliches Auflehnen, ein vermessenes Unternehmen erblicken sollen.

Q5 *Die Familie Begas* (Gemälde von Karl Joseph Begas aus dem Jahr 1821). Das Bild gehört zur Kunstepoche des Biedermeier (1815–1848).

Q4 *Der Student Georg Büchner war Mitverfasser der Flugschrift „Der Hessische Landbote" von 1834. Darin heißt es:*
Das Leben der Vornehmen ist ein langer Sonntag, sie wohnen in schönen Häusern, sie tragen zierliche Kleider, sie haben feiste Gesichter und reden eine eigne Sprache (...) Geht einmal nach Darmstadt und seht, wie die Herren sich für euer Geld dort lustig machen, und erzählt euern hungernden Weibern und Kindern, dass ihr Brot an fremden Bäuchen herrlich angeschlagen sei, (...) erzählt von den stattlichen Häusern, die aus den Knochen des Volks gebaut sind. (...) Der Fürst ist der Kopf des Blutegels, der über euch hinkriecht, die Minister sind seine Zähne und die Beamten sein Schwanz. (...) Was sind unsere Wahlgesetze? Nichts als Verletzungen der Bürger- und Menschenrechte der meisten Deutschen. Denkt an das Wahlgesetz im Großherzogtum [Hessen], wonach keiner gewählt werden kann, der nicht hoch begütert ist, wie rechtschaffen und gutgesinnt er auch sei. (...) Nach den Artikeln [der Verfassung] ist der Großherzog unverletzlich, heilig und unverantwortlich. Seine Würde ist erblich in der Familie, er hat das Recht, Krieg zu führen, und ausschließliche Verfügung über das Militär.

1. *Stelle die Forderungen zusammen, die auf dem Hambacher Fest erhoben wurden (VT, Q1, Q2).*
2. *Liste auf, welche Zustände der „Hessische Landbote" anprangert. Wie beurteilst du die Schrift (Q4)?*
3. *Entwirf einen offiziellen Protestbrief der Göttinger Professoren an den preußischen Innenminister (Q3).*
4. *Zeige auf, wie die Bürger des Biedermeier sich selbst sahen und was für sie wichtig war (VT, Q5).*

4 Bürger gehen auf die Barrikaden

Q 1 *Während der Februarrevolution verbrennen Aufständische den Königsthron* (zeitgenössische Darstellung). Aus sozialer Not kam es im Juni zu einem Arbeiteraufstand gegen die Regierung der Republik. Im Dezember 1848 wurde Louis Napoleon zum Präsidenten der Republik gewählt. Er hatte den Bürgern Sicherheit und den Arbeitern soziale Gerechtigkeit versprochen. Durch Volksabstimmung wurde er 1852 Kaiser Napoleon III.

Revolutionen in Europa

Februar 1848: In Paris stürmen Bürger, Studenten, Handwerker und Arbeiter das königliche Schloss und rufen die Republik aus. Den Thron des Königs verbrennen sie an jenem Ort, an dem bis 1789 die Bastille gestanden hatte.

Als hätten die Menschen in den anderen Staaten nur auf ein solches Zeichen gewartet, ergriff die revolutionäre Bewegung halb Europa. Mailand, Neapel, Budapest, Wien, Baden, Dresden, München und Berlin wurden zu Zentren des Aufstands.

In Frankreich waren es vor allem Not leidende Arbeiter in den Städten, die den Aufstand auslösten. Eine Wirtschaftskrise hatte dazu geführt, dass viele Männer ihre Arbeit verloren und ihre Familien hungern mussten.

In Italien wiederum waren viele Menschen unzufrieden damit, dass ihr Land zersplittert war. Sie wünschten sich einen einheitlichen Staat für alle Italiener. Vor allem wollten sie aber die österreichische Fremdherrschaft im Norden des Landes los werden.

In Ungarn rebellierten national denkende Menschen gegen die Herrschaft des österreichischen Kaisers. Auch sie wollten einen eigenen Staat erringen.

Unzufriedene Bürger

In den deutschen Staaten waren die wirtschaftlichen Verhältnisse im Winter 1847/48 bedrückend. Infolge von Missernten stiegen die Lebensmittelpreise. Die Familien der Fabrikarbeiter litten bittere Not. Bei den meisten Handwerkern sah es kaum anders aus. Sie konnten mit den billigen Waren aus den Fabriken nicht mithalten.

Den Bürgern in den Städten ging es zwar wirtschaftlich besser, doch sie waren schon lange erbost über die Politik der Fürsten, die ihnen so viele Freiheitsrechte vorenthielten. In dieser Stimmung hörten die Menschen von der neuen Revolution in Frankreich.

Auf die Barrikaden!

Wie ein Lauffeuer breiteten sich Demonstrationen und Aufstände in den deutschen Staaten aus. Die Menschen forderten vor allem ein frei gewähltes deutsches Parlament und einen deutschen Nationalstaat.

In Wien musste der Kaiser auf Druck des Volkes den verhassten Kanzler Metternich entlassen. In Berlin versuchte der preußische König Friedrich Wilhelm IV., sein Volk zu beruhigen, indem er Pressefreiheit und eine Verfassung versprach. Doch es kam zu einem Zwischenfall: Am 18. März schossen Wachsoldaten vor dem Königsschloss auf Demonstranten. Innerhalb von Stunden errichteten Bürger, Handwerker und Arbeiter Barrikaden, um die Straßen abzusperren. Frauen und Kinder gossen aus Bleifenstern Kugeln, Männer bewaffneten sich. Bei den Kämpfen zwischen Soldaten und Bürgern kamen mehr als 200 Menschen ums Leben. Am 21. März ritt der König hinter einer schwarz-rot-goldenen Fahne durch die Stadt und ließ verkünden: „An mein Volk und an die deutsche Nation! (...) Ich habe heute die alten deutschen Farben angenommen. (...) Preußen geht fortan in Deutschland auf.“

Q2 *Barrikadenkämpfe in Berlin am 18. März 1848* (kolorierter zeitgenössischer Stich). Der König setzte 14 000 Infanteristen gegen die Aufständischen ein. Doch die Bürger hielten stand. Am nächsten Tag brachten sie ihre Toten vor das königliche Schloss und bahrten sie dort auf. Friedrich Wilhelm IV. musste sich vor ihnen verneigen.

Q3 *Forderungen der Kölner Arbeiter an ihren Landesherrn, den König von Preußen, vom 3. März 1848:*

1. Gesetzgebung und Verwaltung durch das Volk, da ein freies Volk (...) sich nicht mehr im Interesse Einzelner ausbeuten lassen will (...), allgemeines Wahlrecht und allgemeine Wählbarkeit.
2. Unbedingte Freiheit der Rede und Presse.
3. Aufhebung des stehenden Heeres und Einführung einer allgemeinen Volksbewaffnung mit vom Volke gewählten Führern. (...)
4. Freies Vereinigungsrecht.
5. Schutz der Arbeit und Sicherstellung der menschlichen Bedürfnisse für alle. (...) Es ist Sache des Staates, die Produktion dem Interesse der Einzelnen zu entreißen und sie im Interesse aller zu leiten. Jeder Mensch hat ein Recht auf Arbeit sowie auf einen seinen Bedürfnissen angemessenen Lohn.
6. Vollständige Erziehung aller Kinder auf öffentliche Kosten.

1 Welches Zeichen wollten die Pariser Bürgerinnen und Bürger in Q1 für alle Franzosen setzen? Welche symbolische Bedeutung hat die Wahl des Ortes (VT)?

2 Vergleiche die Entwicklung in Frankreich 1848–1852 mit der Revolution von 1789 bis 1799 (VT).

3 Erläutere, wie sich der preußische König verhielt.

4 Untersuche die Forderungen der Arbeiter (Q3). Warum waren für sie die Punkte 5 und 6 ihrer Forderungen wohl fast noch wichtiger als Freiheitsrechte? Mit welchen Gruppen kamen sie durch Punkt 5 in Konflikt? Inwiefern könnten sie Nutzen aus Punkt 4 gezogen haben?

5 Schreibe als Zeitungsreporter einen Kurzbericht über die Barrikadenkämpfe in Berlin (VT, Q2).

5 Das erste deutsche Parlament

Im Jahre 1848.

„Guten Tag ooch, Herr Hofrat Gumpel."
„Ihr Diener! Bester Freund, ein Wort im Vertrauen – nennen Sie mich einfach Herr Gumpel und lassen Sie den Hofrat weg!"

Im Jahre 1849.

„Guten Tag ooch, Herr Gumpel."
„Guten Tag! Lieber Mann, ein Wort im Vertrauen – nennen Sie mich einfach Herr Hofrat und lassen Sie den Gumpel weg!"

Q1 *Wie sich die Zeiten ändern* (Karikatur aus dem Jahr 1849)

Eine deutsche Nationalversammlung

Angesichts der Aufstände in vielen Orten Deutschlands waren die meisten Fürsten sehr verängstigt. Daher gaben sie den Forderungen des Volkes scheinbar bereitwillig nach, hoben die Zensur der Presse auf und beriefen liberale Minister. Im Frankfurter Bundestag stimmten die Vertreter aller Länder des Deutschen Bundes der Wahl einer Nationalversammlung zu. Zum ersten Mal sollten Abgeordnete des deutschen Volkes in freier Wahl bestimmt werden.

Am 18. Mai 1848 traten sie in Frankfurt zusammen. Das Ereignis wurde als großes nationales Fest gefeiert: Die Abgeordneten zogen unter Glockengeläut und Kanonendonner in die Paulskirche ein. Das war ihr Versammlungsort, denn es gab ja noch kein Parlamentsgebäude.

In der Nationalversammlung saßen vor allem Juristen, Gelehrte und Beamte. Nur vier Handwerker waren vertreten, kein einziger Arbeiter und auch keine Frauen. Die wichtigste Aufgabe der Abgeordneten war es, eine Verfassung auszuarbeiten. Nach langen Debatten wurde die Verfassung des zukünftigen Deutschen Reiches am 28. März 1849 mit 290 zu 248 Stimmen angenommen.

Kleindeutsch oder großdeutsch?

Besonders heftig hatten die Abgeordneten darüber gestritten, welchen Umfang der künftige deutsche Nationalstaat haben sollte. Die Kernfrage lautete: mit oder ohne Österreich? Im österreichischen Kaiserreich lebten viele Völker zusammen, etwa Ungarn, Tschechen und Slowaken. Da es unmöglich schien, nur den deutschen Teil Österreichs in das neue Reich aufzunehmen, entschied man sich schließlich für eine kleindeutsche Lösung. Der König von Preußen sollte „Kaiser der Deutschen" werden.

Die alten Mächte kehren zurück

Friedrich Wilhelm IV. lehnte aber eine Kaiserkrone aus der Hand des Volkes ab. Viele Abgeordnete legten daraufhin ihr Amt enttäuscht nieder. Die radikalen Revolutionäre kämpften jetzt für eine deutsche Republik. Doch preußische Truppen schlugen Aufstände in Sachsen, in der Pfalz und in Baden nieder. Überall beendeten die Fürsten mit Soldaten die Revolution und hoben Freiheitsrechte wieder auf. Manche Revolutionäre wurden erschossen, andere verhaftet. Zehntausende flohen in die Schweiz und in die USA.

A-Z

Nationalversammlung
So nennt man eine Versammlung von Abgeordneten, die den Anspruch erheben, für das ganze Volk zu sprechen. In der Frankfurter Paulskirche trat 1848 die erste deutsche Nationalversammlung zusammen. Sie sollte vor allem über Grundrechte, die Regierungsform und den Umfang des Reichsgebietes beraten und entscheiden.

Vielvölkerstaat
Ein Vielvölkerstaat besteht aus mehreren Nationen, also großen Volksgruppen mit eigener Sprache und Kultur. Der Kaiser von Österreich herrschte bis 1918 über viele Völker, z. B. Polen, Tschechen, Slowaken, Ungarn und Kroaten.

Q2 *„Grundrechte des Deutschen Volkes". Die Nationalversammlung beschloss die Grundrechte im Dezember 1848. Sie wurden 1849 als Paragrafen 130–189 an die Reichsverfassung angehängt:*

§ 131: Das deutsche Volk besteht aus den Angehörigen der Staaten, welche das Deutsche Reich bilden. (...)

§ 137: Vor dem Gesetz gilt kein Unterschied der Stände. Der Adel als Stand ist aufgehoben. (...) Die Deutschen sind vor dem Gesetz gleich. (...) Die öffentlichen Ämter sind für alle Befähigten gleich zugänglich. Die Wehrpflicht ist für alle gleich.

§ 138: Die Freiheit der Person ist unverletzlich. (...)

§ 139: Die Todesstrafe, ausgenommen wo das Kriegsrecht sie vorschreibt (...), sowie die Strafen des Prangers, der Brandmarkung und der körperlichen Züchtigung sind abgeschafft.

§ 140: Die Wohnung ist unverletztlich. (...)

§ 143: Jeder Deutsche hat das Recht, durch Wort, Schrift, Druck und bildliche Darstellung seine Meinung frei zu äußern. (...)

§ 144: Jeder Deutsche hat volle Glaubens- und Gewissensfreiheit. Niemand ist verpflichtet, seine religiöse Überzeugung zu offenbaren.

§ 161: Die Deutschen haben das Recht, sich friedlich und ohne Waffen zu versammeln. (...)

§ 162: Die Deutschen haben das Recht, Vereine zu bilden. (...)

§ 164: Das Eigentum ist unverletzlich. Eine Enteignung kann nur aus Rücksichten des gemeinen Besten, nur aufgrund eines Gesetzes und gegen gerechte Entschädigung vorgenommen werden. (...)

§ 168: Alle auf Grund und Boden haftenden Abgaben und Leistungen, insbesondere die Zehnten, sind ablösbar. (...)

§ 178: Das Gerichtsverfahren soll öffentlich und mündlich sein. (...)

§ 179: Schwurgerichte sollen jedenfalls in schwereren Strafsachen und bei allen politischen Vergehen urteilen. (...)

§ 181: Rechtspflege und Verwaltung sollen getrennt und voneinander unabhängig sein.

1. *Vergleiche, wie sich der preußische König 1848 und 1849 verhielt (VT, Q1 und S. 48/49).*
2. *Erkläre, warum die Abgeordneten der Nationalversammlung Österreich aus dem zukünftigen deutschen Reich ausschlossen.*
3. *Die „Grundrechte des deutschen Volkes" von 1848/49 (Q2) finden sich zum Teil im Grundgesetz der Bundesrepublik Deutschland von 1949 wieder. Besorgt euch einen Text des Grundgesetzes und vergleicht.*
4. *Welche Folgen hatte das Scheitern der Revolution für Deutschland?*

Q3 *Sitzung der Nationalversammlung* (zeitgenössische Farblithografie). Die Abgeordneten saßen im Halbkreis. Links auf dem Podium steht der Präsident der Versammlung, Heinrich von Gagern. Vom Rednerpult aus spricht der sächsische Abgeordnete Robert Blum. Blum wurde in Wien standrechtlich erschossen, nachdem die Truppen des Kaisers im Oktober 1848 einen Volksaufstand niedergeschlagen hatten.

6 Projekt
Kampf um Einheit und Freiheit in Frankfurt – ein historischer Rundgang

Die Entdeckungstour lässt sich am PC vorbereiten. Unter www.frankfurt.de klickt ihr euch durch „Leben in Frankfurt“ und „Stadtportrait“ bis zum „Virtuellen Stadtrundgang“. Hier könnt Ihr auch die Öffnungszeiten der Paulskirche erfahren.

Warum Frankfurt?

Die Revolution von 1848/49 besaß in Frankfurt am Main eins ihrer politischen Zentren. Hier versammelten sich schon seit 1816 die Vertreter des Deutschen Bundes, hier wurde 1833 mit dem Sturm auf die Hauptwache versucht, eine Revolution in ganz Deutschland auszulösen. Und schließlich kam in der Frankfurter Paulskirche die Nationalversammlung zusammen. In einem historischen Rundgang von der Hauptwache zur Paulskirche in Frankfurt könnt ihr diese Geschichte wieder lebendig werden lassen.

So gehts:

Erarbeitet im Unterricht zu den Themen „Alte Hauptwache“ und „Paulskirche“ in Gruppen Kurzreferate oder kleine Theaterstücke. Informationen bekommt ihr in der Bibliothek und im Internet. Eure Ergebnisse tragt ihr der Klasse in Frankfurt an den Schauplätzen vor.

Während des Stadtrundgangs macht ihr von den Schauplätzen Fotos, die ihr dann mit weiteren Texten in der Schule zu einer Ausstellung zusammenstellt. So informiert ihr alle Schüler über euren Stadtrundgang in Frankfurt.

Q 1 ***Alte Hauptwache***

Die Hauptwache ist der Ausgangspunkt eures Rundgangs. 1833 stürmten 60 Studenten und Professoren die Hauptwache, um das Signal zu einer Revolution in ganz Deutschland zu geben. Hier könntet ihr euch in euren Kurzvorträgen z.B. folgenden Fragen widmen:

Aufgaben: Hauptwache

- *Wie verlief der Angriff auf die Polizeistation?*
- *Wer war an dem Sturm beteiligt und was wollten die Revolutionäre (Ziele)?*
- *Wie war die Reaktion des Deutschen Bundes, der Bevölkerung?*

Q 2 *Paulskirche*

Die Paulskirche als Sitz des Vorparlaments und der Nationalversammlung ist die Hauptstation des Rundgangs. In der Paulskirche erwartet euch in der Wandelhalle eine Ausstellung zur Geschichte des Gebäudes und zur 1848/49er-Revolution. Vor der Kirche findet ihr zahlreiche Denkmäler und Gedenktafeln.

Aufgaben: Paulskirchenparlament

- *Informiert euch über die Berufe der Parlamentarier der Paulskirche.*
- *Stellt die wichtigsten Ergebnisse des Paulskirchenparlaments vor.*
- *Erläutert die Bedeutung der Fahne „Schwarz-Rot-Gold".*

Q 3 *Gedenktafel*

Im Umfeld der Paulskirche lassen sich zahlreiche Gedenktafeln finden. Sie erinnern an Teilnehmer der Paulskirchenversammlung.

Aufgaben für zwei Gruppen: Carl Schurz und Heinrich von Gagern

- *Stellt in Kurzbiografien das Leben von Carl Schurz und Heinrich von Gagern vor.*
- *Carl Schurz wurde von der Polizei gesucht. Erstellt einen polizeilichen Steckbrief.*
- *Diskutiert, weshalb hier gerade an diese beiden Personen erinnert wird.*

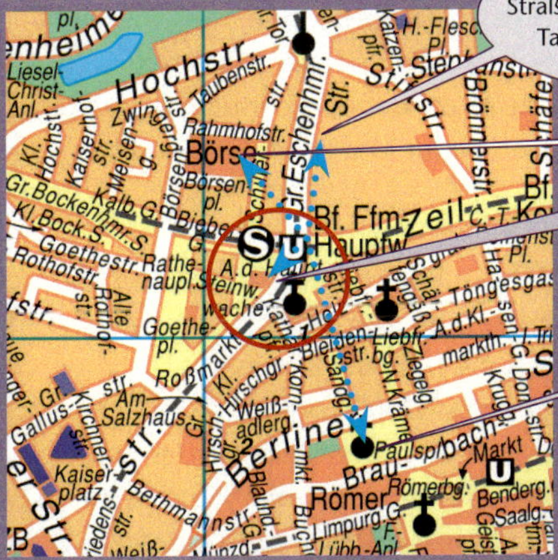

Heutiger Stadtplan Frankfurts. Direkt von der U-Bahn-Station „Alte Hauptwache" aus lassen sich die historischen Sehenswürdigkeiten Alte Hauptwache, Paulskirche und Palais Thurn und Taxis bequem per Fuß erreichen.

TIPP

Ihr könnt euren Stadtrundgang noch erweitern.
Es bieten sich an:

- *das* ***Palais Thurn und Taxis*** *als Sitz des Bundestages von 1816 bis 1866,*
- *die Neue Börse als Gründungsort des* ***Frankfurter Arbeitervereins*** *am 14. Mai 1848*
- *oder der* ***Hauptfriedhof,*** *auf dem zwei Gedenksteine an die Gefallenen der Frankfurter Septemberunruhen von 1848 erinnern. Vergleicht mit der Karte Frankfurts auf dieser Seite!*

7 Methode
Politische Lieder interpretieren

Die Zeit vor 1848

Im Vormärz, so nennt man die Zeit zwischen dem Wiener Kongress und der Märzrevolution von 1848 auch, haben Patrioten und Demokraten ein anderes Deutschland schaffen wollen. Dafür haben sie in Reden, Aufrufen, Flugblättern und Zeitungsartikeln gekämpft. Die Sehnsucht nach einem geeinten und freien Vaterland drückt sich aber auch in vielen Gedichten und Liedern der Zeit aus.

„In aller Munde"

Politische Lieder haben im 19. Jahrhundert wahrscheinlich mehr Menschen erreicht als das geschriebene Wort. Bücher und Zeitungen wurden weitgehend von den gebildeten Bürgerinnen und Bürgern gelesen. Volkstümliche Lieder waren „in aller Munde" – auch in den Arbeitervierteln der Großstädte und auf dem Land, wo viele Menschen noch nicht einmal lesen konnten.

Methodische Arbeitsschritte

1. Wann ist das Lied entstanden?
2. Wer hat den Text geschrieben, wer die Melodie?
3. Um welche Ereignisse und Personen geht es in dem Lied?
4. Was sagt der Titel des Liedes aus?
5. Wie klingt der Text, wie die Melodie – anklagend, ironisch, aufrührerisch oder spöttisch?
6. Wie wirkt das Lied insgesamt auf dich?
7. Was hat der Verfasser mit diesem Lied beabsichtigt?

Q 1 *Die Studenten auf dem Weg zum Wartburgfest* erscheinen auf dieser zeitgenössischen Darstellung in fröhlicher Laune. Wenn Menschen am Feierabend, an Sonntagen oder zu Festen zusammenkamen, haben sie gerne gesungen. Freiheitslieder oder patriotische Lieder aus der Zeit der Befreiungskriege waren überall bekannt. Die Gesangvereine hatten 1848 fast 100 000 Mitglieder.

Q 2 *Aus den „unpolitischen Liedern" von Heinrich Hoffmann von Fallersleben, 1841:*

Wie ist doch die Zeitung interessant
für unser liebes Vaterland!
Was haben wir heute nicht alles
vernommen!
Die Fürstin ist gestern niedergekommen,
und morgen wird der Herzog kommen,
hier ist der König heimgekommen,
dort ist der Kaiser durchgekommen –
bald werden sie alle zusammenkommen –
wie interessant! Wie interessant!
Gott segne das liebe Vaterland!

Q 3 *„Trotz alledem" von Ferdinand Freiligrath, Juni 1848, hier ein Ausschnitt aus der neunten Strophe:*

Nur was zerfällt, vertretet ihr!
Seid Kasten nur, trotz alledem!
Wir sind das Volk, die Menschheit wir,
Sind ewig drum, trotz alledem! (…)

1. Deutschland, Deutschland über alles,
Über alles in der Welt,
Wenn es stets zu Schutz und Trutze,
Brüderlich zusammenhält
Von der Maas bis an die Memel,
Von der Etsch bis an den Belt.
Deutschland, Deutschland über alles,
Über alles in der Welt!

2. Deutsche Frauen, deutsche Treue,
Deutscher Wein und deutscher Sang
Sollen in der Welt behalten
Ihren alten schönen Klang
Und zu edler Tat begeistern
Unser ganzes Leben lang.
Deutsche Frauen, deutsche Treue,
Deutscher Wein und deutscher Sang!

4 *Das „Lied der Deutschen" schrieb der Dichter Heinrich Hoffmann von Fallersleben 1841 auf der damals englischen Insel Helgoland. Die dritte Strophe des Deutschlandliedes ist seit 1952 die Nationalhymne der Bundesrepublik Deutschland.*

1. *Suche dir einen der Liedtexte aus und interpretiere ihn nach den methodischen Arbeitsschritten.*
2. *Informiere dich über Heinrich Hoffmann von Fallersleben. Warum schrieb er das „Lied der Deutschen" auf der Insel Helgoland?*
3. *Zu welchen Anlässen wird die Nationalhymne heute gesungen?*
4. *Sucht andere Lieder oder Gedichte aus der Zeit des Vormärz und der Revolution von 1848/49. Fragt die Deutschlehrerin, den Musiklehrer, sucht in Liederbüchern und Gedichtbänden oder mit gut gewählten Suchbegriffen im Internet.*

5 *Ein badisches Wiegenlied von Ludwig Pfau auf den Ausgang der 1848/49er-Revolution. Es wird nach der Melodie von „Maikäfer, flieg" gesungen. Der Text bezieht sich auf die Aufstände im Rheinland, in der Pfalz und in Baden, die von den preußischen Truppen niedergeschlagen wurden*

1. Schlaf, mein Kind, schlaf leis,
Dort draußen geht der Preuß!
Deinen Vater hat er umgebracht,
Deine Mutter hat er arm gemacht,
Und wer nicht schläft in guter Ruh,
Dem drückt der Preuß die Augen zu.
Schlaf, mein Kind, schlaf leis,
Dort draußen geht der Preuß!

2. Schlaf, mein Kind, schlaf leis,
Dort draußen geht der Preuß!
Der Preuß hat eine blut'ge Hand,
Die streckt er übers bad'sche Land,
Und alle müssen stille sein,
Als wie der Vater unterm Stein.
Schlaf, mein Kind, schlaf leis,
Dort draußen geht der Preuß!

3. Schlaf, mein Kind, schlaf leis,
Dort draußen geht der Preuß!
Zu Rastatt[1] auf der Schanz,
Da spielt er auf zum Tanz,
Da spielt er auf mit Pulver und Blei,
So macht er alle Badener frei.
Schlaf, mein Kind, schlaf leis,
Dort draußen geht der Preuß!

4. Schlaf, mein Kind, schlaf leis,
Dort draußen geht der Preuß!
Gott aber weiß, wie lang er geht,
Bis dass die Freiheit aufersteht,
Und wo dein Vater liegt, mein Schatz,
Da hat noch mancher Preuße Platz!
Schrei, mein Kind, schrei's:
Dort draußen *liegt* der Preuß!

[1] Hier kapitulierten im Juli 1849 6000 badische Aufständische.

Zeitreise multimedial – Das lange 19. Jahrhundert: Gesellschaft – „Hymnen"

8 Reichsgründung durch „Eisen und Blut“

D 1 *Vom Norddeutschen Bund zur Reichsgründung.* Die Karte zeigt u.a. die Lage der preußischen Territorien zwischen 1864 und 1871.
– Beschreibe die Veränderung des preußischen Staatsgebietes 1864–1866.

Annexion
bedeutet die gewaltsame, nach dem Völkerrecht unrechtmäßige Einverleibung eines fremden Staatsgebietes.

Der Norddeutsche Bund

Den Abgeordneten der Paulskirche war 1848 die Entscheidung schwer gefallen: Sie hatten sich nach langen Debatten für ein „kleindeutsches“ Reich entschieden. Ein „großdeutsches“ Reich schien mit der Idee des Nationalstaats nicht vereinbar. Denn dann wären auch die vielen verschiedenen Völker aus dem österreich-ungarischen Herrschaftsgebiet, etwa die Serben und Slowenen, mit in das Reich gekommen. Indem das Parlament Österreich ausschloss, trennte es den Teil Deutschlands ab, der seit 1438 fast ununterbrochen die deutschen Kaiser gestellt hatte.
1862 berief der preußische König den Grafen Otto von Bismarck zum Ministerpräsidenten. Um Deutschland zu einen und unter preußische Führung zu bringen, nahm er auch Kriege in Kauf: 1864 marschierten die preußischen Truppen gemeinsam mit den Österreichern gegen Dänemark, weil es die Herzogtümer Schleswig und Holstein annektieren wollte. 1866 traten Preußen und Österreich dann aber gegeneinander an. In der Schlacht von Königgrätz siegte das preußische Heer. Preußen annektierte daraufhin viele Gebiete und gründete den Norddeutschen Bund. Alle Staaten nördlich des Mains mussten ihm beitreten. In einem Staatenbund ohne Österreich übernahm nun Preußen die Führung.

Der deutsch-französische Krieg

Der französische Kaiser Napoleon III. war beim Krieg von 1866 neutral geblieben. Als Gegenleistung verlangte er nun linksrheinische Gebiete für Frankreich. Aber Bismarck lehnte ab. Das machte ihn in den Augen vieler Deutscher zum Verfechter nationaler Interessen. Gleichzeitig nutzte Bismarck die Gelegenheit, mit den süddeutschen Staaten „Schutz- und Trutzbündnisse“ abzuschließen. Diese fühlten sich nämlich von Frankreich bedroht.
1870 kam es erneut zu einem Konflikt zwischen Preußen und Frankreich, den Bismarck bewusst verschärfte. Schließlich erklärte Napoleon III. den Krieg, doch seine Armeen wurden von den preußischen und süddeutschen Truppen geschlagen. Frankreich musste eine hohe Kriegsentschädigung zahlen und Elsass-Lothringen abtreten.

Die Kaiserproklamation in Versailles

Am 18. Januar 1871 riefen die deutschen Fürsten in Versailles den preußischen König zum deutschen Kaiser aus. In ganz Deutschland wurde die Einigung begeistert gefeiert. Die meisten vergaßen im Siegestaumel, dass diese Reichsgründung nicht „von unten“ durch das Volk, sondern „von oben“, also durch die Fürsten, zustande gekommen war. Der Wunsch vieler nach einem Nationalstaat hatte sich damit erfüllt. Die liberalen Forderungen der Bürger nach mehr Freiheit und Mitbestimmung blieben dagegen weitgehend auf der Strecke.

Q4 *König Wilhelm I. von Preußen wurde am 18. Januar 1871 im Spiegelsaal des Schlosses von Versailles zum deutschen Kaiser ausgerufen.* Das Gemälde von Anton von Werner hat Kaiser Wilhelm I. 1885 zu Bismarcks 70. Geburtstag in Auftrag gegeben. Daher steht Bismarck in weißer Uniform in der Bildmitte, neben ihm im Vordergrund der preußische Generalstabschef Moltke. Anton von Werner stellt den Augenblick dar, in dem der Großherzog von Baden ein „Hoch auf Kaiser Wilhelm" ausbringt.

Zeitreise multimedial – Das lange 19. Jahrhundert: Gesellschaft – „Der preußische Verfassungskonflikt" und „Historienbilder"

Q1 *Bismarck setzte 1862 eine Heeresreform gegen das preußische Abgeordnetenhaus durch. Vor den Abgeordneten erklärte er:*

Nicht auf Preußens Liberalismus sieht Deutschland, sondern auf seine Macht. (…) Preußen muss seine Kraft zusammenfassen und zusammenhalten auf den günstigen Augenblick, der schon einige Male verpasst ist; Preußens Grenzen nach den Wiener Verträgen sind zu einem gesunden Staatsleben nicht günstig; nicht durch Reden und Majoritätsbeschlüsse (Mehrheitsbeschlüsse) werden die großen Fragen der Zeit entschieden – das ist der große Fehler von 1848 und 1849 gewesen – sondern durch Eisen und Blut.

Q2 *Der preußische Kronprinz Friedrich Wilhelm nahm am Krieg von 1870/71 als Oberbefehlshaber einer Armee teil. Am 31. Dezember 1870 schrieb er in sein Kriegstagebuch:*

Bismarck hat uns groß und mächtig gemacht, aber er raubte uns unsere Freunde, die Sympathien der Welt und – unser gutes Gewissen. Ich beharre noch heute fest bei der Ansicht, dass Deutschland ohne Blut und Eisen (...) einig, frei und mächtig werden konnte.

Q3 *Zum hundertsten Jahrestag der Reichsgründung äußerte Bundespräsident Gustav Heinemann 1971 in einer Rede:*

Als das Deutsche Reich vor 100 Jahren in Versailles ausgerufen wurde, war keiner von den 1848ern zugegen (…). Um den Kaiser standen in Versailles allein die Fürsten, die Generäle, die Hofbeamten, aber keine Volksvertreter (…). Für unsere französischen Nachbarn war es eine tiefe Demütigung, dass unser Nationalstaat in ihrem Lande ausgerufen wurde. Diese Demütigung konnte Frankreich nicht vergessen. Was 1871 erreicht wurde, war eine äußere Einheit ohne volle innere Freiheit der Bürger. Die Staatsgewalt ging nicht vom Volke aus, sie lag bei den Fürsten.

1. *Mit welchen Mitteln wollte Bismarck die Einheit erreichen (VT, Q1)? Wie sah der preußische Kronprinz Bismarcks Politik (Q2)?*
2. *Die geplante Reichsgründung von 1848 wäre von „unten" erfolgt, die von 1871 erfolgte von „oben". Erkläre, wie das gemeint ist (VT, Q3).*
3. *Formuliert in Gruppenarbeit Schlagzeilen für zwei verschiedene Zeitungsartikel zur Kaiserproklamation von 1871 (Q4): einen aus deutscher, den anderen aus französischer Sicht.*

9 Wer hat im Reich das Sagen?

D 1 *Die Verfassung des Deutschen Reiches von 1871* (Schaubild). – Welche Aufgaben haben die einzelnen Gewalten? Wie gelangen die Abgeordneten in ihre Ämter, wie der Reichskanzler und die Regierung? Beschreibe die Stellung des Reichskanzlers gegenüber dem Kaiser und dem Reichstag. Nimm die methodischen Arbeitsschritte von S. 149 zuhilfe.

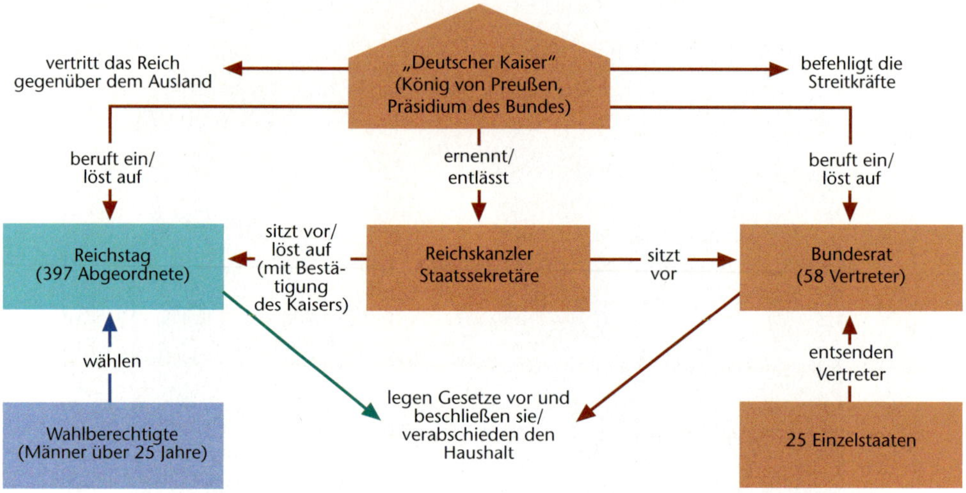

Q 1 *Demonstrantin* um 1911 (Foto). Frauen durften seit 1908 in Parteien eintreten, aber das Wahlrecht bekamen sie erst 1918.

Eine monarchische Regierung

Das Deutsche Reich war nicht vom Volk, sondern von den regierenden Fürsten gegründet worden. Staatsrechtlich war es ein Bund aus 25 Einzelstaaten. Darin hatte Preußen, mit zwei Dritteln der Staatsfläche und mehr als der Hälfte der Bevölkerung, ein starkes Übergewicht. Zudem war der preußische König gleichzeitig deutscher Kaiser und der preußische Ministerpräsident auch Reichskanzler.

Das wichtige Amt des Reichskanzlers hatte in den Jahren von 1871 bis 1890 Otto von Bismarck inne. Kein Parlamentsbeschluss konnte ihn stürzen, denn der Kanzler wurde vom Kaiser ernannt oder entlassen. Der Adlige Bismarck dachte nur geringschätzig über die Abgeordneten des Reichstags, die ja vom Volk gewählt waren. Das Parlament bezeichnete er als „Schwatzbude“, Parteien, die seine Politik ablehnten, als „Reichsfeinde“. Trotzdem musste er mit ihnen zusammenarbeiten. Der Reichstag durfte nämlich den Haushalt beschließen und Gesetze einbringen und verabschieden. Um sich für seine Gesetzesentwürfe Mehrheiten zu verschaffen, spielte Bismarck die Parteien oft gegeneinander aus.

Die Vertretung des Volkes

„Links“, „Mitte“, „Rechts“ sind politische Begriffe, die im 19. Jahrhundert entstanden. 1848 in der Paulskirche gab es noch keine Parteien. Daher benannte man Gruppen, die ähnliche politische Vorstellungen und Ziele hatten, nach ihren Sitzplätzen in der Nationalversammlung.

Um 1860 waren die ersten Parteien entstanden. Seit 1871 durften zumindest Männer in ganz Deutschland den Reichstag nach einem allgemeinen und gleichen Wahlrecht wählen. Mit den Parteien hatten die Bürger die Wahl zwischen verschiedenen politischen Richtungen:

Die Sozialdemokraten wurden als „Linke“ bezeichnet. Sie kämpften für die Rechte der Arbeiter, waren Gegner der Monarchie und wollten einen sozialeren Staat und eine gerechtere Gesellschaft. „Rechts“ standen die Konservativen. Sie traten für den bestehenden Staat, den Kaiser und die Kirche ein. In der „Mitte“ vertrat zum einen das Zentrum vor allem die Interessen der katholischen Kirche. Zum anderen gab es die Liberalen, die mehr Bürgerrechte forderten und die Industrie, den Seehandel und den Schiffsbau fördern wollten.

Q2 *August Bebel, Abgeordneter der Sozialdemokratischen Arbeiterpartei, schrieb in einer Wahlkampfbroschüre zu den Reichstagswahlen von 1874:*

Das durch „Blut und Eisen" mühsam zusammengeschweißte „Reich" ist kein Boden für bürgerliche Freiheit, geschweige denn für soziale Gleichheit. (...) Wir glauben nicht, dass das allgemeine Wahlrecht ein Heilmittel oder eine Wünschelrute ist, durch die das arbeitende Volk das Glück sich herbeiführen kann. Wir glauben auch nicht, dass es ihm unter den heutigen Verhältnissen gelingen wird, die Machtverhältnisse umzugestalten. Und dennoch muss das arbeitende Volk das angeführte Mittel als das einzige benutzen, welches ihm augenblicklich gegeben ist, um seine Stimme zu erheben, für seine vorenthaltenen Rechte einzutreten.

Q3 *Der Historiker Heinrich von Sybel war als liberaler Abgeordneter im preußischen Abgeordnetenhaus 1862–1864 ein heftiger Gegner Bismarcks. Im Norddeutschen Landtag gehörte er seit 1867 zu den Nationalliberalen, die Bismarcks Politik unterstützten. 1871 schrieb er:*

Auch wenn eine Volksvertretung (...) nicht die Kraft besitzt, Minister ein- und abzusetzen, so ist schon ihr Dasein und ihre Debatte, ihre Kritik des Staatshaushalts und ihre Befugnis, misslungene Gesetzentwürfe zu vernichten, eine höchst bedeutende Schranke gegen jeden willkürlichen Absolutismus der Regierung. Diese Regierung aber in fester Hand und den Wogen der populären Agitation entzogen zu wissen, erscheint uns (...) als unschätzbarer Segen. Deutschland wird auch nach seinen letzten großen Siegen eine höchst gefährdete Stellung in Europa haben zwischen dem rachdurstigen Frankreich, dem ehrgeizigen Russland, dem schwankenden Österreich. Was wir in dieser Lage vor allem bedürfen, ist Stetigkeit und Sicherheit der Regierung.

Q4 *rechts: Bismarck als Raubtierbändiger im Reichstag* (ungarische Karikatur, 1879)

Q5 *„Die Hebung des Mittelstandes – warum gilt ein Reicher bei den preußischen Wahlen mehr als hundert Unbemittelte? Aus schwer wiegenden Gründen"* (Karikatur aus den „Lustigen Blättern", 1893). Die Zeichnung kritisiert das Dreiklassenwahlrecht zum preußischen Landtag. Die Wahlbevölkerung war nach der Einkommenshöhe in drei Klassen aufgeteilt. Reiche hatten bei diesem Wahlsystem mehr Einfluss als Geringverdiener.

1. *Beschreibe die innenpolitische Entwicklung im Deutschen Reich unter Bismarck (VT, D1).*
2. *Lies den Text unter der Karikatur Q5. Was ist hier mit „schwer wiegenden Gründen" gemeint?*
3. *Die Quellentexte Q2 und Q3 enthalten gegensätzliche Positionen zur Verfassung von 1871. Gib sie in eigenen Worten wieder.*
4. *Wie stellt die Karikatur Q4 das Verhältnis der Regierung Bismarck zum Parlament dar?*

10 Vom Umgang mit Minderheiten und Andersdenkenden

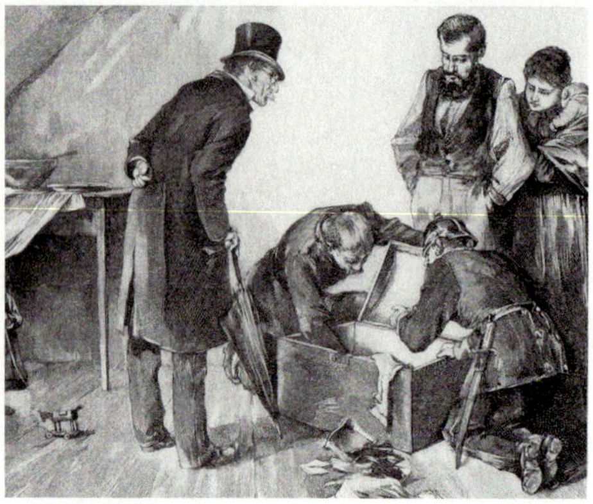

Q1 *Durchsuchung bei einem politisch Verdächtigen* (Ausschnitt aus einem Holzstich von 1895)

Antisemitismus
bedeutet Judenfeindschaft. Der moderne Antisemitismus gründet sich auf eine wissenschaftlich nicht haltbare „Rassenlehre“. Die Anhänger dieser Lehre bezeichneten die „semitische“ (= jüdische) „Rasse“ willkürlich als minderwertig. Sie sei der „arischen“ oder „germanischen Rasse“ unterlegen, behaupteten sie. Antisemiten folgerten daraus, Juden könnten keine Deutschen sein.

Deutsch-national

Das Kaiserreich war ein autoritärer Staat, der sich auf die Monarchie, den Adel, das Militär und die Beamtenschaft stützte. Bismarck wollte die persönliche Freiheit des Staatsbürgers nicht über das Wahlrecht und die Garantie der bürgerlichen Rechte hinaus ausdehnen. Wer diesen Staat in Frage stellte oder wer politisch anders dachte, galt als Gefahr für die bestehende Ordnung. Nicht mündiges Handeln war gefragt, sondern Anpassung. Der Obrigkeit war daran gelegen, dass die Bürgerinnen und Bürger im Reich deutsch-national dachten. Dadurch wurden bestimmte Gruppen und Personen bewusst ins Abseits der Gesellschaft gedrängt – teils weil sie politische Forderungen stellten, teils weil sie oder ihre Kultur als minderwertig betrachtet wurden.

Verdächtige Sozialdemokraten ...

Tiefstes Misstrauen hegte Bismarck gegenüber den Sozialdemokraten, sah doch deren Programm eine grundlegende Umgestaltung von Staat und Gesellschaft vor. Als 1878 zwei Mordanschläge auf den Kaiser verübt wurden, nahm Bismarck dies zum Vorwand, fälschlicherweise die Sozialdemokraten zu beschuldigen und gegen sie vorzugehen. Noch im selben Jahr wurde das so genannte Sozialistengesetz verabschiedet: Den Sozialdemokraten war nun jede öffentliche Arbeit verwehrt, Versammlungen und Zeitungen wurden verboten. Parteimitglieder wurden verfolgt, verhaftet und des Landes verwiesen. Alle diese Maßnahmen sollten die SPD schwächen, doch viele Arbeiter hielten nun noch stärker zur Sozialdemokratie.

... und Katholiken

Auch die Katholiken galten Bismarck als verdächtig. Er befürchtete, sie fühlten sich eher ihrer geistlichen Führung verpflichtet als der weltlichen Obrigkeit. Mit mehreren Gesetzen versuchte er, den Einfluss der katholischen Kirche einzudämmen: So durften Priester etwa nicht mehr über politische Themen predigen. Kirche und Gläubige widersetzten sich jedoch konsequent dieser Politik, sodass Bismarck bald einen Ausgleich mit der Kirche anstrebte.

Jüdische Deutsche werden diskriminiert

Seit der Reichsgründung waren jüdische Männer und Frauen in ganz Deutschland den anderen Staatsbürgern rechtlich gleichgestellt. Doch große Teile der Bevölkerung begegneten ihren jüdischen Nachbarn mit Vorurteilen. Dazu kam auch Neid, weil viele jüdische Deutsche im Handel, in der aufstrebenden Industrie und in den Bildungsberufen erfolgreich waren.

Gegen Ende des 19. Jahrhunderts entstand in Westeuropa eine neue Form der Judenfeindschaft: der Antisemitismus. Seine Anhänger behaupteten, Juden seien als Menschen minderwertig. In Deutschland fiel der Antisemitismus vor allem in konservativen und nationalistischen Kreisen auf fruchtbaren Boden. Sie gründeten Verbände und kleinere Parteien, die antijüdische Schriften verbreiteten. Damit schürten sie eine feindselige Haltung gegenüber den jüdischen Mitbürgern.

Q2 *Ein Arbeiter berichtet nach der Reichstagswahl 1890 in einem Brief an den im Ausland lebenden Sozialdemokraten Eduard Bernstein:*

In einigen Wahllokalen lagen die konservativen Stimmzettel im Lokal auf dem Tisch und niemand durfte sich einen Stimmzettel von draußen mitbringen [die Stimmzettel wurden von den Parteien selber gestellt]; man musste ihn im Lokal vom Tisch nehmen und dann dem Wahlvorsteher übergeben. An anderen Orten wurden Wählern unsere Stimmzettel aus der Hand genommen, zerrissen und ihnen andere mit den Worten gegeben: „Das ist der richtige für Kaiser und Reich." In einigen Dörfern haben Arbeiter sozialdemokratisch gewählt, bei der Auszählung fand sich aber kein sozialdemokratischer Stimmzettel vor – wahre Hexerei, nicht?

Q3 *Der Oberstaatsanwalt in Hamm berichtet am 13. Juni 1878 über Gerichtsurteile gegen Sozialdemokraten nach einem Attentat auf Kaiser Wilhelm I.:*

Der Fabrikarbeiter LUDWIG aus Essen äußerte am 2. Juni: „Meinetwegen können sie den Kaiser beschissen haben. Für 100 Mk. erschieße ich auch einen." Er ist heute zu 2½ Jahren Gefängnis verurteilt.
(...) Der Häusler WINNENFELD zu Essen äußerte am 3. Juni: „Es wäre gut gewesen, wenn die Kugel den Kaiser getroffen hätte. Er bedauere sehr, dass der Kaiser nicht totgeschossen sei." Er ist heute zu 2½ Jahren Gefängnis verurteilt.

Q5 *Antisemitismus auf einer Postkarte um 1900.* Der Wegweiser „Nach Palästina" bezieht sich auf eine Bewegung innerhalb des Judentums, die darauf abzielte, einen eigenen jüdischen Staat in Palästina zu gründen.

Q4 *Die Splitterparteien der Antisemiten waren seit 1890 in der „Fraktion der Antisemiten" vereint. Der spätere linksliberale Reichstagsabgeordnete Hellmut von Gerlach berichtete über seine Jugenderfahrung als Mitglied der Antisemiten:*

Ich war in der Versammlung peinlich davon berührt gewesen, dass ich auf die Frage eines Diskussionsredners, was eigentlich das wissenschaftliche Programm des Antisemitismus sei, mich nur mit faulen Redensarten über das Fehlen eines solchen Programms hatte herausreden können. Von meinen Gewissensschmerzen gab ich Liebermann [dem Parteiführer] Kunde. Er aber mit seiner Unbekümmertheit rief lachend: „Lieber Freund, darüber lassen Sie sich keine grauen Haare wachsen. Erst wollen wir eine politische Macht werden. Dann wollen wir uns die wissenschaftlichen Grundlagen für den Antisemitismus suchen." (...)
Meine Augen begannen sich zu öffnen. Bald sah ich ringsum im antisemitischen Lager die grauenhafte wissenschaftliche Öde. Man eroberte einen Wahlkreis nach dem anderen und wusste doch eigentlich nicht, wofür. Bei den Reichstagswahlen von 1893 hatten die Antisemiten 16 Sitze davongetragen. Aber als sie nun in Fraktionsstärke im Reichstag saßen und ich von ihnen Taten erwartete, da erlebte ich nur persönliche Zänkereien und Eifersüchteleien. (...)
Kein einziger wesentlicher Antrag wurde eingebracht, vor allem keiner, der die Grundlage der Agitation [politische Werbetätigkeit] gebildet hatte: in der Judenfrage. Es stellte sich nämlich in der Fraktion heraus, dass man kein Antijudengesetz vorlegen konnte, weil man sich über den Begriff „Jude" zu einigen nicht imstande war. Alle stimmten darüber ein: „Was er glaubt, ist einerlei, in der Rasse liegt die Schweinerei."

1. *Wie haben die Sozialdemokraten die Maßnahmen gegen sie wohl empfunden? Schreibe einen Artikel für eine sozialdemokratische Zeitung, in dem du über die Vorkommnisse in Q1–Q3 berichtest.*
2. *Beschreibe die Situation der jüdischen Minderheit im Kaiserreich (VT).*
3. *Wie werden die jüdischen Frauen, Männer und Kinder in Q5 dargestellt? Wie soll ihre „Zukunft" aussehen?*
4. *Fasse stichwortartig die Aussagen von Gerlach in Q4 zusammen. Was sagen sie über das Programm der Antisemiten aus? Wie „wissenschaftlich" ist ihr Antisemitismus?*

11 Die Gesellschaft im Kaiserreich

soziale Schicht
Mit dem Begriff bezeichnet man die Einteilung der Gesellschaft nach gemeinsamen Merkmalen wie Beruf, Einkommen, Bildung usw. Eine sehr grobe Einteilung wird in Ober-, Mittel- und Unterschicht vorgenommen. Im Kaiserreich gehörten sehr viel mehr Menschen zur Unterschicht als heute.

Eine „gute alte Zeit"?

Das Kaiserreich endete 1918 mit einer Katastrophe: Deutschland verlor den Ersten Weltkrieg, beklagte fast zwei Millionen tote Soldaten, und der Kaiser ging ins Exil nach Holland. Trotzdem sprachen ältere Menschen noch lange von der „guten alten Zeit", wenn sie das Kaiserreich meinten. Sie dachten vor allem an die Sicherheit und Ordnung, den stabilen Geldwert und den unglaublichen wirtschaftlichen Aufstieg Deutschlands. Doch waren die Jahre am Anfang des 20. Jahrhunderts wirklich so gut, wie sie im Nachhinein erschienen?
Das hing sehr davon ab, zu welcher sozialen Schicht man gehörte. Im Kaiserreich waren Ansehen und Besitz entscheidend. Wer durch seine Herkunft, eine vorteilhafte Heirat oder den Beruf zu den oberen Schichten gehörte, versuchte sich nach „unten" abzugrenzen. Das machte es für junge Leute aus den unteren Schichten nicht leicht, sich durch gute Bildung und Fleiß „nach oben" zu arbeiten.

Q 1 *Wandervögel auf Fahrt.* In Deutschland gab es 1913 schon 800 Ortsgruppen mit 25 000 Wandervögeln. Seit 1907 gehörten auch Mädchen dazu.

„Die da oben … die da unten"

Für Adlige war das Kaiserreich eine sehr gute Zeit. Sie genossen das höchste Ansehen und wurden bei wichtigen Beamten- und Offiziersstellen bevorzugt. Es gab aber auch viele erfolgreiche Fabrikanten, Großkaufleute und Bankiers, die in Industrie und Handel weit mehr Geld verdienten als die Adligen auf ihren Landgütern. Beide Gruppen konnten sich einen besonderen Lebensstil mit Kutschern, Gärtnern, Köchinnen und vielen weiteren Hausangestellten leisten.
Einfache Menschen dagegen mussten für sehr wenig Geld arbeiten. Arbeiter hatten es schwer, ihre Familie zu ernähren. Ihnen war es fast unmöglich, ihren Kindern eine gute Ausbildung zu bieten. Doch es gab auch eine breite Mittelschicht, die um 1900 schnell anwuchs. Zu dieser Schicht gehörten vor allem Chemiker, Ingenieure und Geschäftsführer, aber auch Beamte, Lehrer und Professoren.

Und die Jugendlichen?

In dieser fest gefügten Welt hatten Jugendliche noch wenig Freiraum. Es gab keine Jugendklubs oder andere Orte, wo Jungen und Mädchen sich zwanglos treffen konnten. Zu Hause und in der Schule wurde von ihnen vor allem Disziplin, Leistung und Anpassung verlangt.
Einige Jugendliche lehnten sich gegen diese strenge Erziehung auf und schlossen sich in einer neuen Bewegung zusammen – dem „Wandervogel". Gemeinsam gingen sie am Wochenende und in den Ferien „auf Fahrt" in die Natur. Übernachtet wurde in einfachen Herbergen oder bei Bauern im Heu. Die „Wandervögel" hatten eigene Ausdrücke, eigene Lieder und trugen als Kleidung eine „Kluft". Alkohol und Nikotin waren verpönt. Dadurch wollten sie sich deutlich von bürgerlichen Gewohnheiten abheben.

Q2 *Standesunterschiede.*

① Mitglieder höchster Adelsfamilien bei einer Tauffeier (Foto, 1906)

② „Herr Leutnant" erzählt in einem großbürgerlichen Salon Geschichten aus seinem Soldatenleben (Gemälde von Temple, 1890)

③ Kleinbürgerliche Familie am Wohnzimmertisch (Foto, 1911)

④ Arbeiterfamilie in der Wohnküche, die oft auch Schlafraum war (Foto, Berlin, 1907)

Q3 *Wie die Kinder erzogen wurden.*

a) … in „gutem Hause" – der Schriftsteller Stefan Zweig erinnert sich:

Um die jungen Mädchen (die „höheren Töchter") zu schützen, ließ man sie nicht einen Augenblick allein. Sie bekamen eine Gouvernante, die dafür zu sorgen hatte, dass sie, Gott bewahre, nicht einen Schritt unbehütet vor die Haustür traten, sie wurden zur Schule, zur Tanzstunde, zur Musikstunde gebracht und ebenso abgeholt. Jedes Buch, das sie lasen, wurde kontrolliert, und vor allem wurden die jungen Mädchen unablässig beschäftigt, um sie von möglichen gefährlichen Gedanken abzulenken.

b) … bei „einfachen Leuten" – in der Bielefelder „Volkswacht" war 1906 in einem Leitartikel zu lesen:

Solange die Eltern und besonders die Mutter in 10- bis 11-stündiger Brotfron stehen, bleibt ihnen keine Zeit, sich liebevoll mit ihren Kindern zu beschäftigen. Die Kindererziehung wird mehr „nebenbei" betrieben, wenn Körper und Geist bereits durch die Berufsarbeit erschlafft und übermüdet sind. Von dem Hasten und Jagen nach Erwerb und Verdienst werden die Nerven stumpf und abgespannt. Dass unter solchen Verhältnissen der Stock oder die Rute die Hauptrolle in der Erziehung spielen, ist sehr leicht begreiflich.

1 Schreibe zu jedem der Bilder in Q2 einen kurzen Legendentext. Was drücken Kleidung und Wohnung aus? Worauf legen die Personen besonderen Wert? Wie wollen sie erscheinen? Ordne sie sozialen Schichten zu.

2 Vergleiche die unterschiedliche Erziehung in Q3. Wodurch ist sie bedingt? Wie wirkt sie sich auf die Zukunftschancen der Kinder aus?

3 Versetze dich in einen Jugendlichen auf dem Foto Q1 und erkläre, warum du bei den „Wandervögeln" bist.

12 „Frau Regierungsrat“ und ihr „Mädchen für alles“

Gesellschaftliche Pflichten

Das Kochbuch von 1875 (rechts) war für Frauen aus den „besseren“ Kreisen geschrieben. So nannte man damals Familien, die in der jeweiligen Stadt den Ton angaben. Wer durch Erbe oder Heirat etwas besaß oder geschäftlich erfolgreich war, wollte das auch zeigen. Man ging in die Oper, fuhr mit der eigenen Kutsche und trug elegante Kleider am Sonntagnachmittag zum „Promenieren“ auf der Straße. Damit hob man sich deutlich von „den anderen“ ab.

Besonders bei höheren Beamten und bei Offizieren war es üblich, Abendgesellschaften für die Kollegen oder auch Vorgesetzten zu geben. Dabei war der gesellschaftliche Zwang groß. Alles musste so aussehen, als brauche die Dame des Hauses an nichts zu sparen: Das Menü hatte mehrere Gänge und es wurden Weine, Cognac, Zigarren und Süßigkeiten dazu gereicht. Waren Ranghöhere geladen, dann konnte die Hausfrau mit einem gelungenen Abend die Karriere ihres Mannes fördern.

Viel Arbeit und wenig Rechte

Einen solchen Abend vorzubereiten, bedeutete viel Arbeit, denn es gab weder Küchenmaschinen noch einen Kühlschrank, Elektroherd oder Geschirrspüler. Doch wenn die Dame des Hauses als „Frau Regierungsrat“ zum Beispiel die Gattin eines höheren Beamten war, hatte sie ein oder zwei Dienstmädchen.

Diese mussten bis zu 16 Stunden am Tag arbeiten und hatten nur alle vierzehn Tage am Sonntagnachmittag frei. Die Mädchen kamen meistens vom Lande und waren oft nicht älter als dreizehn oder vierzehn Jahre. Gegen die harte Arbeit und schlechte Behandlung konnten sich die Mädchen kaum wehren. Denn zum einen waren sie ganz auf sich allein gestellt und zum anderen fürchteten sie, mit einem schlechten Zeugnis entlassen zu werden. So manche bürgerliche Familie konnte sich die vielen gesellschaftlichen Verpflichtungen kaum leisten. Dann sparte man im Alltag, sogar am Essen für das Dienstmädchen.

Q 1 *Im Salon einer wohlhabenden Familie* (zeitgenössische Darstellung, um 1900). Der Junge trägt einen Matrosenanzug, der die beliebteste Kindermode war. Der Hemdkragen des Hausherrn, „Vatermörder“ genannt, ist dicht unter dem Hals geschlossen. Für das Dienstmädchen bedeutete schon allein das tägliche Steifen solcher Kragen viel Arbeit. Auch die Blusen und Kleider der Frauen ließen sich mit dem schweren Holzkohlebügeleisen nur mühsam glätten. Doch alles musste sauber und korrekt aussehen.

Q2 *Preußische Gesindeordnung von 1810 (Auszüge). Sie wurde erst 1918 aufgehoben:*

§73 Allen häuslichen Einrichtungen und Anordnungen der Herrschaft muss das Gesinde sich unterwerfen.

§74 Ohne Vorwissen und Genehmigung der Herrschaften darf es sich auch in eigenen Angelegenheiten vom Hause nicht entfernen.

§77 Reizt das Gesinde die Herrschaft durch ungebührliches Betragen zum Zorn und wird in selbigem von ihr mit Scheltworten oder geringen Tätlichkeiten behandelt, so kann es dafür keine gerichtliche Genugtuung fordern.

Die Gesindeordnung erlaubte auch, dass einem Dienstmädchen fristlos gekündigt wurde, wenn es ungehorsam war, Schimpfworte benutzte, etwas stahl oder die Nacht über ausblieb.

Q3 *In Theodor Fontanes Roman „Der Stechlin" (1899) schildert das Dienstmädchen Hedwig einen Hängeboden:*

Immer sind sie in der Küche, mitunter dicht unter dem Herd oder auch gerade gegenüber. Und nun steigt man auf eine Leiter, wenn man müde is, kann man auch runterfallen. Aber meistens geht es. Und man macht die Tür auf und schiebt sich in das Loch hinein, ganz wie in einen Backofen. Das is, was sie ne Schlafgelegenheit nennen. (...) Und am schlimmsten is es im Sommer. Draußen dreißig Grad, auf dem Herd war den ganzen Tag Feuer; da is es denn, als ob man auf den Rost gelegt würde.

Q4 *Ein Dienstmädchen berichtete bei einer Befragung um 1900:*

Aufbleiben musste man im Sommer sehr oft, wenn die Herrschaften im Garten saßen, bis spät in die Nacht, dann musste man noch Gläser, Flaschen, Decken und sonst was in die Wohnung tragen. (...) Auch bis nach Mitternacht hat man oft warten müssen, wenn die Herrschaften anderweit eingeladen waren; da musste man sehr aufpassen, wenn der Wagen hielt, damit die hohen Herrschaften nicht schließen oder klingeln mussten.

Q6 *Kochbuch von 1875* (Titelblatt)

Q5 *Ein „Hängeboden" unter der Küchendecke* (Foto). Viele Dienstmädchen mussten so oder unter der Treppe schlafen.

Q7 *Schilder als Spiegel der gesellschaftlichen Ordnung:* Das obere Schild weist den Weg zur Hintertreppe. Diese führte meist direkt zur Küche, dem Arbeitsplatz und häufig auch Wohnraum des Dienstpersonals.

1. *Zu welchen Schichten gehören die Personen auf dem Titelblatt des Kochbuches (Q6)?*
2. *Beschreibe die Abbildung Q1. Entspricht das Bild dem wirklichen Alltag eines Dienstmädchens?*
3. *Versetze dich in die Situation eines vierzehnjährigen Dienstmädchens. Schreibe deiner Mutter einen Brief.*
4. *Das „Mädchen für alles" hat beim Spülen einen Teller fallen lassen. Spielt die Szene mit den Personen des Haushalts.*

13 Abschluss
Mit dem Trimino durchs 19. Jahrhundert

Wie gut kennt ihr euch im 19. Jahrhundert aus?
Testet euer Wissen mit einem Trimino!

Und so wird gespielt:
24 dreieckige Kärtchen müssen so zusammengefügt werden, dass am Ende ein großes Sechseck entstanden ist (s. unten). Am besten spielt ihr in Gruppen à vier Personen. Jeder Spieler bekommt zu Beginn vier Kärtchen, die er vor den Mitspielern verdeckt hält. Die restlichen Karten werden verdeckt auf einen Stapel gelegt. Der Startspieler zieht ein Kärtchen vom Stapel und legt es in die Mitte. Nun wird reihum gespielt. Die Karten müssen so angelegt werden, dass immer alle drei Seiten der Dreiecke zueinander passen. Verschiedene Paare sind möglich: ein Ereignis und die dazugehörige Jahreszahl, ein Begriff und die dazu passende Erklärung oder eine Person und eine wichtige Information aus ihrem Leben. Wer keine passende Karte anlegen kann, muss ein Kärtchen vom Stapel ziehen. Wenn diese Karte passt, kann sie angelegt werden, wenn nicht, ist der nächste Spieler an der Reihe. Das Spiel ist zu Ende, wenn alle Kärtchen richtig angelegt sind.

Vor dem Spiel
... müssen die Spielkarten hergestellt werden. Auf der rechten Seite und auf den Umschlagseiten vorne im Buch findet ihr die Vorlagen. Kopiert sie für jede Gruppe einmal – am besten auf stabiles Papier – und schneidet die Dreieckskärtchen einzeln aus.

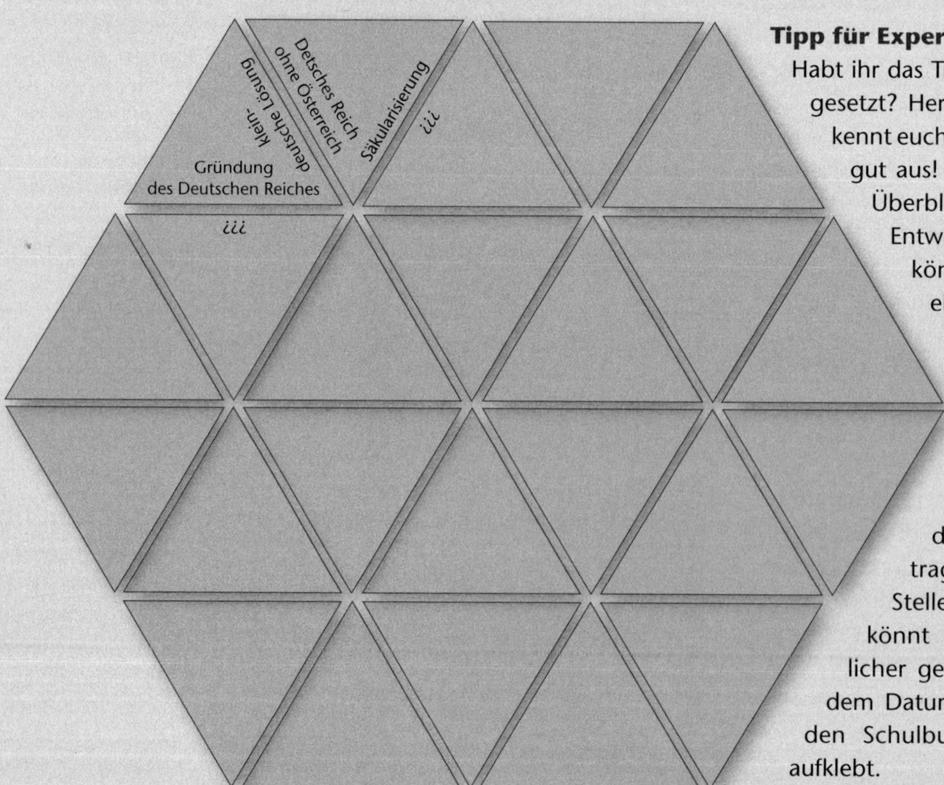

Tipp für Experten:
Habt ihr das Trimino richtig zusammengesetzt? Herzlichen Glückwunsch, ihr kennt euch im 19. Jahrhundert schon gut aus! Um einen noch besseren Überblick über die wichtigsten Entwicklungen zu bekommen, könnt ihr aus dem Trimino einen Zeitstrahl gestalten. Dazu zeichnet ihr eine Zeitleiste für den Zeitraum von 1800 bis 1900. Sucht dann alle Ereignisse mit den dazugehörigen Daten aus dem Trimino heraus und tragt sie an der richtigen Stelle des Zeitstrahls ein. Ihr könnt eure Zeitleiste anschaulicher gestalten, indem ihr zu jedem Datum ein passendes Bild aus den Schulbuchkapiteln kopiert und aufklebt.

Burschenschaften treffen sich zum Wartburgfest.

Annexion

1871–1890

18. Mai 1848

Menschen mit gemeinsamer Sprache, Geschichte und Kultur

Dichter des Deutschlandliedes

1832

Schlafstelle der Dienstmädchen

Hängeboden

18. Januar 1871

Wiener Kongress: Errichtung des Deutschen Bundes

1806

gewaltsame Einverleibung eines fremden Staatsgebietes

das Recht, einen Staat zu führen

Krieg zwischen Deutschland und Frankreich

Vorurteile und Feindschaft gegenüber Juden

Deutscher Bund

Restauration

Zusammenbruch des Heiligen Römischen Reiches Deutscher Nation

1815

loser Zusammenschluss von deutschen Einzelstaaten

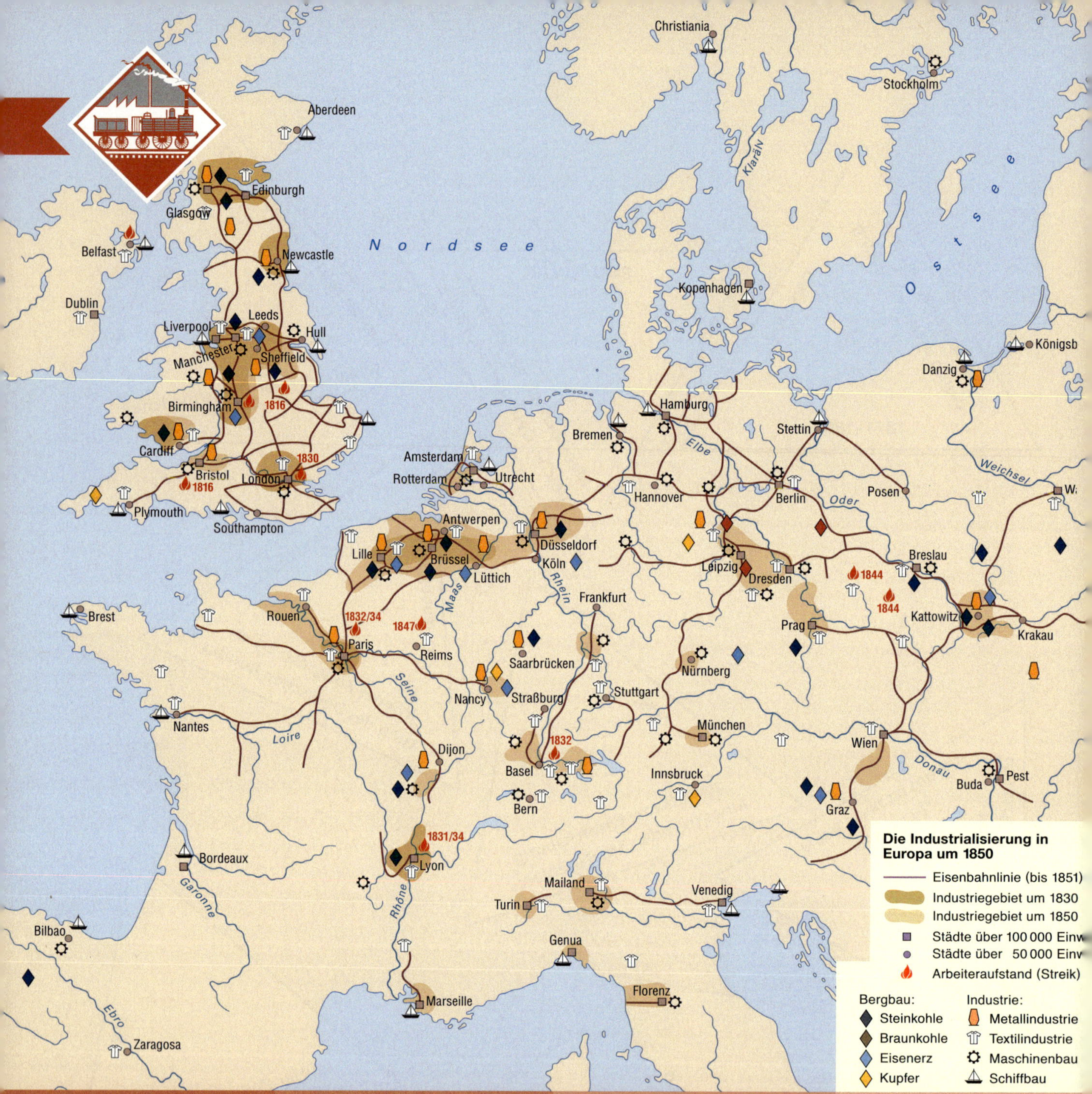

1769

James Watt lässt sich seine Erfindung einer Dampfmaschine patentieren.

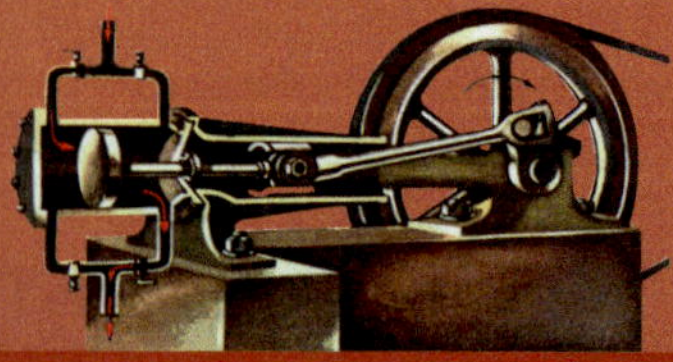

1834

Der Deutsche Zollverein wird gegründet.

1835

Die Eisenbahnstrecke Nürnberg – Fürth wird eröffnet.

1844

Aufstand der schlesischen Weber

Industrialisierung und soziale Frage

„The Nineteeth Century – Iron and Coal", „Das 19. Jahrhundert – Eisen und Kohle" (Gemälde von William Bell Scott, 1861). Das Bild zeigt technische Neuerungen, die das Zeitalter der Industrialisierung bestimmten.

Im Internet surfen, mit Lasertechnik operieren, per Flugzeug um den Erdball reisen – so wie alle diese Dinge heute ganz selbstverständlich sind, waren sie vor 200 Jahren noch undenkbar. Erst durch die Industrialisierung ist unsere Welt so modern geworden, wie wir sie heute kennen. Wann aber begann diese Entwicklung, welche Kräfte haben sie vorangetrieben? Wie hat der Fortschritt das Leben der Menschen verändert? Und welche Probleme haben die Neuerungen gebracht?

1863

Die erste deutsche Arbeiterpartei wird gegründet.

1879

Werner von Siemens entwickelt eine elektrische Lokomotive.

1960

Im Ruhrgebiet setzt das „Zechensterben" ein.

1 Der Aufbruch ins Industriezeitalter

industrielle Revolution
Dieser Begriff beschreibt die Anfangsphase der Industrialisierung. Der Schritt zur Industriegesellschaft brachte so viele technische, wirtschaftliche und soziale Umwälzungen mit sich, dass wir heute von einer Revolution sprechen. Die Industrialisierung begann im 18. Jahrhundert in England und hat bis heute fast alle Länder der Erde erfasst.

England schreitet voraus

Zu Beginn des 18. Jahrhunderts war von Fortschritt und Wandel in Europa noch wenig zu spüren. Im Leben der Menschen hatte sich über Jahrhunderte fast nichts verändert. Die meisten Menschen lebten als Bauern, Handwerker oder Tagelöhner auf dem Land. Nur wenige Handwerker und Landwirte kamen auf die Idee, technische Erfindungen gezielt zu nutzen, um mehr Waren herzustellen. Schließlich gab es ja auch so genügend Arbeitskräfte. Doch im 18. Jahrhundert konstruierten englische Erfinder zahlreiche Maschinen, welche die Arbeit der Handwerker erheblich erleichterten. Innerhalb weniger Jahrzehnte änderte sich nicht nur die Arbeitswelt der Menschen grundlegend, sondern ihre ganze Lebensweise: Die industrielle Revolution begann.

Die Textilindustrie macht den Anfang

Im 18. Jahrhundert wuchs die Bevölkerung Englands von etwa 5 auf über 9 Millionen. Es wurde immer schwieriger, alle Menschen mit Kleidung zu versorgen, denn die Spinn- und Webtechnik war jahrhundertelang kaum verändert worden. In Handarbeit wurde Wolle auf Spinnrädern zu Garn gesponnen und dann auf Webstühlen zu Stoffen verarbeitet.

Im Laufe des Jahrhunderts wurde zunehmend auch Baumwolle verarbeitet, die in Europa und Nordamerika sehr gefragt war. Denn Baumwollstoffe waren zum einen billiger zu kaufen und zum anderen angenehmer zu tragen und leichter zu waschen als die herkömmlichen Wollkleider. Mit ihren alten Spinnrädern konnten die englischen Weber die steigende Nachfrage nicht mehr bewältigen. Die Herstellung von Garn dauerte einfach zu lange. Als der Webstuhl 1733 technisch so verbessert wurde, dass man mit doppelter Geschwindigkeit weben konnte, hinkte die Garnproduktion noch stärker hinterher.

1764 gelang der große Durchbruch. Der Weber James Hargreaves erfand eine handbetriebene Spinnmaschine, die „Spinning Jenny". Sie lieferte in gleicher Zeit sechzehnmal so viel Garn wie ein einzelnes Spinnrad. Eine weitere Verbesserung erzielte Richard Arkwright, indem er die Spinnmaschinen nicht mehr von Muskelkraft, sondern von Wasserkraft antreiben ließ. Er stellte die Maschinen in großen Räumen auf, wo Arbeiter sie bedienten und kontrollierten. So entstanden die ersten Fabriken.

Watts kraftvolle Erfindung

Die Zahl der neuen Textilmaschinen stieg so rasch an, dass man nach einer neuen, stärkeren Antriebskraft suchte. Einem jungen Mechaniker namens James Watt aus der schottischen Stadt Glasgow gelang es 1769, eine leistungsstarke Dampfmaschine zu konstruieren, die mit Kohle befeuert wurde. Später veränderte Watt die Maschine noch so, dass man andere Maschinen damit antreiben konnte. Um 1850 produzierten 750 Arbeiter einer Baumwollfabrik so viel Garn wie 200 000 Heimarbeiter 100 Jahre zuvor. 50 000 Spindeln drehten sich gleichzeitig – angetrieben von einer einzigen Dampfmaschine.

Q1 *Heimarbeit im 18. Jahrhundert* (englisches Gemälde, um 1750). Das Garn wurde gekocht, aufgespult und gesponnen. Spinnräder dieser Art gab es seit dem 15. Jahrhundert.

Q2 *Maschinelles Spinnen* (Gemälde um 1834)

D1 *Erfindungen im 18. Jahrhundert:*

1705 Thomas Newcomen erfindet eine Kolbendampfpumpe, die in Bergwerken zum Herauspumpen des Grundwassers verwendet wird.

1733 Der Weber John Kay erfindet das „fliegende Weberschiffchen", das die Produktion des Webstuhls und damit die Nachfrage nach Garn verdoppelt.

1764 James Hargreaves erfindet die „Spinning Jenny". Tausende Heimarbeiterinnen und -arbeiter werden arbeitslos.

1769 Richard Arkwright konstruiert eine von Wasser angetriebene Spinnmaschine.

1769 James Watt meldet das erste Patent auf seine Dampfmaschine an.

1782 Watt konstruiert eine Dampfmaschine, die die Kolbenbewegung in eine Drehbewegung umsetzt.

D2 *Einfuhr von Rohbaumwolle nach Großbritannien, Angaben in Tonnen:*

Jahr	Menge
um 1700	ca. 600 t
um 1720	ca. 1 100 t
1764	1 935 t
1780	8 000 t
1801	25 000 t
1815	50 000 t
um 1825	ca. 100 000 t
1849	346 000 t

Q3 *Automatisierte Textilfabrik*, um 1980

D3 *Schnitt durch eine Dampfmaschine:*
Der Dampf strömt abwechselnd durch das rechte und linke Einlassventil in den Zylinder ein. Dadurch wird der Kolben in eine gleichmäßige Bewegung versetzt.

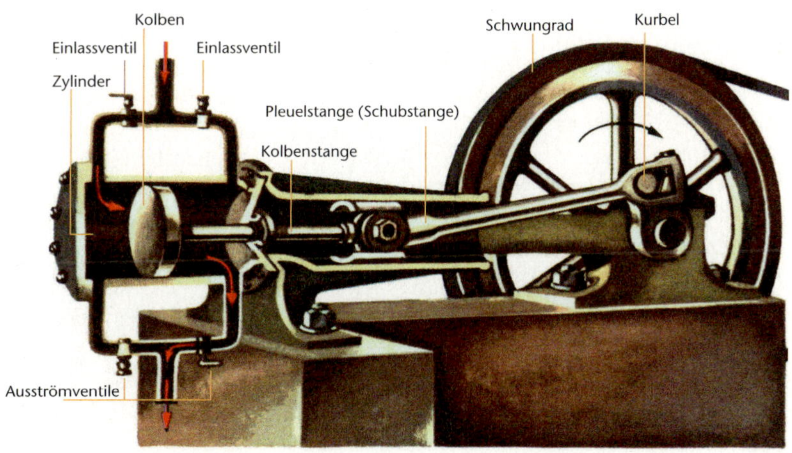

1 *Zeige anhand der Textilherstellung, wie eine Erfindung die nächste nach sich zog (VT, D1).*

2 *Beschreibe mithilfe von Q1–Q3, wie sich die Herstellung von Textilien wandelte. Inwiefern veränderten die technischen Neuerungen auch die Rolle des Menschen in der Arbeitswelt?*

3 *Diskutiert die Vor- und Nachteile unterschiedlicher Antriebskräfte: Muskelkraft (Mensch/Tier), Windenergie, Wasserkraft, Dampfmaschine.*

4 *Setzt folgende Szene in ein Rollenspiel um: Der Besitzer einer Textilfabrik erklärt seinen Arbeitern mithilfe einer Zeichnung (D3), wie seine neueste Errungenschaft funktioniert. Aber die Arbeiter haben viele Fragen und Befürchtungen.*

Zeitreise multimedial – Das lange 19. Jahrhundert: Wirtschaft – „Dampf bewegt die Welt"

2 Warum gerade England?

Kapital
Unter Kapital versteht man Geld- und Sachmittel wie Gebäude, Maschinen oder auch Grundstücke, die zur Erzeugung von Gütern eingesetzt werden.

Investition
Wer investiert, legt Geld in Sachvermögen wie Maschinen, Firmen oder auch in Forschungen an, um daraus langfristig Gewinne zu erzielen.

Adam Smith
Begründer des Wirtschaftsliberalismus: Der Staat solle sich um Außenpolitik, Sicherheit und Rechtsprechung kümmern, die Wirtschaft dagegen solle Sache der Unternehmer bleiben.

Q1 *Maschineneinsatz und künstlicher Dünger* revolutionierten auch die Landwirtschaft (zeitgenössischer Stich).

Erfinder und Unternehmer

Die Nachfrage nach Watts Erfindung war groß, ihm fehlte aber das Kapital, um die Maschinen herstellen zu können. Matthew Boulton, ein reicher Eisenfabrikant aus Birmingham, erkannte wiederum, dass mit Dampfmaschinen viel Geld zu verdienen war. Er schloss einen Vertrag mit Watt und übernahm alle anfallenden Kosten. Während nun der eine die Dampfmaschine ständig verbesserte, kümmerte sich der andere um deren Herstellung und Verkauf.

Wie Watt fanden viele Erfinder Geldgeber für ihre Projekte. In England war genügend Kapital vorhanden, denn Kaufleute hatten durch den Handel mit den Kolonien große Gewinne erzielt. Dieses Kapital investierten sie bereitwillig in neue, Gewinn versprechende Vorhaben. Jenes wirtschaftliche Denken war ein Grundpfeiler der Industrialisierung. Theoretisch untermauert wurde es von den wirtschaftsliberalen Gedanken des Schotten Adam Smith (1723–1790), der für einen freien Markt und gegen eine vom Staat bestimmte Wirtschaft eintrat.

Gefördert wurde die Industrialisierung in England zudem durch die vorhandenen Bodenschätze (siehe Karte, S. 68) und die Insellage. Waren konnten leicht auf dem Wasserwege transportiert werden: entlang der Küsten, auf Flüssen und Kanälen.

Die Landwirtschaft verändert sich

Lebten um 1750 knapp 6 Millionen Menschen in England, waren es um 1800 schon über 9 Millionen. Das lag unter anderem daran, dass neue medizinische Erkenntnisse Massenseuchen von der Insel verdrängten. Dies hatte große Auswirkungen auf die Landwirtschaft, denn die Menschen mussten mit Nahrungsmitteln versorgt werden. Aufgrund der steigenden Nachfrage nach Getreide, Fleisch, Milch und Fett lohnte es sich jetzt, in die Landwirtschaft zu investieren. Grundbesitzer legten kleine, verstreut liegende Äcker zusammen, bearbeiteten ihre Böden z. B. durch Fruchtwechsel intensiver und kauften bessere Landmaschinen. Kleine Bauern konnten sich das nicht leisten. Sie gaben ihre Höfe auf und zogen in die Städte, um Arbeit in den Fabriken zu finden.

Schwarzes „Gold"

Um die Maschinen für die Landwirtschaft oder die Textilindustrie herzustellen, brauchte man viel Eisen. Eisenerz gab es reichlich, aber das Holz, um es zu schmelzen, war knapp und teuer. An die Stelle des Holzes trat deshalb die Kohle. England verfügte über große Steinkohlevorkommen und mit Hilfe von Dampfmaschinen im Bergbau konnte Kohle nun auch aus tieferen Schächten gefördert werden. Dampfmaschinen trieben Pumpen an, die die Stollen entwässerten. Die Kohle wurde zum wichtigsten Energieträger für den Betrieb von Dampfmaschinen.

Maschinen verändern die Welt

Dampfmaschinen ersetzten bald überall die Wind- und Wasserkraft als Antrieb. Sie waren Tag und Nacht einsatzbereit und bestimmten das Arbeitstempo der übrigen Maschinen – und der Menschen. Die Heimarbeiter und Handwerkerfamilien waren gegen die neue Konkurrenz machtlos.

D1 *Modernisierungsschub in der Landwirtschaft: Der Fruchtwechsel löst die mittelalterliche Dreifelderwirtschaft ab.*

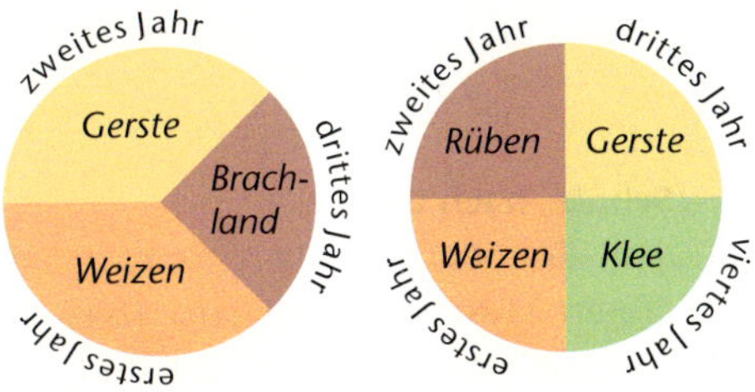

D2 *Verstädterungsprozess: Durch den Zustrom vom Land und das Bevölkerungswachstum standen den neuen Industriezentren genügend Arbeitskräfte zur Verfügung (Einwohner in Tausend).*

	1700	1750	1800	1850
London	575	675	959	2 363
Liverpool	5–7	22	82	376
Manchester	8–9	18	75	303

Q2 *Die Industriestadt Manchester beschrieb der französische Graf Alexis de Tocqueville 1835:*

Auf dem Gipfel der Hügel (...) erheben sich dreißig oder vierzig Fabriken. Mit ihren sechs Stockwerken ragen sie hoch in die Luft. (...) Um sie herum sind gleichsam willkürlich die erbärmlichen Behausungen der Armen verteilt; auf unzähligen gewundenen Pfaden gelangt man dorthin. (...)
Um (ein) Elendsquartier herum schleppt einer der Bäche (...) langsam sein stinkendes Wasser, das von den Industriearbeiten eine schwärzliche Farbe erhält. (...) Ein dichter schwarzer Qualm liegt über der Stadt. Durch ihn hindurch scheint die Sonne als Scheibe ohne Strahlen. In diesem verschleierten Licht bewegen sich unablässig dreihunderttausend menschliche Wesen. Tausend Geräusche tönen unablässig in diesem feuchten und finsteren Labyrinth. Aber es sind nicht die gewohnten Geräusche, die sonst aus den Mauern großer Städte aufsteigen: die Schritte einer geschäftigen Menge, das Knarren der Räder, (...) das Zischen des Dampfes, der dem Kessel entweicht, das gleichmäßige Hämmern des Webstuhls (...). Nirgends der Ausbruch von Freude, fröhliche Rufe, der Zusammenklang von Instrumenten, die einen Festtag ankünden.

Q3 *Die Lehre von der freien Wirtschaft entwickelte der Schotte Adam Smith 1776:*

Da nun aber der Zweck jeder Kapitalanlage Gewinnerzielung ist, so wenden sich die Kapitalisten den rentabelsten Anlagen zu, d. h. denjenigen, in denen die höchsten Gewinne erzielt werden. Indirekt wird aber auf diese Weise auch die Produktivität der Volkswirtschaft am besten gefördert. Jeder glaubt, nur sein eigenes Interesse im Auge zu haben, tatsächlich aber erfährt so indirekt auch das Gesamtwohl der Volkswirtschaft die beste Förderung. (...) Welche Kapitalanlage wirklich die vorteilhafteste ist, das kann jeder Einzelne besser beurteilen als etwa der Staat.

1. *Wie konnte England zur ersten Industrienation der Welt werden? Liste die Gründe in einer Tabelle auf (VT, D1, D2).*
2. *Beschreibe die Partnerschaft von Erfindern und Unternehmern wie Watt und Boulton mit Hilfe folgender Begriffe: Tüftler, geniale Erfindung, fehlendes Kapital, Unternehmer, Investition, Kapital, Produktion, Risiko, Gewinnbeteiligung.*
3. *Eine Bauernfamilie zieht in die Stadt, um künftig mit Industriearbeit ihren Lebensunterhalt zu verdienen. Stelle ihre bisherige und ihre neue Lebenswelt gegenüber.*
4. *Manche Menschen nannten die Dampfmaschinen „eiserne Engel", andere „schwarze Teufel". Erläutere die Bezeichnungen (VT, Q2, Q4).*
5. *Erläutere, was Adam Smith unter freier Wirtschaft verstand (Q3). Wessen Interessen vertrat er?*

Q4 *Einsatz einer frühen Dampfmaschine zum Antrieb von Pumpen in einem englischen Kohlenbergwerk* (Gemälde eines unbekannten englischen Künstlers, 1792).
– Beschreibe, welche „Kräfte" am Werk sind, um Kohle zu fördern und zu transportieren. Inwiefern zeigt das Bild, dass Kohle und Dampf in gewisser Weise voneinander abhängig sind?

3 Mit Volldampf voraus!

Q1 *Eröffnung der ersten deutschen Eisenbahnstrecke zwischen Nürnberg und Fürth, 1835* (zeitgenössisches Gemälde). Diese Lokomotive mit dem Namen „Adler" stammte noch aus Stephensons Fabrik und wurde von einem britischen Lokomotivführer gefahren. Aber bald waren auch deutsche Ingenieure in der Lage, eigene und zum Teil bessere Maschinen zu entwickeln.

Deutscher Zollverein
1834 schlossen sich zunächst 18 Staaten des Deutschen Bundes zu einem einheitlichen Handelsgebiet ohne Zollschranken zusammen. Andere Staaten folgten nach und nach.

Die ersten Eisenbahnen

Der 6. Oktober 1829 war ein denkwürdiger Tag: Ein Wettbewerb sollte klären, welches Antriebssystem auf der neu erbauten Eisenbahnstrecke zwischen Manchester und Liverpool eingesetzt werden sollte. An einem Gleisstück bei Rainhill drängten sich tausende Zuschauer sowie Wissenschaftler und Techniker, um das Spektakel mitzuerleben. Teilnehmen durften nur dampfgetriebene Lokomotiven von weniger als sechs Tonnen Gewicht, die auf ebener Strecke 20 Tonnen Gesamtgewicht mit einer Geschwindigkeit von etwa 16 km/h fortbewegen konnten. Nur eine einzige Lokomotive erbrachte schließlich die geforderten Leistungen: die „Rocket" des Bergwerkingenieurs Robert Stephenson. Unter dem Jubel der Zuschauer erreichte die „Rakete" Geschwindigkeiten bis zu 47 km/h und war die einzige Lokomotive, die ohne Pannen funktionierte.
1835 fuhr auch in Deutschland die erste Eisenbahn, und zwar zwischen Nürnberg und Fürth. Für die sechs Kilometer lange Strecke benötigte sie mit 12 PS etwa sechs Minuten.

Ein „Schub" nach vorn

6600 km Eisenbahnstrecken wurden in den Jahren zwischen 1840 und 1849 in Deutschland gebaut. Diese Entwicklung leitete einen gewaltigen Wirtschaftsaufschwung ein: Tausende Männer fanden bei den Eisenbahngesellschaften Arbeit. Sie schütteten Bahndämme auf, gruben Tunnel, verlegten Schienen, bauten Brücken und Bahnhöfe. Auch wurden immer mehr Arbeiter in den Fabriken für Lokomotiven und Waggons eingestellt. Riesige Mengen an Werkzeugen und Maschinen waren nötig. Folglich stieg der Bedarf an Eisen und Stahl, wodurch neue Bergwerke und Eisenhütten errichtet wurden.

Ein Weg zur Einheit?

„Anhalten, haben Sie etwas zu verzollen?", hieß es für Reisende in Deutschland alle paar Kilometer. Etwa 1800 Zollstellen gab es um 1800 in Deutschland. Das bedeutete für den Kaufmann einen immensen Zeit- und Geldverlust. Denn er musste an jeder Grenze halten und bezahlen, noch dazu immer in einer anderen Währung, weil fast jeder Staat seine eigene Geldeinheit hatte. 1834 wurde der Deutsche Zollverein gegründet, wodurch die zahlreichen Zollschranken wegfielen und ein großer, einheitlicher Markt entstand. Die Freude über diesen Schritt kommt auch in einer Namensgebung zum Ausdruck: Eine neue Essener Kohlenzeche erhielt 1848 den Namen „Zollverein".
Viele Deutsche versprachen sich vom Eisenbahnbau und vom Zollverein wichtige politische Impulse. Sie hofften, dass ein deutsches Eisenbahnnetz eine „Klammer" für die staatliche Einheit werden könnte. Mit den Zollschranken auch die innerdeutschen Grenzen zu überwinden, das war ihr Traum, der allerdings noch lange unerfüllt blieb.

Q4 *Georg Krauss gründete 1866 eine Lokomotivfabrik in München* (Gemälde von 1882). Bereits 16 Jahre später verließ die 1000. Lokomotive das Werk.

1. *Beschreibe die industriellen und politischen Entwicklungen in Deutschland ab 1834 (VT, Q1, Q4, D1). Erkläre dabei die Bedeutung des Eisenbahnbaus und des Zollvereins.*
2. *Erkläre anhand von Q3 und D2, warum die Eisenbahn das Ende der Postkutsche einläutete.*
3. *Erkundige dich, wann in deiner Heimatstadt die erste Eisenbahn gebaut wurde. Wie haben sich die Bahnlinien bis heute verändert?*

Q2 *Ärztliche Bedenken gegen die Eisenbahn in einem Gutachten von 1835:* Ortsveränderungen mittels irgendeiner Art von Dampfmaschinen sollten im Interesse der öffentlichen Gesundheit verboten sein. Die raschen Bewegungen können nicht verfehlen, bei den Passagieren die geistige Unruhe (…) hervorzurufen. Selbst zugegeben, dass Reisende sich freiwillig der Gefahr aussetzen, muss der Staat wenigstens die Zuschauer beschützen, denn der Anblick einer Lokomotive, die in voller Geschwindigkeit dahinrast, genügt, diese Krankheit zu erzeugen.

Q3 *Fahrplan der königlichen Postkutsche im Jahr 1825 von Köln nach Dortmund:*

Abfahrt	jeden Mittwoch und Samstag um 4 ½ Uhr	
Ankunft in	Mülheim/Ruhr	5 ½ Uhr
	Düsseldorf	12 Uhr
	Duisburg	16 ½ Uhr
	Essen (nächster Tag)	11 ½ Uhr
	Dortmund (nächster Tag)	6 ½ Uhr

Fahrkarten an allen Poststationen und in Wirtshäusern. Um Pünktlichkeit wird gebeten! Fahrzeiten gelten für trockene Straßen, wetterbedingte Verspätungen sind möglich. Übergepäck muss beim Fahrer angemeldet werden.

D1 *rechts: Entwicklung des Eisenbahnnetzes und des Deutschen Zollvereins.* Siehe auch Zeitreise multimedial – Das lange 19. Jahrhundert: Wirtschaft – „Industrialisierung in Deutschland" und „Der Deutsche Zollverein"

D2 *Fahrzeiten von Postkutsche und Eisenbahn im Vergleich. Das Zeitalter der Postkutschen ging allmählich zu Ende; die Kutscher arbeiteten nun als Zubringer der Bahn.*

von Berlin nach	Schnellpost um 1800	Eisenbahn Ende 19. Jh.
Dresden	23 Std.	3 Std.
Hamburg	36 Std.	5 Std.
Frankfurt/M.	64 Std.	9 Std.
Köln	82 Std.	10 Std.

4 Deutschland wird Industrieland

Sektor
Bezeichnung für die verschiedenen Bereiche in der Wirtschaft. Heute unterscheiden wir folgende Sektoren:
1. Landwirtschaft/ Fischerei/Bergbau
2. Industrie/Handwerk
3. Dienstleistungsgewerbe

Unter Dampf

Ab 1850 setzte auch in Deutschland die Industrialisierung ein. Bergwerke, Stahlwerke, Eisenhütten und Fabriken wurden errichtet, Kohle, Koks und Eisen hatten Hochkonjunktur. Aus dieser Zeit stammen auch Redensarten wie „unter Dampf stehen", „Kohle machen" oder „hart wie Stahl sein". Unter den deutschen Staaten stieg Preußen zum führenden Industriestaat auf, denn das preußische Oberschlesien, das Ruhrgebiet, das Aachener Revier und das Saargebiet entwickelten sich schnell zu den Zentren des Kohlebergbaus und der Eisenindustrie.

Großstädte und Industriezentren

Die Industrieregionen boten unzählige Arbeitsplätze, sodass immer mehr Menschen vom Land in die Industriestädte zogen. Je größer die Städte waren, desto schneller stieg die Einwohnerzahl. Innerhalb von 50 Jahren verdoppelte sich die Bevölkerung in Städten wie Berlin, Duisburg und Essen. Wohnungen für die Arbeiter entstanden meist in der Nähe der Fabriken und Zechen, denn der Weg zum Arbeitsplatz sollte möglichst kurz sein. Es wurden schmale Reihenhäuser oder große, so genannte Mietskasernen errichtet. Die Straßen in diesen Vierteln waren eng, die Wohnungen klein, feucht und dunkel.

Q1 *Der Maschinenfabrikant Friedrich Harkort* gründete auf der leer stehenden Burg Wetter an der Ruhr 1819 seine „Mechanische Werkstätte", eine der ersten Maschinenfabriken des Ruhrgebiets (Ölgemälde von Alfred Rethel, um 1834). Ab 1826 arbeiteten hier die ersten Hochöfen. Fachkräfte kamen aus England, die Maschinen wurden zunächst britischen Fabrikaten nachgebaut.

Neue Industriezweige

Vergleicht man die deutsche und britische Entwicklung zwischen 1870 und 1913, wird deutlich, wie groß die Fortschritte waren: Die Produktion in Großbritannien verdoppelte sich, während sich die deutsche versechsfachte! In den schnell wachsenden neuen Sektoren wie der Chemieindustrie übernahm Deutschland die Führung. 1890 erzeugte die deutsche Industrie 50 % aller weltweit hergestellten künstlichen Farben, 1900 waren es 90 %. Unternehmen wie Siemens, AEG, BASF, Bayer und Hoechst entwickelten sich zu mächtigen Konzernen.
Noch bedeutender war die rasante Entwicklung in der Elektroindustrie: Werner von Siemens entwickelte den Elektrodynamo, der Amerikaner Thomas Edison um 1860 die ersten Glühlampen. Bald darauf waren Straßen, Wohnhäuser und Fabriken mit elektrischem Licht erhellt. Die Elektrizität beschleunigte neue Entwicklungen, wie den elektrischen Motor, der bald die Dampfkraft in Fabriken ablöste. 1879 konstruierte Werner von Siemens eine Elektrolokomotive und 1880 den ersten elektrischen Aufzug. Am Ende des Jahrhunderts eroberten so immer mehr deutsche Produkte die Märkte.

Bessere Bildung

Der industrielle Aufschwung wurde auch durch Modernisierungen im Schulwesen begünstigt. Die Industrie brauchte neben etlichen Fabrikarbeitern gut ausgebildete Ingenieure und Kaufleute, also Menschen, die planen und organisieren konnten. Das dafür nötige Wissen wurde an allgemeinen Volksschulen nicht vermittelt. So wurden Gewerbeschulen, Realschulen und spezielle technische Hochschulen gegründet. Dort lehrte man unter anderem Physik, Chemie, moderne Fremdsprachen und technisches Wissen. Auch die Ausbildung der Lehrer wurde verbessert.

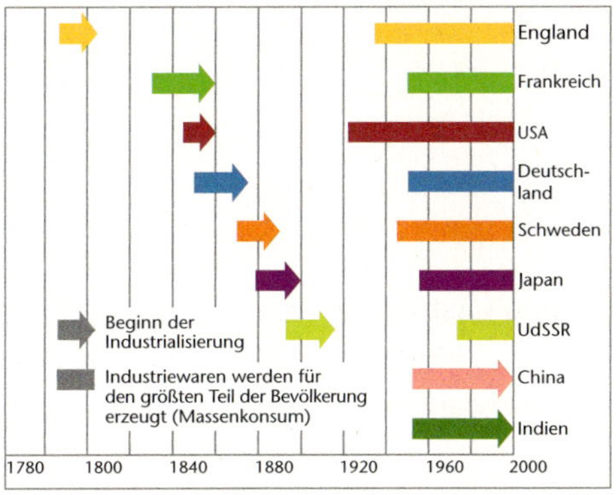

D1 *Beginn und Verlauf der Industrialisierung in verschiedenen Ländern*

Q2 *Die Fabrik als Arbeitsplatz beschreibt Alfons Thun im Jahr 1879:*

Eine der ältesten, aus den 1820er-Jahren stammende Fabrikanlage wird noch gegenwärtig in Aachen benutzt; ich bin zurückgetaumelt, als mir die staubige, stinkende, heiße Luft aus den niedrigen Räumen durch die Tür entgegenströmte. Vielfach wurden auch alte Klöster, Schlösser und sonstige Baulichkeiten zu Werkstätten eingerichtet. In den Wollspinnereien war die Staubentwicklung noch die geringste, weil das Material geölt wurde, am größten und am gefürchtetsten war sie in den Baumwollspinnereien. Man bedenke nur, dass die damaligen Wölfe, in welchen die Baumwolle durch rasche Umdrehung zerfasert und gereinigt wird, ohne Umhüllung und Abzugsventilation waren. Der Lärm war so entsetzlich, dass kein Wort vernommen wurde.

Q3 *Deutschland als Industriestaat aus der Sicht eines französischen Besuchers (1915):*

Zu Beginn des 20. Jahrhunderts lebten von 67 Millionen Deutschen kaum 17 Millionen von der Landwirtschaft. Jedes Jahr kehrten zahllose Bauern dem Lande den Rücken und strömten in die riesigen Fabriken. Die Städte wuchsen ganz im amerikanischen Tempo, und 45 davon hatten bereits zu jener Zeit mehr als 100 000 Einwohner; ganze Armeen von Arbeitern stellten sich unter das Kommando der Industriekapitäne – 15 000 bei Mannesmann, mehr als 30 000 bei Thyssen und 73 000 in den verschiedenen Werken Krupps.

Q4 *Spulenwickeln in der Kleinmotorenfabrik AEG* (Allgemeine Elektrizitätsgesellschaft) in Berlin-Wedding (Foto, 1906). – Wie hat sich die industrielle Produktion seitdem verändert?

Q5 *Arthur Wilke schreibt 1893 in seinem Buch „Die Elektrizität“:*

Es ist noch nicht lange her, da nannte man unsere Zeit das „Jahrhundert des Dampfes“. Mit Recht, denn die Dampfmaschine hat die modernen Erwerbs- und Verkehrsverhältnisse gestaltet. Kaum ist der „Dampf“ zu voller Kraft herangewachsen, da will ihn jemand verdrängen, die „Elektrizität“. Nicht mehr das „Jahrhundert des Dampfes“, nein das „Zeitalter der Elektrizität“ ist angebrochen. Die Elektrizität hat eine sehr viel größere Unabhängigkeit. Brauchen wir Licht? Die Elektrizität spendet es. In der Elektrizität besitzen wir jede benötigte Energieform: bewegende Kraft, Licht, Wärme usw.

D2 *Öffentliche Ausgaben in Deutschland für Schulen*

Jahr	1860	1880	1900
Ausgaben in Mill. Mark	97	281	641

1. *Zeige anhand von VT, Q3–Q5, wie Deutschland zum Industrieland wurde. Welche Wirtschaftsbereiche spielten dabei eine große Rolle?*
2. *Vergleiche die industrielle Entwicklung in Großbritannien und Deutschland. Erkläre die Unterschiede (VT, D1).*
3. *Rauchende Schornsteine wurden im 19. Jahrhundert als Zeichen des Fortschritts gesehen (Q1). Wie wirken sie heute auf uns?*
4. *Erkläre, was sich der Staat vom Ausbau des Schulwesens erhoffte (VT, D2). Auch heute wird oft über eine bessere Schulausbildung diskutiert. Warum ist das Thema immer noch wichtig?*

5 Methode
Statistiken auswerten

Statistiken als historische Quelle
In der zweiten Hälfte des 19. Jahrhunderts begann man damit, Zahlen über die verschiedensten wirtschaftlichen und gesellschaftlichen Bereiche zu sammeln, etwa über Produktionsergebnisse, Ein- und Ausfuhren, Preise und Löhne, Familiengrößen und anderes mehr. Solche Zahlenreihen nennen wir Statistiken. Sie sind für uns wichtige Geschichtsquellen.

Die Industrialisierung in Statistiken
Die industrielle Revolution und die nachfolgenden technischen und wirtschaftlichen Entwicklungen veränderten das Leben vieler Menschen erheblich. Es gibt zahlreiche Zeugnisse dafür, dass die betroffenen Handwerker, Landarbeiter, Bergleute und Fabrikarbeiter diesen Wandel sehr deutlich wahrgenommen haben. Da einzelne Berichte aber immer nur einen kleinen Ausschnitt der Wirklichkeit wiedergeben, ist es problematisch, aus ihnen größere Zusammenhänge und Entwicklungen abzuleiten. Dazu braucht man statistisches Material.

Vorsicht, Falle!
Wer aus den Zahlenangaben die gewünschten Informationen erhalten will, muss die Tabellen und Schaubilder (Diagramme) allerdings richtig „lesen" und kritisch hinterfragen. Dies gilt sowohl für die Zahlen selbst als auch für die Darstellungsform. Gerade Daten zu sozialen oder wirtschaftlichen Fragen werden häufig mit dem Ziel zusammengestellt, einen ganz bestimmten Eindruck zu erwecken. Um statistische Angaben richtig auszuwerten und eine mögliche „Manipulation" zu durchschauen, solltest du die Hinweise und Arbeitsschritte auf dieser Doppelseite beachten.

D1 *Stärken und Schwächen unterschiedlicher Darstellungsformen:*

	⊕	⊖
Zahlentabellen	Bieten die größte Genauigkeit, da sie exakte Zahlenangaben liefern.	Sind nicht so übersichtlich und einprägsam wie Schaubilder.
Säulendiagramme 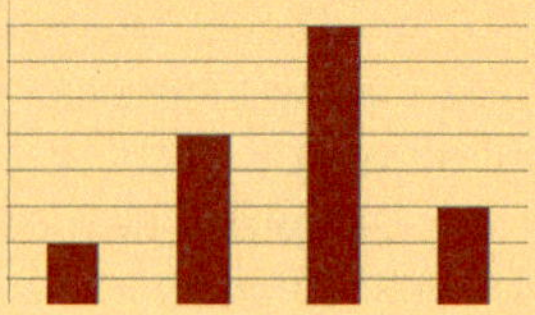	Eignen sich besonders zum Vergleich von Mengenangaben zu einem ganz bestimmten Zeitpunkt.	Die Wahl der Maßeinheiten beeinflusst, wie die Zahlen und Größenunterschiede wirken.
Kurvendiagramme 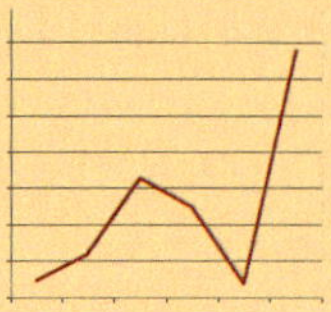	Verschaffen einen raschen Überblick; Entwicklungen lassen sich gut und schnell ablesen.	Der Maßstab kann über die wirkliche Größe der Änderungen täuschen.
Kreisdiagramme („Tortendiagramme") 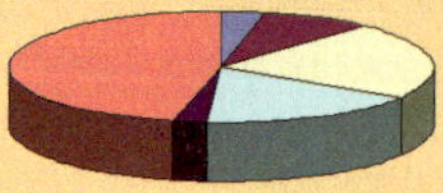	Eignen sich besonders gut, um Prozentwerte darzustellen.	Je mehr Angaben Kreisdiagramme enthalten, desto unübersichtlicher werden sie.

Realeinkommen
Gibt an, wie viel man für seinen Lohn kaufen kann. Wenn z. B. ein Arbeiter 4 % mehr Lohn erhält, die Lebenshaltungskosten aber um 3 % steigen, beträgt die Lohnsteigerung real nur 1 %. Lohnentwicklungen lassen sich also nur sinnvoll beurteilen, wenn man die Kaufkraft der Löhne berücksichtigt. Um vergleichen zu können, wird die Kaufkraft in einem bestimmten Jahr als Basis mit 100 Punkten angesetzt („Index").

Jahr	in Mark (Geldwert von 1913)	Index (1913=100)
1810	618	58
1820	698	64
1830	565	53
1840	618	57
1850	696	64
1860	639	60
1870	706	65
1880	634	58
1890	793	73
1900	945	87
1910	999	92
1913	1083	100

D2 *Jährliche Realeinkommen von Handwerksgesellen und Industriearbeitern in Deutschland, 1810–1913*

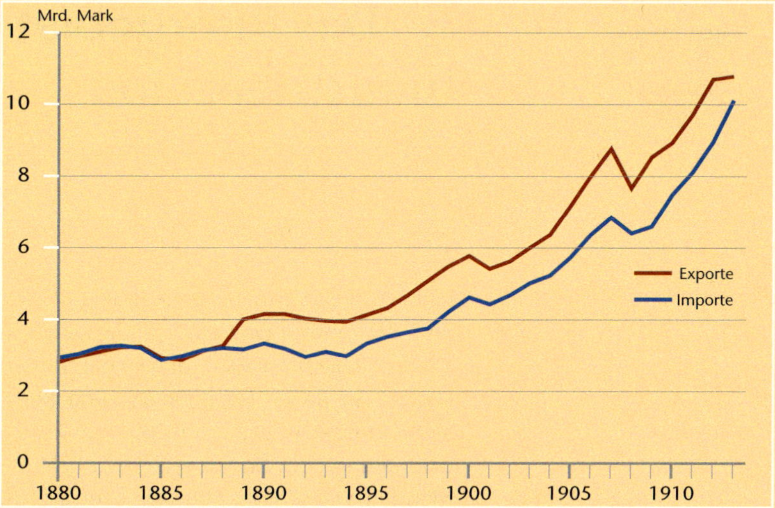

D3 *Der Außenhandel Deutschlands von 1880 bis 1913 in den jeweils aktuellen Preisen*

Jahr	Land- und Forstwirtschaft, Fischerei	Industrie und Handwerk	Dienstleistung	Beschäftigte insgesamt in Millionen
1800	62	21	17	10,5
1825	59	22	19	12,6
1850	55	24	21	15,8
1875	49	30	21	18,6
1900	38	37	25	25,5

D4 *Beschäftigte in den drei Wirtschaftsbereichen, 1800–1900 (in Prozent)*

Methodische Arbeitsschritte

1. Thema erfassen:
   - Um welchen Sachverhalt geht es? (Meistens steht es in der Überschrift oder in der Legende.)
   - Welchen Zeitraum umfassen die Zahlenangaben?
2. Inhalt und Darstellungsform beschreiben:
   - Wie wird das statistische Material dargestellt: als Tabelle oder Grafik, in absoluten Zahlen oder in Prozentangaben?
   - Sind die Zahlen übersichtlich zusammengestellt und vollständig (Maßstab, Datenmenge)?
3. Statistik auswerten:
   - Was sagen die angegebenen Daten genau aus?
   - Lassen sich Entwicklungen ablesen?
   - Gibt es Zusammenhänge mit anderen Informationen oder Materialien?
   - Inwiefern hat die Statistik neue Erkenntnisse hervorgebracht?
4. Statistik kritisch betrachten:
   - Beruhen die Zahlen auf Schätzungen oder auf genauen Zählungen?
   - Gibt es Zweifel am Wahrheitsgehalt der Aussagen?

1 Vergleiche die Entwicklungen in den drei Wirtschaftsbereichen miteinander (D4). Worauf sind die Veränderungen zurückzuführen? Erstelle zu den Jahren 1800 und 1900 zwei Kreisdiagramme.

2 Wie haben sich die Einkommen von Arbeitern zwischen 1810 und 1913 verändert (D2, Lexikon)? Veranschauliche die Entwicklung der Realeinkommen durch ein Säulendiagramm und eine Kurve. Wo ist die Entwicklung besser abzulesen?

3 Welchen Eindruck vermittelt die Statistik zum deutschen Außenhandel (D3)? Inwiefern verändert sich der gewonnene Eindruck, wenn man die Abstände zwischen den Jahreszahlen verdoppelt bzw. halbiert?

6 Das Ruhrgebiet wird zur größten Industrieregion

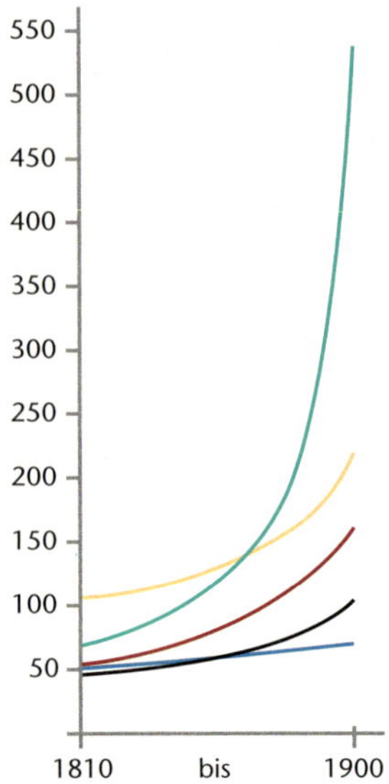

D1 *Bevölkerungsdichte (Einwohner pro km²):* Ruhrgebiet (grün), Deutsches Reich (schwarz), Großbritannien (rot), Belgien (gelb), Frankreich (blau)

D2 *Bergbau und Industrie im Ruhrgebiet zwischen 1800 und 1900*

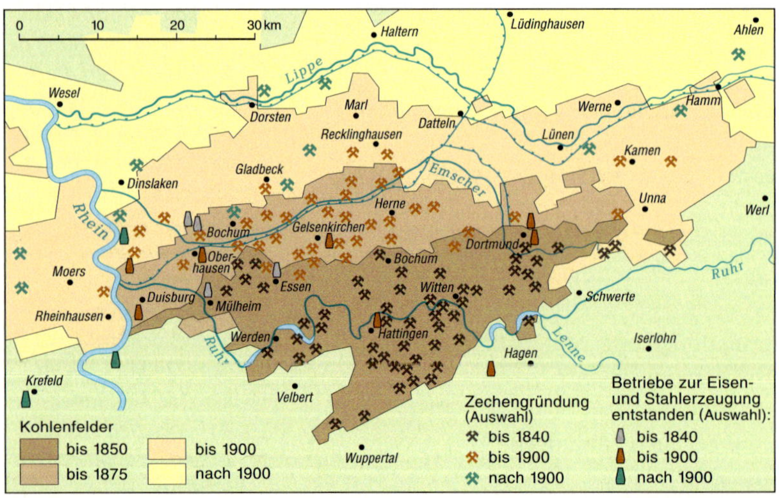

Aufstieg durch Kohle

Bereits im Mittelalter hatte man im Ruhrtal in offenen Gruben Kohle abgebaut. Seit dem 16. Jahrhundert erfolgte dies auch in kleinen Schachtanlagen, den so genannten „Pütts", in denen weniger als zehn Bergleute arbeiteten. Doch im Zuge der Industrialisierung benötigte man immer größere Mengen von Kohle. Die Kohlevorräte im südlichen Ruhrgebiet waren bald erschöpft. Im Norden der Region wusste man zwar von noch größeren Vorkommen im Boden, doch diese lagen in viel größerer Tiefe. Neue Techniken waren also erforderlich, um hier die Kohle abzubauen.

Erst 1839, auf der Zeche „Kronprinz" in Essen, gelang es den Bergleuten, einen so tiefen Stollen zu graben, dass man die so genannte Fettkohle fördern konnte. Diese wurde dann zu Koks weiterverarbeitet, mit dem sich Eisenerz schmelzen ließ. Indem man Dampfmaschinen beim Schachtbau, bei der Förderung und beim Abpumpen des Grundwassers einsetzte, gelang es, immer tiefere Stollen zu graben. 1849 ging in Mülheim der erste Kokshochofen in Betrieb. Damit begann die Eisen- und Stahlindustrie im Ruhrgebiet.

Auf ins Ruhrgebiet!

Da die neu gegründeten Fabriken überwiegend auf Kohle und Eisen angewiesen waren, mussten ständig neue Bergwerke erschlossen werden. Auf diese Weise fanden immer mehr Menschen im Ruhrgebiet Arbeit. Doch schon bald reichten die Arbeitskräfte, die aus der näheren Umgebung zuwanderten, nicht mehr aus. Deshalb schickten die Farbrikanten und Bergwerksbetreiber Anwerber aus.

Diese bemühten sich zunächst, qualifizierte Arbeiter und Fachleute aus den schon bestehenden Bergbaurevieren im Harz und in Schlesien ins Ruhrgebiet zu holen. Besonders erfolgreich waren die Anwerber aber in den östlichen Provinzen, wo viele Bauernfamilien in Armut lebten. Hunderttausende verließen ihre Heimat und zogen ins Ruhrgebiet – nicht nur Deutsche, sondern auch mehr als 500 000 Polen. Lebten 1816 noch ungefähr 220 000 Menschen in dem Gebiet zwischen Ruhr und Lippe, waren es um 1900 knapp zweieinhalb Millionen.

Erste Gussstahlfabrik in Essen

1811 gründete der Schmiedemeister Friedrich Krupp in Essen eine Fabrik zur Produktion von Gussstahl. 1816 gelang es den Arbeitern, eine größere Menge Gussstahl herzustellen, der mit der Qualität der englischen Produkte zu vergleichen war.

Als Alfred Krupp 1826 die Fabrik von seinem Vater übernahm, hatte die Firma sieben Beschäftigte. Doch 1852 meldete Krupp ein Patent an, das zum großen Aufstieg der Firma führte: Es war Krupp gelungen, Eisenbahnräder ohne Schweißnähte, die früher oft zu Radbrüchen geführt hatten, herzustellen. Bereits 1884 waren mehr als 10 000 Menschen in der Stahlfabrik beschäftigt. Das Werksgelände mit den Wohnsiedlungen und Versorgungseinrichtungen war größer als das Gebiet der Stadt Essen.

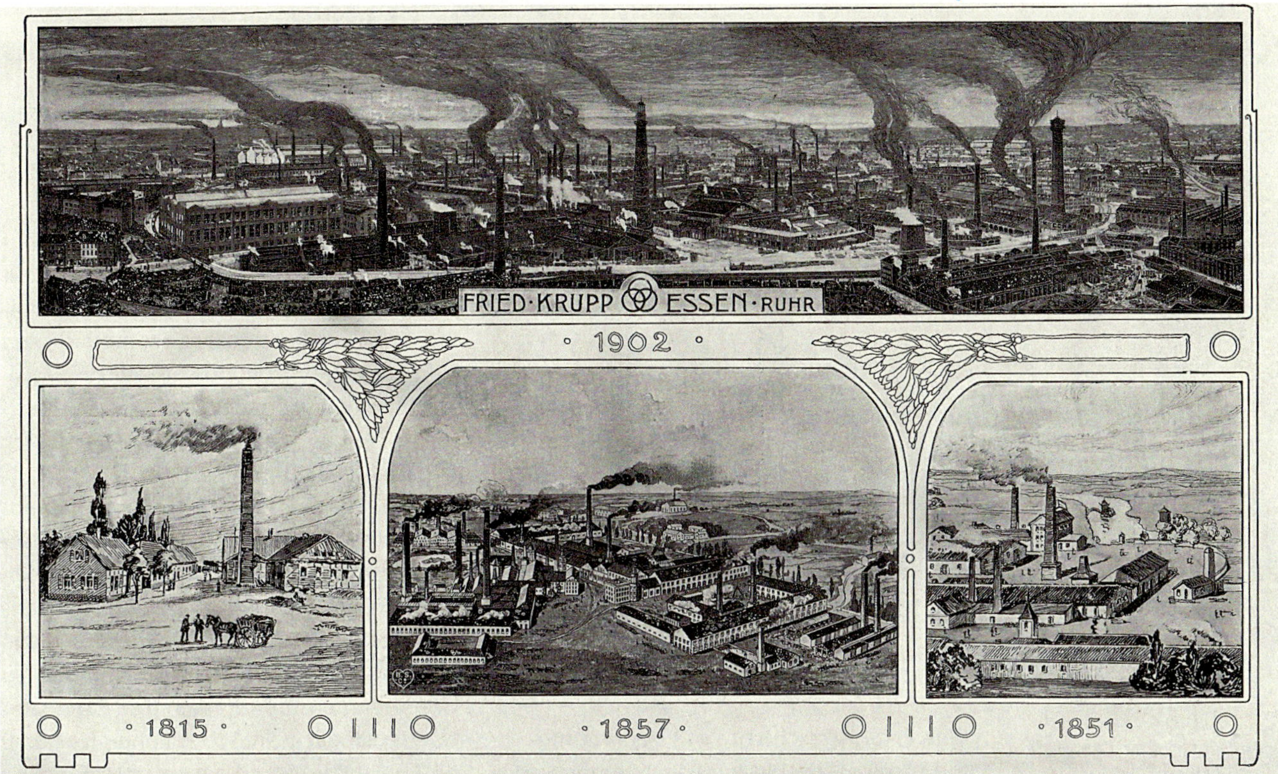

Q1 *Entwicklung der Gussstahlfabrik Krupp in Essen* (Bildtafel aus der Biografie „Friedrich Alfred Krupp und sein Werk“ von Tony Kellen, 1904). Das Firmenzeichen mit den drei verschlungenen Ringen erinnert noch heute an Krupps Erfindung von neuartigen Eisenbahnrädern.

Q2 *Nach einer Reise durch das Ruhrtal schilderte F. J. Pielert seine Eindrücke über die Industrieanlagen von Krupp:*

Man sieht durch die offenen Eingänge hier und da in die Feuer der 60 bis 70 Schornsteine, deren Kamine hoch in die Luft aufragen, hört das Sausen und Brausen der Räder und Walzen und den Donner von hundert größeren und kleineren Hämmern. Gegen 300 Dampfmaschinen sollen da ihre Kraft aufbieten, der tägliche Verbrauch an Kohlen soll über 2500 Tonnen betragen. Rund um das Werk und bis in die Mitte läuft eine eigene Eisenbahn, die mit der Rheinischen, der Bergischen und der Köln-Mindener (Bahn) in Verbindung steht.

D3 *Größe der Gussstahlfabrik Krupp, Essen:*

1819	1 268 m²	1873	355 000 m²
1848	4 665 m²	1887	420 000 m²
1853	11 512 m²	1902	682 400 m²
1861	55 000 m²	1912	938 900 m²

Q3 *Das gesamte Kruppwerk stellte Dietrich Baedeker vor, der auch eine Lebensbeschreibung von Krupp verfasste:*

1195 Öfen, 92 Dampfhämmer, 21 Walzstraßen, 73 km Eisenbahnschienen mit 28 Lokomotiven, 992 Waggons, 31 Telegrafenstationen und 140 km Telefonleitungen befinden sich auf dem Werksgelände der Gussstahlfabrik. In unmittelbarer Nähe zu den Industrieanlagen liegen mehrere Wohnsiedlungen, in denen rund 30 000 Menschen leben, nur Beschäftigte der Krupp'schen Fabrik mit ihren Familien. Die Mieten liegen bei 8 Mark pro Monat. Der durchschnittliche Tageslohn eines Arbeiters beträgt 3,55 Mark. Den Bewohnern der Siedlung stehen werkseigene Schulen, Märkte, Gas- und Wasserversorgungseinrichtungen sowie eine Badeanstalt zur Verfügung. Auch die Versorgung mit Lebensmitteln geschieht über die Krupp'sche Konsumanstalt.

Zeitreise multimedial – Das lange 19. Jahrhundert: Wirtschaft – „Industrialisierung in Deutschland“

1. *Schildere mit eigenen Worten, wie das Ruhrgebiet zum größten Industriegebiet Europas wurde (VT, D1, D2).*
2. *Beschreibe die Entwicklung der Gussstahlfabrik Krupp anhand von Q1, Q2 und D3. Nenne Gründe dafür, wie aus dem kleinen Werk ein großes Industrieunternehmen wurde.*
3. *Überlege, warum die Beschäftigten von Krupp eigene Wohnsiedlungen erhielten (Q3).*

7 Industrialisierung in Hessen

Q1 *Die erste Henschel-Lokomotive, der „Drache“,* wurde 1848 in Kassel hergestellt. – Welche Rolle spielte die Eisenbahn bei der Industrialisierung?

Eine Erfolgsgeschichte mit Verspätung

In Hessen setzte die Industrialisierung verspätet ein. Geringe Rohstoffvorkommen und fehlende vorindustrielle Gewerbezentren wirkten sich hemmend aus. Es überwog die Landwirtschaft und viele Menschen wanderten von Hunger und Armut getrieben in die USA oder ins Ruhrgebiet aus. In der zweiten Hälfte des 19. Jahrhunderts entstanden dann auch in Hessen industriell geprägte Regionen.

Entwicklung in Mittel- und Nordhessen

An Lahn und Dill wurden vor allem Eisenerze abgebaut. Hier war es die alteingesessene Firma Buderus, die zum bedeutendsten Betrieb der Eisenherstellung aufstieg. Wichtige Produktionsstandorte waren Wetzlar, Herborn und Dillenburg. Auch die optische Industrie schuf in der Folgezeit viele Arbeitsplätze im Raum Wetzlar. In Kassel erkannte der Unternehmer Henschel die Zeichen der Zeit und begann ab 1848 im väterlichen Betrieb mit der Produktion von Lokomotiven und Waggons. Henschel wurde zur Weltmarke. Allein in Deutschland stammten 1914 ein Drittel aller Lokomotiven von Henschel. Die Textilindustrie stellte in Nordhessen einen weiteren Schwerpunkt dar.

Die Rhein-Main-Region

Die Rhein-Main-Region stieg rasant vom ehemaligen Entwicklungsland zu einer der fortgeschrittensten Industrieregionen Deutschlands auf. Ein schneller Ausbau des Eisenbahnnetzes und die günstige Lage an zwei großen Wasserstraßen führten zu Unternehmensgründungen. Die Eisenbahn bot die Möglichkeit, schnell und preisgünstig Rohstoffe und Arbeiter zu den Fabriken sowie fertige Produkte zu den Kunden zu transportieren. Frankfurt wurde zum Eisenbahnknotenpunkt und ermöglichte als Banken- und Börsenplatz den Unternehmern schnellen Zugang zum Startkapital für Firmengründungen. Das Großherzogtum Darmstadt und das Königreich Preußen förderten die Industrialisierung, indem sie die Gewerbefreiheit einführten und alle Binnenzölle abschafften. Überregionale Bedeutung besaßen die chemische Industrie, der Fahrzeugbau und der Maschinenbau.

Kehrseite der Industrialisierung

Die Industrialisierung veränderte das Zusammenleben der Menschen gewaltig. Durch ein rasantes Bevölkerungswachstum entstanden Ballungszentren. Große soziale Unterschiede bestanden zwischen Unternehmern und Arbeitern. Während die Arbeiterfamilien in kleinen, schmutzigen und dunklen Wohnungen ihr Dasein fristeten, lebten die Unternehmer in Fabriknähe in großen Villen. Schlechte Arbeitsbedingungen in Form von langen Arbeitszeiten, schlechter Bezahlung und geringer Arbeitssicherheit herrschten lange Zeit vor.

D1 *Die Rhein-Main-Region im industriellen Wandel: Veränderungen von 1875 bis 1907*

Jahr	Bestand an Dampfmaschinen	Bevölkerungszahl	Anzahl an Betrieben	Beschäftigte
um 1875	943	364 947	25 479	81 267
um 1907	2969	986 561	32 110	198 814

D2 *Tatkraft, Mut und Risikofreudigkeit einzelner Unternehmer führten zu Erfolgsgeschichten. Einige hessische Beispiele:*

Henschel (Kassel): Am 18. August 1848 wird die erste Lokomotive, der Drache, der interessierten Öffentlichkeit vorgestellt und fährt stolze 48 km/h.

Opel (Rüsselsheim): 1862 gründet Adam Opel das Unternehmen von Weltruf, das zuerst Nähmaschinen sowie Fahrräder produziert und bis heute Autos herstellt.

Adler (Frankfurt): 1886 in Frankfurt gegründetes Unternehmen, das lange Jahre Fahrräder, Motorräder und Autos sowie Büromaschinen (Adler-Triumph) herstellt.

Leitz (Wetzlar): 1869 gründet Ernst Leitz in Wetzlar ein Unternehmen, das Mikroskope und später die weltberühmte Leicakamera herstellt.

Merck (Darmstadt): 1887 gründet das seit 1668 bestehende Familienunternehmen, tätig in den Branchen Chemie und Pharmazie, eine Niederlassung in New York.

Buderus (Wetzlar): Das seit 1731 bestehende Familienunternehmen besitzt 1883 alle Eisenhütten an der Lahn.

Hoechst (Frankfurt-Hoechst): 1863 wird das spätere Weltunternehmen Hoechst als Teerfarbenfabrik Meister, Lucius & Co. im heutigen Stadtteil Hoechst gegründet.

Q2 *Die der SPD nahestehende Zeitung „Hessischer Volksfreund" aus Höchst berichtet 1911 über die Zustände in den Veithwerken in Sandbach im Odenwald:*

Höchst, 1. April. In der nahe liegenden Gummifabrik herrschen zurzeit Zustände, die es verdienten der Öffentlichkeit preisgegeben zu werden. Hier müssen die Arbeiter manchmal 24 Stunden und noch länger in einer Tour arbeiten; machen sie es nicht, werden sie vors Tor gejagt. Für Sonntags- und Nachtarbeit wird kein Aufschlag bezahlt. Obwohl nahezu 200 Arbeiter und Arbeiterinnen beschäftigt sind, ist noch nicht einmal ein Speiseraum vorhanden. Es war wohl im Bau ein Speisesaal vorgesehen, nun wurde aber eine Schreinerwerkstätte daraus gemacht, und die Arbeiter müssen sich damit begnügen, in ihren übel riechenden Arbeitsräumen ihr Brot zu essen. Hieraus geht hervor, dass seitens der Gewerbeinspektion nichts getan wird. Die Senkgruben des abgebenden Dampfes, sind noch nicht einmal mit einem Deckel versehen, und ist ein junger Arbeiter, der unlängst in einen derselben getreten ist, bis heute noch nicht geheilt.

1 *Erläutere, welche Faktoren die Industrialisierung in Hessen hemmten und welche sie förderten (VT).*

2 *Betrachte Q3: Was lässt sich aus dem Bild über die Arbeitsabläufe in der Fahrradfabrik herauslesen?*

3 *Bei den Veithwerken wird gestreikt (Q2). Verfasse ein Streitgespräch zwischen dem Unternehmer, Herrn Veith, und seinen Arbeitern. Zu welchen Lösungen kommst du?*

4 *Berechne anhand D1 die prozentualen Veränderungen zwischen 1875 und 1907. Was fällt dir auf?*

5 *Informiere dich über ein großes Unternehmen/ einen wichtigen Erfinder aus deiner Nähe. Erstelle ein Plakat mit einem historischen Steckbrief des Unternehmens/ des Erfinders.*

Q3 *Opelarbeiter aus der Fahrradproduktion, 1902*

8 Die Industrialisierung bringt Probleme

Rauchende Fabrikschlote
Fabriken, Stahlwerke und Bergbauzechen brachten Fortschritt und Wohlstand, aber sie hatten auch bis dahin ungeahnte Folgen für Menschen und Natur: Die Kohle, die verheizt wurde, und der Koks in den Hochöfen setzten Ruß, Rauch und giftige Abgase frei. Darunter litten vor allem die Arbeiter und ärmeren Leute, denn ihre Wohnviertel lagen meistens in direkter Nähe der Fabriken. Hinzu kam, dass die Abwässer aus den Fabriken, sogar aus den Chemiebetrieben, direkt in die Flüsse geleitet wurden, denn die Gewässer galten noch lange Zeit als „natürliche" Entsorgungswege.

Dunkle Wohnungen
Die meisten Arbeiterfamilien lebten in Mietskasernen. Aber die Wohnungsnot war groß, denn die Städte waren auf den großen Zuzug von Arbeitssuchenden nicht eingerichtet. Es fehlte an allem: Oft standen für die Bewohner eines Wohnblocks nur drei oder vier stinkende Toiletten bereit. Da die Brunnen nicht ausreichten und es auch keine Wasserleitungen gab, mussten die Menschen ihr Wasser zum Trinken, Kochen, Putzen und Waschen aus den nahen Flüssen schöpfen. Müll, Unrat und Abwässer verschmutzten die Straßen und Hinterhöfe, sodass sich Ungeziefer, Ratten und Krankheiten ausbreiteten und Seuchen drohten.

Q1 *Bergleute beim Erneuern des Stollenausbaus* (Foto, um 1890)

Schwere Arbeit ...
Die Arbeit im Schacht war anstrengend und gefährlich: Die Temperatur betrug in einer Tiefe von 600 Metern etwa 30° C. Oft mussten die Bergleute kriechend oder gebückt und bei hoher Luftfeuchtigkeit arbeiten. Obwohl seit 1859 eine Achtstundenschicht für Bergleute festgeschrieben war, wurde in den Zechen länger gearbeitet. Zehn bis elf Stunden reine Arbeitszeit waren die Regel. Die Anfahrtswege im Kohlenschacht, die Ausgabe der Werkzeuge und Grubenlampen, das Umziehen und Waschen nach der Arbeit wurden nicht auf die Schichtzeit angerechnet.
Auch in den Fabriken arbeiteten Männer, Frauen und Kinder unter schwersten Bedingungen: Hitze, Lärm und Ruß, die ständig gebückte Haltung sowie die langen Arbeitszeiten belasteten die Menschen und führten zu Gelenkschmerzen und Atemwegserkrankungen. Auch passierten nicht selten Unfälle an den Maschinen, von denen manche Arbeiter schwere Verletzungen oder sogar bleibende Schäden davontrugen.

... und schlechtes Essen
Mitte des 19. Jahrhunderts kam es zu zahlreichen Missernten. Die Lebensmittelpreise stiegen auf das Drei- bis Vierfache, die Löhne aber blieben ungefähr gleich. Bis zu 70 % des Einkommens musste eine Arbeiterfamilie für Nahrungsmittel ausgeben. Das Essen einfacher Arbeiterfamilien bestand vor allem aus Kartoffeln mit Gemüse – Bohnen, Erbsen, Sauerkraut und Rüben – sowie aus Roggenbrot mit Milch; Fleisch und Speck konnten sie sich nur selten leisten.

Q2 *In vielen Großstädten ging es Arbeiterfamilien so wie der Familie Dahlström – ein Bericht von 1843:*

Herr Dahlström hat in einer Fabrik gearbeitet. Seit fünf Jahren leidet er an chronischem Katarrh und Augenschwäche. Seine Beschwerden sind so stark, dass er nicht mehr arbeiten kann. Die feuchte Kellerwohnung wirkt sich nachteilig auf seinen Gesundheitszustand aus. (…) Sein zehnjähriger Sohn geht zur Schule oder passt auf seinen zweijährigen Bruder auf. Frau Dahlström sucht in der Stadt nach Knochen, die sie sammelt und dann verkauft. (…) Den anderen kleinen Kindern dient ein Strohsack als Bett. Auf den Tisch kommt morgens ein wenig trockenes Brot, mittags gewöhnlich nichts. Abends Brot und Hering oder Mehlsuppe.

Q3 *Helga Jungblut aus Oberhausen lebte von 1924 bis 1999. Sie erinnert sich an die Schilderungen ihrer Großmutter. Diese erzählte:*

Ich hatte immer Angst, die Angst wird man nicht los. Meine Brüder und ich waren Bergmannskinder. Mein Vater und auch dessen Brüder arbeiteten auf der Zeche Radbod in Hamm. Wenn sie zur Schicht gingen, wünschten wir ihnen immer „Glück auf!" und hofften, dass sie gesund wiederkommen. Ich weiß noch ganz genau, dass ich oft aus dem Fenster schaute, wenn ihre Schicht beendet war und sie nach Hause kommen mussten. Aber im November 1908 passierte ein Unglück. Es gab eine Explosion und Feuer breitete sich in den Untertageanlagen der Zeche aus. Über 340 Bergleute starben, darunter auch mein Onkel. Als Brandursache vermutete man eine defekte Benzinsicherheitslampe. Als eine Folge dieser Katastrophe wurden elektrische Sicherheitslampen vorgeschrieben. Jedoch die Angst blieb.

D1 *Ein Bergarbeiter verdiente 1867 im Monat etwa 16 Taler (1 Taler = 30 Silbergroschen = 360 Pfennig). Kosten für eine 4-köpfige Familie pro Tag:*

Miete	3 S	9 Pf
5 Pfd. Brot	4 S	10 Pf
6 Pfd. Kartoffeln	3 S	4 Pf
$\frac{1}{2}$ Pfd. Fleisch	4 S	3 Pf
$\frac{1}{6}$ Pfd. Butter	2 S	
$\frac{1}{10}$ l Salz		1 Pf
Kaffee		9 Pf
Milch/ Zucker		5 Pf
Öl/ Seife	1 S	5 Pf

Licht, Heizung, Kleidung, Schulgeld, Steuern sind nicht eingerechnet.

1. *Schildere mit eigenen Worten die Gefahren, denen die Menschen während ihrer täglichen Arbeit ausgesetzt waren (Q1, Q3, Q4).*
2. *Beschreibe die Lebensumstände einer Arbeiterfamilie (VT, Q2, Q3).*
3. *Rechne aus, wie viele Tage der Lohn eines Bergarbeiters reichte (D1). Stelle das Ergebnis mit Hilfe eines Kreisdiagramms dar (S. 78). Nutze dafür ein geeignetes Computerprogramm wie z. B. Excel.*
4. *Betrachte das Gemälde Q4 genau. Was ist passiert? Wie verhalten sich die verschiedenen Personen? Bringe die Menschen zum Sprechen, indem du das Bild auf einer Kopie mit Sprech- und Denkblasen versiehst.*

Q4 *Unfall in einer Maschinenfabrik* (Gemälde von Johann Bahr, 1889)

9 Kinder und Jugendliche im Industriezeitalter

Q1 *Kinder und Jugendliche bei der Arbeit in der Buntpapierfabrik in Aschaffenburg (1858)*

Kinder arbeiten wie Erwachsene

Jungen und Mädchen mussten seit Jahrzehnten auf den Bauernhöfen und in den Werkstätten ihrer Eltern mitarbeiten. Sie waren meist für leichte und einfache Arbeiten zuständig. Das änderte sich im Industriezeitalter. Viele Fabrikbesitzer stellten gerne Kinder ein, denn auch sie konnten die Maschinen bedienen, mussten genauso lange wie Erwachsene arbeiten, bekamen aber einen viel geringeren Lohn. Tausende von Kindern, manche kaum älter als zehn Jahre, arbeiteten am Tag zwölf und mehr Stunden. Die Pausen waren kurz, wer zu spät kam oder fehlte, wurde bestraft oder einfach entlassen. Besonders hart waren die Bedingungen im Bergbau. Kinder, die hier arbeiteten, bekamen wochenlang die Sonne nicht zu sehen, sie wurden krank und viele starben schon sehr früh.

Den Eltern blieb aber meist keine andere Wahl, als ihre Kinder zur Arbeit zu schicken. Denn schließlich mussten alle Familienmitglieder Geld verdienen, um die notwendigsten Lebensmittel kaufen zu können.

Q2 *Kinderarbeit in einer Teppichwerkstatt im heutigen Indien*

Gesetze regeln Kinderarbeit

Als man feststellte, dass Jugendliche durch ihre Arbeit oft für den Militärdienst untauglich wurden, erließ der Staat Gesetze. Seit 1839 durften in Preußen Kinder unter zehn Jahren nicht mehr in Fabriken arbeiten. 1853 wurde die Altersgrenze auf zwölf Jahre, 1891 auf 14 Jahre angehoben. Doch viele Fabrikherren versuchten, diese Vorschriften zu umgehen und Kinder länger oder früher für sich arbeiten zu lassen als erlaubt.

Kinderarbeit – Geschichte?

Im Mai 2004 fand in Berlin der dritte Aktionstag gegen Kinderarbeit statt. Die Kinderhilfswerke „terre des hommes" und UNICEF beklagten, dass mehr als 200 Millionen Kinder unter 15 Jahren als Schuhputzer, in der Landwirtschaft, in Steinbrüchen oder als Teppichknüpfer ausgebeutet werden. Allerdings sind Experten der Meinung, dass man Kinderarbeit nicht so einfach „abschaffen" kann. Die Not in manchen Ländern ist so groß, dass viele Familien ohne den Verdienst der Kinder nicht überleben könnten.

Q3 *Adelheid Popp berichtet über ihre Erlebnisse als Zwölfjährige:*

Ich wurde in einer Werkstätte aufgenommen, wo ich Tücher häkeln lernte; bei zwölfstündiger fleißiger Arbeit verdiente ich 20 bis 25 Kreuzer im Tage. Wenn ich noch Arbeit für die Nacht nach Hause mitnahm, so wurden es einige Kreuzer mehr. Wenn ich frühmorgens um 6 Uhr in die Arbeit laufen musste, dann schliefen andere Kinder meines Alters noch. Und wenn ich um 8 Uhr abends nach Hause eilte, dann gingen die anderen gut genährt und gepflegt zu Bette. Während ich gebückt bei meiner Arbeit saß und Masche an Masche reihte, spielten sie, gingen spazieren oder sie saßen in der Schule. Damals nahm ich mein Los als etwas Selbstverständliches hin, nur ein heißer Wunsch überkam mich immer wieder: mich nur einmal ausschlafen zu können.

Q4 *Der sozialistische Politiker Friedrich Engels wuchs in Wuppertal auf, wo sein Vater eine Textilfabrik besaß. Über Kinderarbeit schrieb er:*

Aber es herrscht ein schreckliches Elend unter den niederen Klassen, besonders bei den Fabrikarbeitern in Wuppertal. In Elberfeld allein werden von 2500 schulpflichtigen Kindern 1200 dem Unterricht entzogen und wachsen in den Fabriken auf, bloß damit der Fabrikherr nicht einem Erwachsenen, dessen Stelle sie vertreten, das Doppelte des Lohnes zu geben nötig hat, das er einem Kinde gibt. Die reichen Fabrikanten aber haben ein weites Gewissen, und ein Kind mehr oder weniger verkommen zu lassen, bringt keine Seele in die Hölle, besonders, wenn sie alle Sonntage zweimal in die Kirche geht.

Q5 *Der Bürgermeister von Ratingen sprach sich 1824 für Kinderarbeit aus:*

Die Kinder arbeiten zwölf Stunden. Die nicht in den Fabriken arbeiten, betteln. Die meist gehend oder stehend verrichtete Arbeit in luftigen Gebäuden erhält die Kinder gesund. Die nicht darin Arbeitenden sind krank vor Elend.

Q6 *Die erste Kinderschutzdebatte in Preußen (Rheinischer Provinziallandtag, 1837):*

a) Der Abgeordnete Suchard bemerkte:

(Kreisärzte) versicherten, wenn Kinder auch nur um zehn Stunden in der Höhle des Jammers eingesperrt würden und stets sich auf den Beinen befinden, um zu arbeiten, so erhielten besonders Mädchen Geschwülste und Auswüchse, die Beine schwänden und die Kinder welkten elendiglich dahin.

b) Der Abgeordnete von Baur entgegnete:

Die von Ihnen scharf beurteilten Fabrikanlagen, welche die Kinder beschäftigen, rufen den von Ihnen mit so viel Härte geschilderten Jammer nicht hervor, sondern mildern den bereits vorhandenen. Eine Überbevölkerung, welche der Ackerstand nicht zu beschäftigen weiß, strömt den Anstalten zu, wo Arbeit, wo Brot zu erwerben ist. (...) Sie beschimpfen, worum uns unsere östlichen Landsleute zu Recht beneiden. (...)
Ich pflichte Ihnen, meine Herren, vollkommen bei, dass die armen Kinder (...) unter den Schutz milder Gesetze gestellt werden, jedoch dürfen diese keine so großen Beschränkungen erhalten, (...) dass dadurch der Bestand unserer Industrieanlagen wegen der Konkurrenz des Auslandes unmöglich gemacht wird.

1 Beschreibe, zu welchen Arbeiten Kinder früher herangezogen wurden (VT, Q1, Q3, Q7). Vergleiche mit der Situation von Kinderarbeit heute (VT, Q2).

2 Schildere anhand des VT sowie Q3 und Q4 die Lage der Kinder im Industriezeitalter.

3 Wie argumentiert der Ratinger Bürgermeister (Q5)? Was würdest du ihm entgegnen?

4 Spielt die Debatte des Rheinischen Provinziallandtags von 1837 in der Klasse nach. Dabei müssen einige von euch die Rolle von Abgeordneten übernehmen und im Sinne der Fabrikanten argumentieren (Q6).

Q7 *Mädchen in Sonneberg (Thüringen) stellen in Heimarbeit Puppen her.*

10 Projekt
Kinderarbeit heute

Jedes Kind ist vor „Ausnutzung jeder Art geschützt". Kein Kind darf gezwungen werden, „einen Beruf oder (eine) Tätigkeit auszuüben, die seiner Gesundheit oder Erziehung schaden oder seine körperliche und geistige Entwicklung hemmen". So steht es in der UNO-Erklärung der Rechte der Kinder (vgl. Seite 18/19). Dass Kinder zur Zeit der Industrialisierung in Fabriken und Bergwerken als billige Arbeitskräfte ausgebeutet wurden, hast du schon erfahren. Aber auch heute schuften in den Entwicklungsländern schätzungsweise 200 Millionen in Bergwerken und Ziegeleien, in Textilfabriken und Färbereien, auf Baustellen und Plantagen. Sie knüpfen Teppiche für unsere Wohnzimmer, pflücken Kaffee und Kakao für unser Frühstück, biegen Draht für unser Spielzeug und verkaufen uns Souvenirs, wenn wir als Touristen in ihre Länder kommen.

Warum Kinder in manchen Teilen der Welt heute noch schwer arbeiten müssen und wie man ihnen helfen kann, damit könnt ihr euch in einem Projekt beschäftigen.

Ursachen aufzeigen

Wenn Familienväter in Indien ihre Schulden nicht mehr zurückzahlen können, verpfänden viele regelrecht ihre Kinder. Diese bleiben dann so lange in „Schuldknechtschaft", bis der Kredit zurückgezahlt ist, oft aber auch darüber hinaus. Diese modernen „Arbeitssklaven" werden neben der harten Arbeit häufig noch von ihren Arbeitgebern körperlich und seelisch misshandelt. In den stickigen Werkstätten müssen sie meist auch essen und schlafen.

Über Initiativen und Hilfsorganisationen berichten

RUGMARK hat das Ziel, illegale Kinderarbeit in der Teppichindustrie in Indien, Nepal und Pakistan abzuschaffen. In unangekündigten Kontrollen überprüfen RUGMARK-Inspektoren, dass Knüpfstuhlbesitzer keine Kinder unter 14 Jahren beschäftigen. In Rehabilitations- und Schulprogrammen werden Alternativen für ehemalige Kinderarbeiter und deren Familien geschaffen. Teppiche mit dem RUGMARK-Siegel wurden bisher über 2 Millionen Mal in Deutschland verkauft. Seit 1999 ist RUGMARK beim TransFair e.V. angesiedelt.

RUGMARK: Möbelhäuser engagieren sich gegen Kinderarbeit

Trotz der Krise im internationalen Teppichhandel wurden Teppiche im Wert von über 70 Millionen Euro auf dem deutschen Markt verkauft. Dies sind zwar 25 Prozent weniger als im Vorjahr, aber angesichts der dramatischen Rückgänge der Teppichimporte aus Indien und Nepal in Höhe von 35 Prozent ist es ein eher moderates Ergebnis. Mit Musterring, Domäne und Himolla hat RUGMARK neue Partner für den Kampf gegen illegale Kinderarbeit gefunden. RUGMARK-Kontrolleure konnten bisher über 2000 Fälle von illegaler Kinderarbeit aufdecken. Das einmalige Kontrollsystem drängt effektiv die Kinderarbeit im Teppichgürtel zurück.

(Mitteilung auf der Jahrespressekonferenz, 11. Juni 2003)

Stimmen zur Kinderarbeit sammeln

Angie Rocio Diaz Plazas aus Lateinamerika ist 16 Jahre alt und nahm am „Welttreffen arbeitender Kinder" 2004 in Berlin teil. Sie gab der „Süddeutschen Zeitung" (SZ) folgendes Interview:

SZ: Du hast wirklich schon mit fünf Jahren zu arbeiten begonnen?
A: Ja, ich habe Kinder gehütet, geputzt und Recycling gemacht.
SZ: Was heißt das, Recycling machen?
A: Ich habe Müll von der Straße eingesammelt und an Recyclingfirmen verkauft. Irgendwann habe ich damit aufgehört. Die Arbeitsbedingungen waren so schlecht, dass ich keine Lust mehr hatte. Als ich 13 Jahre alt war, habe ich mit drei Freundinnen eine Firma gegründet, in der wir Geschenkkarten herstellen. Als wir anfingen, hatten wir nichts, inzwischen haben wir wenigstens eine alte Maschine (…).
SZ: Gehst du auch noch zur Schule?
A: Ja, vormittags. Dreimal die Woche arbeite ich eben nachmittags. Ohne Arbeit könnte ich mir die Schule gar nicht leisten (…).
SZ: Sollte man Kinderarbeit nicht grundsätzlich verbieten?
A: Wovon sollen wir denn leben? Leuten, die Kinderarbeit verbieten wollen, will ich sagen: Schaut euch die Realität in unseren Ländern an! Wir können es uns nicht leisten, nicht zu arbeiten. Für uns Kinder ist nicht das Arbeiten an sich das Problem, sondern die schlechten Arbeitsbedingungen. Arbeitszeiten für Kinder sind fast immer zu lang, und Kinder werden schlecht bezahlt, weil Erwachsene denken, Kindern müsse man nicht viel geben.

TIPP

Bei diesen Organisationen findet ihr wertvolle Informationen zum Thema Kinderarbeit sowie zu Initiativen und Hilfsprojekten:

- *UNICEF Kinderhilfswerk der UNO (www.unicef.de)*
- *terre des hommes – Hilfe für Kinder in Not (www.tdh.de)*
- *Brot für die Welt – eine Aktion des Diakonischen Werks der Evangelischen Kirche in Deutschland (www.brot-fuer-die-welt.de)*
- *Werkstatt Ökonomie – Forum Kinderarbeit (www.forum-kinderarbeit.de)*
- *RUGMARK – Initiative gegen illegale Kinderarbeit in der Teppichindustrie (www.rugmark.de)*
- *TransFair – Verein für fairen Handel (www.transfair.org)*

Ein Einzelschicksal vorstellen

Carlos Barrera ist 13 Jahre alt und Grubenarbeiter in einem Kohlenbergwerk in Kolumbien, obwohl die Beschäftigung von Jugendlichen unter 16 Jahren in Schächten gesetzlich verboten ist. Carlos und seine „Arbeitskollegen" schlagen Kohle, beladen Loren oder Schubkarren und fahren sie unter größter Kraftanstrengung aus dem Berg. Zehn Stunden und länger arbeiten sie im schwarzen Staub für einen Hungerlohn.

„Kinderarbeit heute" – wir machen aufmerksam

1. Sammelt Material und Informationen zum Thema Kinderarbeit heute. Teilt das Thema am besten in folgende Bereiche auf:
   - Formen und Verbreitung von Kinderarbeit: Als was und in welchen Ländern arbeiten Kinder?
   - Ursachen von Kinderarbeit: Warum müssen Kinder arbeiten?
   - Initiativen und Projekte gegen Kinderarbeit: Welche Organisationen helfen? Welche Möglichkeiten gibt es, dass Kinder nicht arbeiten müssen?
   - Stimmen und Einzelschicksale: Was sagen betroffene Kinder und Jugendliche über ihr Leben und ihre Arbeit?
   - Aktiv werden: Was können wir selbst gegen Kinderarbeit in den Entwicklungsländern tun?
2. Teilt euch in Gruppen auf. Jede Gruppe bearbeitet einen der genannten Bereiche.
3. Präsentiert eure Ergebnisse auf einer Wandzeitung. Jede Gruppe sollte auch noch etwas zu ihrem Bereich berichten.
4. Diskutiert die Frage, ob man Kinderarbeit grundsätzlich verbieten sollte. Denkt dabei auch an die Lebensumstände der Kinder und ihrer Familien. Entwickelt Ideen oder findet Beispiele, wie man das Problem von Kinderarbeit angehen kann.

11 Arbeiter kämpfen für soziale Gerechtigkeit

Q1 *Der 1. Mai wurde 1889 zum „Kampftag der Arbeit" erklärt* und 1890 erstmals mit Massendemonstrationen begangen (Holzschnitt von 1896).

soziale Frage
Sammelbegriff für die sozialen Probleme, die mit der Industrialisierung entstanden: Kinderarbeit, lange Arbeitszeiten, schlechte Wohnverhältnisse sowie Verelendung der Arbeiterschicht.

Gewerkschaften
sind freiwillige Zusammenschlüsse der Arbeitnehmer. Sie vertreten gegenüber den Arbeitgebern die Interessen ihrer Mitglieder. 1914 gab es in Deutschland ca. 3 Mill. Gewerkschaftler.

Die soziale Frage brennt

Die meisten Fabrikbesitzer kümmerten sich wenig um das Los ihrer Arbeiter, waren doch genügend Menschen vor den Fabriktoren, die Arbeit suchten. So konnten die Unternehmer die Löhne, die ohnehin kaum zum Leben reichten, noch weiter senken. Wer krank oder alt wurde, die Arbeitszeiten nicht durchhielt, gegen die Vorarbeiter aufbegehrte oder aufgrund neuer Maschinen überflüssig wurde, wurde entlassen.

Aufstände und Streiks

Das Elend und die Not der Arbeiterfamilien entlud sich an manchen Orten in gewalttätigen Aktionen. In Schlesien erhoben sich 1844 über 3000 Weber. Mit ihren Webstühlen waren sie der maschinellen Konkurrenz hoffnungslos unterlegen und die Unternehmer kauften ihre Stoffe zu Hungerlöhnen auf. In einem Akt der Verzweiflung trieben die Weber die Fabrikanten aus deren Villen und Betrieben. Solche Aufstände blieben in Deutschland aber die Ausnahme. Vielmehr setzten die Arbeiter gewaltlose Streiks ein, um höhere Löhne und bessere Arbeitsbedingungen durchzusetzen.

Arbeiter organisieren sich

Allmählich erkannten die Arbeiter, dass sie gleiche Interessen hatten und alle zu einer Klasse gehörten: Tagsüber schufteten sie unter ähnlichen Bedingungen in den Fabriken und Bergwerken, nachts hausten sie in den gleichen elenden Wohnungen. Immer mehr Arbeiter schlossen sich in Vereinen zusammen, wo sie Erfahrungen austauschten, Aktionen vorbereiteten und Notkassen einrichteten. Die Arbeitervereine wurden so einflussreich, dass die Behörden 1869 das Streikverbot aufheben und Gewerkschaften zulassen mussten.
1863 kamen Arbeitervertreter aus den einzelnen deutschen Staaten in Leipzig zusammen. Hier gründeten sie den „Allgemeinen Deutschen Arbeiterverein" (ADAV). Zum Präsidenten wählten sie den Journalisten Ferdinand Lassalle, der unter anderem für das allgemeine Wahlrecht kämpfte – allerdings nur für Männer. Sechs Jahre später riefen August Bebel und Wilhelm Liebknecht in Eisenach die „Sozialdemokratische Arbeiterpartei" ins Leben, die sich 1875 mit dem ADAV vereinigte. Seit 1890 heißt diese Partei „Sozialdemokratische Partei Deutschlands" oder kurz: SPD.

Verdächtige Sozialdemokratie

Viele Politiker und Unternehmer misstrauten den Sozialdemokraten zutiefst. 1878 setzte Reichskanzler Bismarck das „Gesetz gegen die gemeingefährlichen Bestrebungen der Sozialdemokratie" durch. Den Sozialdemokraten war nun jede öffentliche Arbeit verwehrt, Versammlungen und Zeitungen wurden verboten, ihre Anhänger überwacht. Diese Maßnahmen sollten die SPD schwächen, doch das Gegenteil war der Fall: Viele Arbeiter hielten nun noch stärker zur Sozialdemokratie. 1890 musste das „Sozialistengesetz" wieder aufgehoben werden.

Q2 *Auszug aus Heinrich Heines Gedicht „Die schlesischen Weber":*

Im düstern Auge keine Träne,
Sie sitzen am Webstuhl und fletschen die Zähne:
Deutschland, wir weben dein Leichentuch,
Wir weben hinein den dreifachen Fluch –
Wir weben, wir weben! (…)
Ein Fluch dem König, dem König der Reichen,
Den unser Elend nicht konnte erweichen,
Der den letzten Groschen von uns erpresst
Und uns wie Hunde erschießen lässt –
Wir weben, wir weben! (…)

Q3 *Zur Gründung des „Allgemeinen Deutschen Arbeitervereins" 1863 schrieb der Dichter Georg Herwegh:*

Mann der Arbeit, aufgewacht!
Und erkenne deine Macht!
Alle Räder stehen still,
wenn dein starker Arm es will.

Q4 *Aus einer Bekanntmachung der Direktion des Märkisch-Westfälischen Bergwerks Vereins (1878):*

An unsere Arbeiter.
Wir erklären hiermit, dass wir fortan jedem sofort kündigen werden, der sich an sozialdemokratischen (…) Bestrebungen beteiligt, sei es durch Besuch ihrer Versammlungen, oder von Lokalen, wo solche Blätter ausliegen, oder durch Halten und Verbreiten solcher Blätter, Geldunterstützung, oder andere Handlungen ähnlicher Art. Fleiß, Ordnung, Nüchternheit und Sparsamkeit sind die einzigen Mittel, um zu einer gesicherten Existenz zu gelangen und seine Lage zu verbessern.

Q5 *August Bebel (SPD) in einer Rede über die Aufgaben der Gewerkschaften (1900):*

Der einzelne Arbeiter ist dem Unternehmer gegenüber machtlos. Jeder Versuch, auf eigene Faust seine Lage zu verbessern, endet in der Regel mit einer Niederlage. (…) Die einzige Möglichkeit, seine Arbeit und damit seine Lebensbedingungen auf einige Dauer zu verbessern, ist die Vereinigung mit seinesgleichen. Deshalb ist der Beitritt zu einer Gewerkschaft eine Lebensnotwendigkeit für jeden Arbeiter. Die Gewerkschaft erstrebt: Erhöhung des Lohnes nach Maßgabe der Verhältnisse des Arbeitsmarktes, Verkürzung der Arbeitszeit, Herbeiführung menschenwürdiger Zustände im Betrieb, Rechtsschutz, Arbeitslosenunterstützung. (…) Ferner stärkt sie das Solidaritätsgefühl, ohne das kein großes Ziel erreicht werden kann.

1. *Ziehe aus Q2 Rückschlüsse auf den Ausgang des Weberaufstandes.*
2. *Schildere die Situation auf dem Gemälde Q6. Wie werden die Arbeiter und der Unternehmer vom Maler dargestellt? Verfasse einen Zeitungsbericht: „Streik in der Fabrik".*
3. *Erläutere mit Hilfe von Q1, Q3 und Q5 den sozialdemokratischen Leitspruch „Einigkeit macht stark".*
4. *Wie reagierten die Regierung und die Unternehmer auf die politischen Aktivitäten der Arbeiter (VT, Q4)? Wie erklärst du diese Maßnahmen?*

Zeitreise multimedial – Das lange 19. Jahrhundert: Wirtschaft – „Arbeiterlieder"

Q6 *„Der Beginn des Streiks"* (kolorierter Holzstich nach einem Gemälde von Robert Koehler, 1893)

12 Frauen auf dem Weg zur Emanzipation

1 *Frauenversammlung* (Bild von 1899)

Frauen fordern Rechte ein

Am 19. März 1911 fand der erste Internationale Frauentag statt. Millionen von Frauen in Dänemark, Deutschland, Österreich, der Schweiz und den USA forderten öffentlich neue Arbeitsgesetze: den Achtstundenarbeitstag, gleichen Lohn für gleiche Arbeit, ausreichenden Mutter- und Kinderschutz, festgeschriebene Mindestlöhne sowie ein Wahl- und Stimmrecht für Frauen.

Frauen in den Fabriken

Viele Frauen waren gezwungen, auch in den Fabriken zu arbeiten, denn der Verdienst der Männer reichte häufig nicht aus, um die Familien zu ernähren. Allerdings war es nicht einfach, einen Arbeitsplatz zu finden. Auch lagen ihre Löhne fast immer erheblich unter denen der Männer, obwohl sie „an der Seite des Mannes, an den gleichen Maschinen standen und gleiche Produkte fertigten“, wie eine Weberin schrieb. Die Frauen und Mädchen arbeiteten 11 bis 14 Stunden am Tag. Verheiratete Frauen mussten zudem für die Kinder und den Haushalt sorgen. Starb der Mann, geriet die Familie trotz Fabrik- oder Heimarbeit in Armut.

Viele Arbeiterinnen schlossen sich in der „proletarischen“ Frauenbewegung zusammen, deren führende Vertreterin Clara Zetkin war. Sie kämpfte für den Zehnstundentag und den Arbeitsschutz, für bessere Volksschulen auch für Mädchen sowie für das Frauenwahlrecht.

Die bürgerliche Frauenbewegung

1865 wurde auf der ersten Frauenkonferenz Deutschlands der „Allgemeine Deutsche Frauenverein“ gegründet. Zur Vorsitzenden wählten die Teilnehmerinnen Luise Otto-Peters, die sich schon in der Zeit von 1848/49 für die Rechte der Frauen eingesetzt hatte. Die Mitglieder des Frauenvereins setzten sich besonders dafür ein, dass Mädchen und Frauen aus der Mittelschicht die gleichen Bildungs- und Berufschancen wie die Männer erhielten. So war es bisher Mädchen und jungen Frauen nicht erlaubt, das Gymnasium oder die Universität zu besuchen – angeblich, weil Frauen weniger begabt waren als Männer. So behaupteten es jedenfalls Gelehrte seit Jahrzehnten.

Sollen Frauen wählen?

In den 70er-Jahren des 19. Jahrhunderts forderten immer mehr Frauen ihr Stimmrecht. Mit Demonstrationen versuchten sie, öffentliches Aufsehen zu erregen und so auf ihr Anliegen aufmerksam zu machen. Bereits 1869 hatte August Bebel für das Frauenstimmrecht gesprochen, aber erst 1891 wurde es in das Parteiprogramm der SPD aufgenommen. Am 12. November 1918 wurde dann das Frauenwahlrecht in der Verfassung der Weimarer Republik festgeschrieben. Marie Juchacz , die als erste gewählte Frau in einem deutschen Parlament sprach, sagte 1919 dazu: „Was die Regierung getan hat, war eine Selbstverständlichkeit. Sie hat den Frauen gegeben, was ihnen bis dahin zu Unrecht vorenthalten worden ist.“

Q2 *In Paragraf 8 des Preußischen Vereinsgesetzes vom 11. März 1850, das bis 1908 gültig war, heißt es:*

Für Vereine, welche bezwecken, politische Gegenstände in Versammlungen zu erörtern, gelten nachstehende Bedingungen: Sie dürfen keine Frauenspersonen, Schüler, Lehrlinge als Mitglieder aufnehmen. Frauenspersonen, Schüler und Lehrlinge dürfen den Versammlungen und Sitzungen solcher politischen Vereine nicht beiwohnen. Werden dieselben auf Aufforderung nicht entfernt, so ist Grund zur Auflösung der Versammlung oder der Sitzung vorhanden.

Q3 *Helene Lange forderte 1888 eine Reform zur Ausbildung von Lehrerinnen:*

Es muss gesagt werden, dass viele Lehrerinnen nicht wissen, was Studium bedeutet. Solches Wissen kann eine Lehrerin heute nur bei besonderer Begabung und auf Umwegen erwerben. Anleitung, wie sie dem studierenden Mann geboten wird, findet sie nicht. In der Hand der Männer liegt die Gewalt, sie allein können den Zuständen abhelfen, die auf dem Gebiet der Mädchen- und Lehrerinnenausbildung herrschen. Schafft Bildungsanstalten für Lehrerinnen!

Q4 *Diesen Bericht einer Fabrikarbeiterin druckte eine Zeitung im Jahre 1909:*

Wenn der Morgen grau heraufdämmert, so eilen wir (…) mit unseren kleinen Kindern in Scharen durch die Gassen, um die Kleinen tagsüber unterzubringen. (…) Sind die Kinder versorgt, so laufen die Mütter hastig zur Fabrik, um an surrenden Maschinen ein Stück Brot zu verdienen. (…) Um $^{1}/_{2}$ 12 Uhr mittags geht es im Laufschritt (…) nach Hause, um das berühmte Proletarieressen, Kartoffeln und Hering, zu richten. (…) Um 1 Uhr geht es dann wieder im Trab in die Fabrik, wo wir müde und gehetzt bis halb 6 oder halb 7 schanzen. (…) Sobald wir gegessen haben und die Kinder zu Bett gebracht sind, beginnt für uns Frauen die Quälerei von neuem. (…) Wir hasten an den Bach, um zu waschen. Gar manchmal wird es 12 Uhr und noch später, bis wir damit fertig sind.

Q5 *Frauenrecht* (zeitgenössische Karikatur). Die Bildunterschriften lauten:
Sie dürfen dem Staate die Bürger gebären,
sie dürfen sie säugen, betreuen und lehren,
sie dürfen wie Männer durch Arbeit sich nähren,
doch wehe, sobald sie zu stimmen begehren.

D1 *Löhne von Frauen und Männern 1888 (in Mark):*

Industriezweig	Männer	Frauen
Walzwerk	2,46	0,98
Stahlwerk	2,54	1,33
Zuckerfabrik	1,73	0,53
Porzellanfabrik	1,32	0,34
Wollwarenfabrik	1,65	0,98
Baumwollspinnerei	1,34	0,63
Tabak- u. Zigarrenfabrik	2,08	1,06
Pulverfabrik	1,86	0,61

1. *Liste die Ziele der Frauenbewegung in einer Tabelle auf (VT, Q3, D1, D2).*
2. *Benenne die Widerstände, gegen die sich die Frauen durchsetzen mussten (VT, Q2, Q3).*
3. *Beschreibe die einzelnen Bilder der Karikatur Q5. Welche Meinung vertritt der Zeichner wohl zur Frauenbewegung?*

D2 *Einführung des Frauenwahlrechts* (Auswahl)

Jahr	Staat	Jahr	Staat
1869	Wyoming (USA)	1934	Türkei
1902	Australien	1935	Indien
1913	Norwegen	1944	Frankreich
1917	Kanada, Sowjetunion	1946	Japan
1918	Großbritannien, USA	1948	Israel
1919	Deutschland, Österreich, Polen	1952	Griechenland
1931	Spanien	1971	Schweiz
1932	Brasilien	1990	Kanton Appenzell (Schweiz)

13 Kirchen, Staat und Unternehmer reagieren

Q1 *„Kapitalistische Wohltaten“* (Karikatur von A. Staehle aus „Der wahre Jacob“, 1905). Die Unterschrift lautet: „Der Kapitalist: So! Der läuft mir nicht mehr davon!“

Aus christlicher Nächstenliebe

Angesichts der extremen Verelendung vieler Arbeiterfamilien erhoben die beiden christlichen Kirchen weit reichende Forderungen: Die tägliche Arbeitszeit sollte verkürzt, der Arbeitslohn gerechter bemessen und die Kinderarbeit verboten werden. Auch setzten sich die Kirchen dafür ein, dass christliche Gewerkschaften gebildet wurden. Um Arbeiterfamilien unmittelbar helfen zu können, gründeten sie eigene Organisationen: 1848 die evangelische Innere Mission und 1897 die katholische Caritas.

Auch einige Geistliche wurden aktiv. So gründete der Priester Adolph Kolping den katholischen Gesellenverein. In den Kolpinghäusern fanden jüngere und allein stehende Handwerksgesellen ein Zuhause. In Hamburg baute der Pfarrer Johann Hinrich Wichern das „Rauhe Haus“ auf, das verwaiste und verwahrloste Kinder aufnahm. Hier wohnten sie in Gruppen zusammen, wurden betreut und machten in Lehrbetrieben eine Ausbildung zu Handwerkern.

Weitere Informationen über das Rauhe Haus und die Kolpingwerke findest du im Internet unter: www.rauheshaus.de und www.international.kolping.de

Initiativen von Unternehmern

Auch manche Unternehmer sahen ein, dass es nicht ihr einziges Ziel sein konnte, ihren Gewinn zu vergrößern. Einige hatten auch erkannt, dass ein Betrieb ein besseres Ergebnis erwirtschaftet, wenn die Menschen, die darin arbeiten, zufrieden sind.

Der Essener Fabrikant Alfred Krupp gründete eine Betriebskrankenkasse und ließ Werkswohnungen für Arbeiterfamilien bauen; dafür erwartete er Betriebstreue und politisches Wohlverhalten. Ferdinand Stumm, ein mächtiger Konzernherr an der Saar, gewährte eine Kranken- und Altersversorgung sowie billige Betriebswohnungen. Dafür erwartete er eiserne Disziplin am Arbeitsplatz. Einen partnerschaftlichen Weg ging Ernst Abbe von den Zeiss-Werken in Jena: Er beteiligte die Belegschaft am Unternehmen und seinen Gewinnen.

Staatliche Sozialpolitik

Auch die Regierung kam nicht umhin, sich der sozialen Frage anzunehmen. Denn sie fürchtete, dass sich die Arbeiter noch stärker den Sozialdemokraten zuwenden würden, wenn sich der Staat nicht um ihre Not kümmerte. Deshalb erließ Reichskanzler Bismarck Sozialgesetze: 1883 die Krankenversicherung, 1884 die Unfall- und 1889 die Invaliditäts- und Altersversicherung.

Diese Sozialversicherungen werden heute unterschiedlich bewertet. Die einen verweisen darauf, dass die tatsächlich ausgezahlten Beiträge enttäuschend niedrig waren. So betrug die durchschnittliche Altersrente 1912 nur knapp 20 % des Lohnes, Witwen erhielten noch weniger. Manche kritisieren auch, dass die Arbeiter einen Großteil der Versicherungsleistungen durch ihre Beiträge selbst finanzierten. Andere betonen dagegen, dass es nach der Einführung der Sozialversicherung große Verbesserungen im Vergleich zu vorher gegeben habe.

Versicherungsart	Beiträge	Leistungen
Krankenversicherung 1883 für gewerbliche Arbeiter und (freiwillig ab 1882) Angehörige	2–3 % des Lohns: ⅔ vom Versicherten, ⅓ vom Arbeitgeber	ärztliche Behandlung und Medizin, Krankenhauskosten; nach zweitägiger Wartezeit Krankengeld (50 % des Durchschnittslohns, max. 2 Mark/Tag)
Unfallversicherung 1884 für gewerbliche Arbeiter	als Haftpflicht vom Arbeitgeber zu zahlen	Heilungskosten; bei Erwerbsunfähigkeit ⅔ des Einkommens, ⅕ für Witwen
Invaliden- und Altersversicherung 1889 für Gewerbe- und Landarbeiter (ab 1911 auch für Familienangehörige)	1 % (ab 1900 1,5–3 %) des Lohns, je zur Hälfte von Arbeitnehmern und Arbeitgebern	Invalidenrente bei Erwerbsunfähigkeit (1911): 1,1 Mio. Rentenbezieher von durchschnittlich 187 Mark/Jahr; Altersrente ab 70. Lebensjahr und nach 30 Beitragsjahren (ab 1900: 24 Beitragsjahre)

D1 *Sozialversicherung im deutschen Kaiserreich*

Q2 *Der Unternehmer Werner Siemens begründete die Einrichtung einer Rentenkasse für „seine" Arbeiter im Jahr 1872:*

Es ist (…) von höchster Wichtigkeit, einen festen Arbeiterstamm zu schaffen, und zwar umso mehr, je weiter die Arbeitsteilung und die Maschinenarbeit entwickelt wird. Dies soll nun wesentlich durch unsere Pensionskasse bewirkt werden. (…) Steht bei ihnen erst unwandelbar fest, dass denen, die bei uns bleiben, die Sorge für ihr Alter und ihre Familie genommen ist, so werden sie dadurch fest an das Geschäft geknüpft, sie werden den Umsturztheorien der Sozialisten abhold, werden sich Streiks widersetzen und haben eigenes Interesse am Gedeihen des Geschäfts.

Q3 *In einer kaiserlichen Botschaft von 1881 hieß es:*

Aber auch diejenigen, welche durch Alter oder Invalidität erwerbsunfähig werden, haben der Gesamtheit gegenüber einen begründeten Anspruch auf ein höheres Maß an Fürsorge, als ihnen bisher hat zuteil werden können. Für diese Fürsorge die rechten Mittel und Wege zu finden, ist eine schwierige, aber auch eine der höchsten Aufgaben jedes Gemeinwesens, welches auf den sittlichen Fundamenten des christlichen Volkslebens steht.

„Es ist nicht leicht, unter Bismarck Kaiser zu sein," soll Kaiser Wilhelm I. bei dieser Botschaft gesagt haben.

1. *Nenne Gründe für die sozialen Maßnahmen der Kirchen, der Unternehmer und des Staates (VT, Q2, Q3) und bewerte sie.*
2. *Werte die Schaubilder D1 und Q4 aus. Welche Fortschritte erkennst du? Was lässt sich aber auch noch kritisieren?*
3. *Untersuche die Karikatur Q1 und arbeite heraus, welche Meinung der Zeichner zu den Sozialversicherungen vertritt.*

Q4 *Plakat zur deutschen Sozialversicherung (1913)*

14 Die Idee der klassenlosen Gesellschaft

1 *Friedrich Engels (1820–1895; rechts) und Karl Marx (1818–1883)* mit seiner Familie in London.

Klassen
Gruppen der Bevölkerung, für die gleiche wirtschaftliche und soziale Gegebenheiten gelten.

Bourgeoisie
(franz. = „Bürgertum“) Marx und Engels meinen damit die Klasse der reichen Kapitalisten und Fabrikbesitzer aus der Oberschicht.

Proletariat, Proletarier
(von lat. proles = Nachkomme) bezeichnet jene Menschen, deren einziges „Eigentum“ ihre Arbeitskraft und die ihrer Kinder war. Karl Marx sah im Proletariat den Bevölkerungsteil, der dem Kommunismus zum Sieg verhelfen werde.

Gesellschaft ohne Klassen

„Der Arbeiter ist zu einer Ware geworden, und es ist ein Glück für ihn, wenn er sich an den Mann bringen kann.“ So beschrieb der deutsche Philosoph und Wirtschaftswissenschaftler Karl Marx die Situation der Arbeiter während der Industrialisierung. Marx suchte gemeinsam mit seinem Freund Friedrich Engels nach Antworten auf die soziale Frage. Dabei entwickelten beide die Idee einer klassenlosen Gesellschaft: Alle Menschen sollten frei und unabhängig leben. Unterschiede zwischen Arm und Reich, zwischen Herrschern und Beherrschten sollte es nicht mehr geben. Das klang verlockend. Doch wie sollte es dazu kommen?

Arm und Reich

Marx und Engels sahen die Ursachen der sozialen Frage darin, dass sich die Produktionsmittel (die Fabriken, die Maschinen und die Werkzeuge) in Privatbesitz befanden, also den Unternehmern gehörten. Die von Marx und Engels als Proletarier bezeichneten Arbeiter hätten dagegen nichts als ihre Arbeitskraft, die sie den Unternehmern, den Kapitalisten, verkauften. Der Lohn, den sie dafür erhielten, sei viel weniger Wert als die von ihnen erbrachte Leistung. Dadurch würden sich die Kapitalisten an der Arbeitskraft der Proletarier bereichern.

Kampf der Klassen

Um die Unterschiede zwischen Arm und Reich zu überwinden, sahen Marx und Engels nur eine Lösung: Die Arbeiter mussten sich zusammenschließen, den Kapitalisten die Produktionsmittel gewaltsam wegnehmen und diese zum Eigentum aller machen. Diesen Kampf zwischen Proletariat und Kapitalisten bezeichneten Marx und Engels als Klassenkampf. In ihren Augen war die gesamte Geschichte der Menschen eine Abfolge von solchen Klassenkämpfen.

Proletarische Revolution

Ein Ende der Klassenkämpfe sei nach Marx und Engels nur durch eine proletarische Revolution möglich. In dieser Revolution würden die Ausgebeuteten eine klassenlose Gesellschaft ohne Privateigentum, ohne soziale und wirtschaftliche Unterschiede errichten. Diese Gesellschaftsordnung nannten Marx und Engels Kommunismus.

Mehr als ein Traum?

Von den Ideen Marx und Engels ging eine große Wirkung aus. Vielen Arbeitern machten sie Hoffnungen auf eine gerechtere Gesellschaft. Im 20. Jahrhundert ergriffen in vielen Staaten kommunistische Regierungen die Herrschaft. Sie beriefen sich zwar auf Marx und Engels, verwirklichten aber nicht deren Idee einer Gesellschaft ohne Klassen. Stattdessen entstanden von starrer Parteidiktatur geprägte Unrechtsregime, die ihre Bürger überwachten und deren Freiheit einschränkten. Kritik an den Herrschenden oder am starren Wirtschaftssystem, das nur einen bescheidenen Lebensstandard ermöglichte, war nicht gestattet. Zur erhofften Befreiung des Menschen und der Verwirklichung kommunistischer Ideale kam es nicht. Immer mehr Menschen begehrten gegen die Unrechtssysteme auf und stürzten die Regierungen Anfang der 1990er-Jahre.

Q 2 *Über die Machtergreifung des Proletariats heißt es im „Manifest der Kommunistischen Partei" 1848:*

Der erste Schritt der Arbeiterrevolution [ist] die Erhebung des Proletariats zur herrschenden Klasse, die Erkämpfung der Demokratie (...). Das Proletariat wird seine politische Herrschaft dazu benutzen, alle Produktionsinstrumente in die Hände des Staats, [den nun das Proletariat beherrscht], zu zentralisieren (...). Es kann dies natürlich zunächst nur geschehen vermittelst [gewaltsamer] Eingriffe in das Eigentumsrecht und in die bürgerlichen Produktionsverhältnisse (...). Für die fortgeschrittensten Länder werden die folgenden [Maßnahmen] ziemlich allgemein in Anwendung kommen können:

1. Enteignung des Grundeigentums (...)
2. Starker Anstieg der Besteuerung höherer Einkommen.
3. Abschaffung des Erbrechts.
4. Einziehung des Eigentums aller Flüchtlinge und Gegner (...)
8. Gleicher Arbeitszwang für alle (...)
10. Öffentliche und unentgeltliche Erziehung aller Kinder (...)

Wenn das Proletariat (...) die alten Produktionsverhältnisse aufhebt, so hebt es (...) die Klassen überhaupt (...) auf. An die Stelle der alten bürgerlichen Gesellschaft mit ihren Klassen (...) tritt eine Vereinigung, worin die freie Entwicklung eines jeden die Bedingung für die freie Entwicklung aller ist.

Q 3 *Marx-Engels-Denkmal*
Karl Marx (sitzend) und Friedrich Engels, Denkmal in Ost-Berlin (frühere DDR). Das Foto entstand kurz nach dem Zusammenbruch des Kommunismus in der UdSSR und in den von ihr abhängigen Staaten Osteuropas, die sich alle auf die Lehre von Marx und Engels berufen hatten. Was will der Sprayer mit seinem Grafitto ausdrücken?

D 1 *Klassenlose Gesellschaft. So stellten sich Marx und Engels den Ablauf des letzten Klassenkampfes vor.*

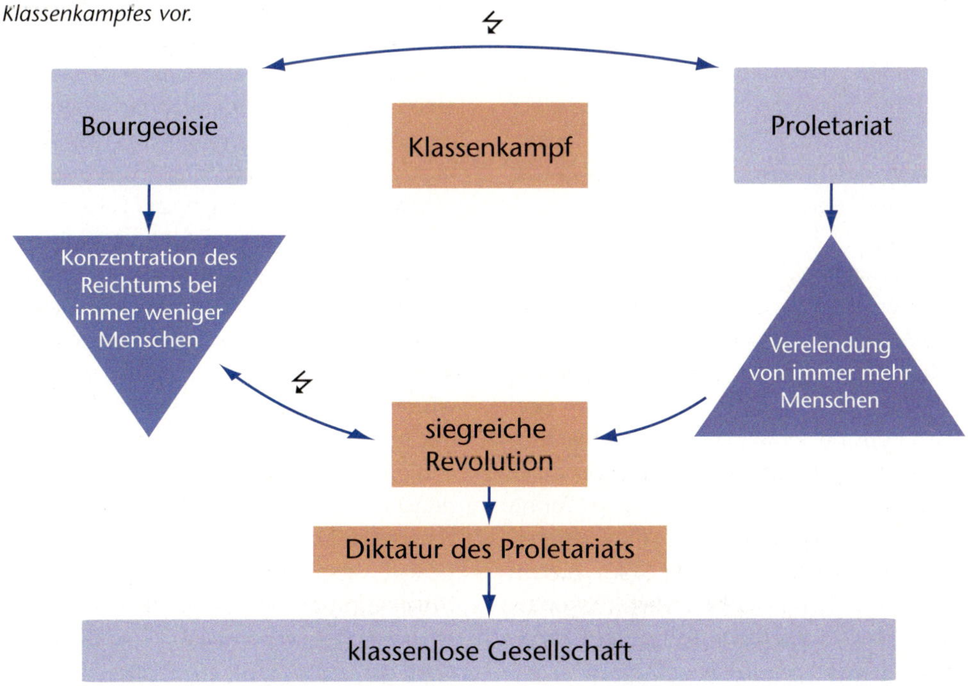

1 *Überlege, wer von den Ideen Marx' begeistert war und wer die Vorstellungen ablehnte (VT, D1).*
2 *Erläutere das Schaubild D1 mit Hilfe des VT und Q2.*
3 *Ergibt sich deiner Meinung nach durch die in Q2 genannten Maßnahmen eine gerechtere Gesellschaft?*

15 Von der „Maloche“ zur Dienstleistung

Q1 *Bergarbeiter demonstrieren* am 11. November 1996 gegen die geplante Zechenstilllegung in Gladbeck.

Q2 *Flugblatt aus der Zeit des „Zechensterbens“*

Stahl und Kohle in der Krise

Rund 150 Jahre lang war das Ruhrgebiet das industrielle Herz und der wirtschaftliche Motor Deutschlands. Stahl und Kohle hatten dem Revier zu großem Wohlstand verholfen, fast jeder dritte Arbeitnehmer „malochte“ unter Tage oder im Stahlwerk. Als es in den 1960er-Jahre mit den Bergbauzechen und Hüttenwerken „bergab“ ging, bedeutete das den Niedergang einer ganzen Region. Mehr und mehr Zechen wurden geschlossen, Hochöfen stillgelegt und Arbeitsplätze vernichtet.

Neue Energien

Wie war es zum „Zechensterben“ gekommen? Zum einen verdrängten Erdöl und Erdgas allmählich die Kohle als Energieträger. Zum anderen hatte sich die Stahl- und Eisenindustrie technisch weiterentwickelt. Hatte man für die Produktion von einer Tonne Roheisen lange Zeit eine Tonne Koks benötigt, brauchten die neueren Hochöfen nur noch 540 kg Koks. Zudem sank der Bedarf an Stahl insgesamt, sodass viele Werke nicht mehr ausgelastet waren und geschlossen wurden.

Vom „Blaumann“ zum „Weißkittel“

Langsam reifte in den Köpfen der Menschen die Erkenntnis, dass die Dauerkrise nur zu überwinden war, wenn man sich neuen Wirtschaftsbereichen zuwandte. Telekommunikation und Computerindustrie sollten die Zukunft des Ruhrgebiets sichern. Während im Kohle- und Stahlbereich heute nur noch knapp 9 % der Erwerbstätigen arbeiten, entstanden ab Mitte der 1980er-Jahre über 200 000 neue Arbeitsplätze vor allem im Dienstleistungsbereich. Industrieanlagen sind großen Einkaufszentren gewichen, ehemalige Zechen beherbergen neue High-Tech-Unternehmen.

Doch der Weg von Stahl und Kohle hin zur Dienstleistungsgesellschaft ist langwierig und schwierig, und längst nicht alle ehemaligen „Kumpel“ fanden einen neuen Arbeitsplatz. Arbeitslosigkeit und Unsicherheit beherrschen deshalb viele Menschen in der Region.

Preis des Fortschritts: Umweltprobleme

Man unterscheidet heute drei industrielle Revolutionen. Jede Stufe hat den Menschen einen höheren Lebensstandard bereitet, aber der Natur auch weitere Schäden zugefügt. Eisenbahnen und Straßen veränderten die Landschaften, Wiesen und Felder fielen dem Wohnungsbau und neuen Industrieanlagen zum Opfer.

Luftverschmutzung, Waldsterben, Gewässerverunreinigung und Belastung der Böden nahmen ständig zu. Erst nach und nach wurde den Menschen bewusst, wie hoch der Preis der Industrialisierung wirklich war. Nationale und internationale Organisationen wie der „Bund für Umwelt und Naturschutz Deutschland“ (BUND) und „Greenpeace“, aber auch Bürgerinitiativen und Umweltgruppen vor Ort kämpfen heute mit teilweise spektakulären Aktionen dafür, die Welt, die uns umgibt, zu erhalten.

Q3 *Der CDU-Politiker Jürgen Rüttgers über den Strukturwandel im Ruhrgebiet (Recklinghausen, 1999):*

In 140 Zechen wurde früher im Ruhrgebiet Kohle gemacht. Im größten Industriegebiet Europas ist die Arbeit immer noch zu Hause, aber in Kohle und Stahl ist nur noch ein Bruchteil der Menschen beschäftigt. Ruhrgebiet, das bedeutet heute nicht mehr nur Zeche und Hochofen, Duisburg-Rheinhausen, Zollverein, Brieftauben, Ruhrschnellweg und Schalke, sondern mittlerweile auch: Grüne Lunge und IBA, High Tech und Dienstleistung, Musical und Shopping, Kunst und Kultur. All die Veränderungen und Entwicklungen sind an den Menschen nicht spurlos vorübergegangen. Viele mussten sich beruflich und wirtschaftlich völlig neu orientieren. Sie erlebten persönliche Umbrüche, die in Deutschland höchstens noch von denen in den neuen Ländern nach der Wende übertroffen werden.

Q4 *Die stillgelegte Zeche „Zollverein"* im Essener Norden wurde 2001 ins UNESCO-Weltkulturerbe aufgenommen. Im alten Kesselhaus befindet sich heute das Design-Zentrum NRW, die ehemalige Lesebandhalle wird als Konzertsaal genutzt, ein Ruhrmuseum ist in Planung.

D1 *Entwicklungsstufen der Industrialisierung in Deutschland:*

	Erste industrielle Revolution	Zweite industrielle Revolution	Dritte industrielle Revolution
Beginn	Mitte des 19. Jahrhunderts	Ende des 19. Jahrhunderts	nach 1945
Merkmale	– Übergang von der Agrar- zur Industriegesellschaft – Fabrikarbeit – Einsatz von Kraft- und Arbeitsmaschinen – Arbeitsteilung – Massenproduktion	– Erfindungen in der Elektroindustrie, in der chemischen Industrie und im Fahrzeugbau – Anwachsen der Dienstleistungsberufe – Rationalisierung der Produktion, z. B. Fließbandarbeit	– Erfindungen in der Mikroelektronik – Ausbau der Telekommunikation – Übergang zur Robotertechnik – Automatisierung der Produktion

D2 *Der deutsche Steinkohlenbergbau (1950–2002):*

Jahr	Zahl der fördernden Bergwerke	Förderung (in 1000 Tonnen)	Zahl der Belegschaft insgesamt
1950	177	125 739	538 076
1960	146	142 287	490 190
1970	69	111 271	252 742
1980	39	86 574	186 822
1990	27	69 762	130 255
2003	10	25 684	45 581

1 *Ordne den einzelnen Entwicklungsstufen in der Tabelle D1 konkrete Ereignisse zu. Die ADS 68/69 kann dir dabei helfen.*

2 *Erläutere, inwiefern die Zeche „Zollverein" (Q4) ein Beispiel für den Strukturwandel im Ruhrgebiet ist.*

3 *Stelle die Probleme zusammen, die mit den Veränderungen im Ruhrgebiet verbunden sind (VT, Q1–Q3).*

4 *Fertige eine Collage zum Thema „Mensch – Umwelt – Technik" an.*

16 Projekt
Besuch im Stadt- und Industriemuseum Rüsselsheim

Die Adam Opel AG in Rüsselsheim

„Rüsselsheim ist Opel" heißt es oft, dabei wissen viele Hessen gar nicht genau, wo Rüsselsheim liegt. Südlich von Frankfurt am Main gelegen, baute der Rüsselsheimer Adam Opel 1868 seine erste Fabrik. Heute ist Opel der zweitgrößte Automobilhersteller Deutschlands. Begonnen hat aber alles mit der Produktion von Nähmaschinen.

Q 1 *Eine Stadt wirbt mit ihren Arbeitern,* Ansichtskarte der Stadt Rüsselsheim. Welche typischen Merkmale der Industrialisierung werden an dieser Postkarte sichtbar? Vergleiche die Postkarte mit heutigen Postkarten deiner Heimatregion! Was fällt Dir auf?

Zwischenzeitlich produzierte man in Rüsselsheim sehr erfolgreich Fahrräder für den Weltmarkt, bevor die Söhne Adam Opels 1898 das erste Auto in Rüsselsheim fertigten. Adam Opel selbst hatte zwar noch Automobile kennen gelernt, wollte aber von den „Stinkekutschen" nichts wissen. Opel galt in den 1920er-Jahren als besonders fortschrittliches Unternehmen. So produzierten die „Opelaner" ab 1924 als erster deutscher Betrieb serienmäßig Autos am Fließband.

Was es im Museum zu sehen gibt

Daher verwundert es nicht, dass das 1976 eröffnete Stadt- und Industriemuseum der Stadt Rüsselsheim der Firma Opel einen großen Stellenwert in seiner Dauerausstellung beimisst.

Als Besucher des Museums erhaltet ihr neben den Auskünften über Opel eine Fülle von interessanten und vielseitigen Informationen zur Geschichte der Industrialisierung. Anschaulich werden die verschiedenen Phasen der Industrialisierung beschrieben. Dabei zeigt die Ausstellung, welche Auswirkungen die industrielle Revolution auf das Zusammenleben der Menschen, auf die Arbeitsabläufe der Menschen oder auch auf die Umwelt besaß.

Häufig sind Schulklassen aus ganz Hessen zu Besuch im Museum, auch eure Klasse könnte das Museum in Rüsselsheim besuchen.

Q 2 *Opel kann auch anders: Die Nähmaschine, das Motorrad und die Fahrräder stammen alle aus der Opel-Produktion.* Sie sind in der Dauerausstellung des Stadtmuseums zu besichtigen.

Q3 *Eine 1886 von MAN in Augsburg hergestellte Dampfmaschine* ist im Museum ebenso zu besichtigen wie Opel-Automobile der ersten Stunde.

TIPP

Verbinden lässt sich der Museumsbesuch in einem fächerübergreifenden Projekt mit einem Besuch der Opelwerke oder den Opelvillen. Ein ganztägiges Projekt organisiert „OPEL Live": Vormittags geht es ins Museum und nachmittags in die Opelwerke. Informationen erhaltet ihr im Internet unter:
OPEL Live:
www1.opel.de/opellive
Stadt und Industrie museum Rüsselsheim:
www.stadt-ruesselsheim.de
Opelvillen:
www.opelvillen.de

Q4 *Die Opel-Werke Rüsselsheim* vereinen Baustile aus 130 Jahren der Industriearchitektur. Trotz wirtschaftlicher Schwierigkeiten in den letzten Jahren arbeiten hier immer noch Tausende von „Opelanern".

Q5 *In unmittelbarer Nachbarschaft zum Rüsselsheimer Museum liegen die Opelvillen.* Hier kann man sich einen Eindruck vom Leben der Fabrikleitung machen. Heute beherbergen die Opelvillen wechselnde Kunstausstellungen.

17 Abschluss
Auf der Route der Industriekultur

Die Route der Industriekultur ist ein 400 km langer Rundkurs durch die Region um Rhein und Ruhr, Emscher und Lippe. Besucher können Industriedenkmäler, Museen, Siedlungen und Aussichtspunkte aufsuchen und der Industriegeschichte vor Ort nachspüren. Informationen gibt es unter www.route-industriekultur.de

Der Gasometer der Gutehoffnungshütte in Oberhausen wurde 1929 errichtet. Heute dient das 116 m hohe Industriedenkmal als Aussichtsturm und Ausstellungsraum.

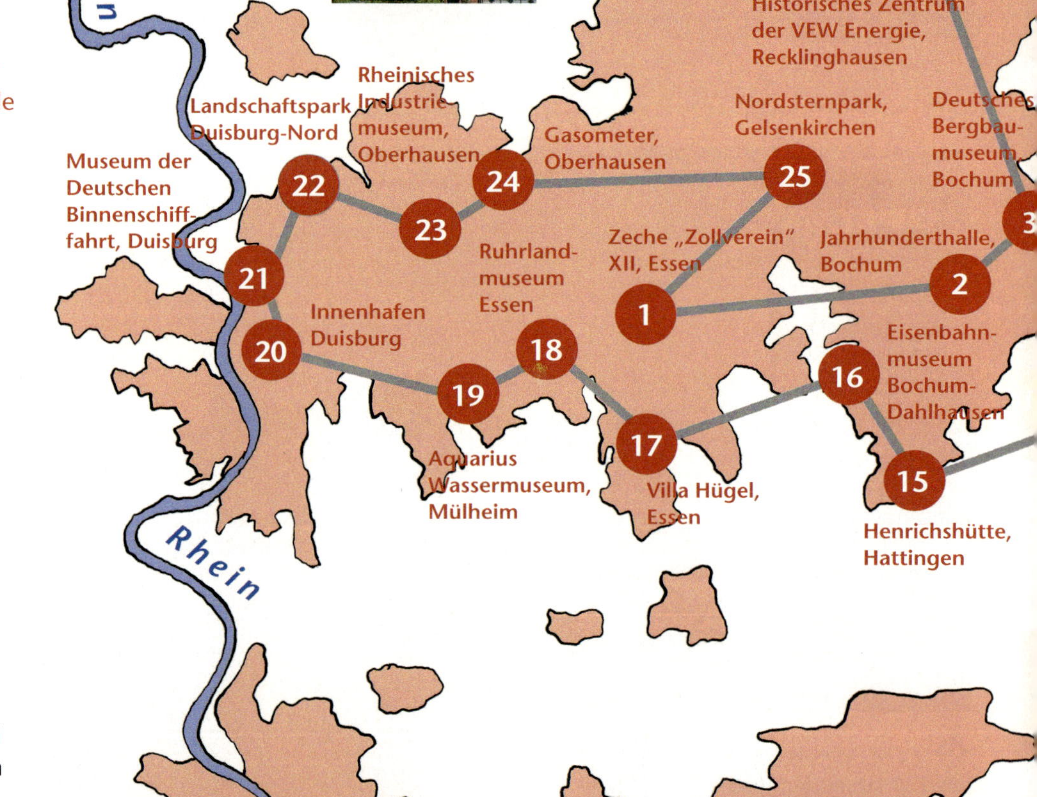

Auf zur Tour de Ruhr!

Suche dir eine Spielpartnerin oder einen -partner. Jeder von euch benötigt eine Spielfigur. Start ist an der Zeche „Zollverein" (Feld 1). Lost aus, wer mit dem Fragen beginnt. Aus der Fragentrommel wählst du eine Frage aus, die dein Mitspieler beantworten muss. Bei richtiger Antwort darf er je nach Schwierigkeitsgrad der Frage ein bis vier Felder vorrücken. Ist die Antwort falsch, geht es zwei Felder zurück. Die Lösungen kannst du auf den angegebenen Seiten nachlesen. Dann fragt dein Partner und du antwortest. Wer am Ende die meisten Stationen auf der Tour de Ruhr zurückgelegt hat, hat gewonnen.

Das Spiel lässt sich ausdehnen, indem ihr euch selbst weitere Fragen überlegt.

Die Villa Hügel war bis 1945 Wohnsitz der Industriellenfamilie Krupp. Eine Dauerausstellung im „kleinen Haus" gibt einen Überblick über die Firmen- und Familiengeschichte.

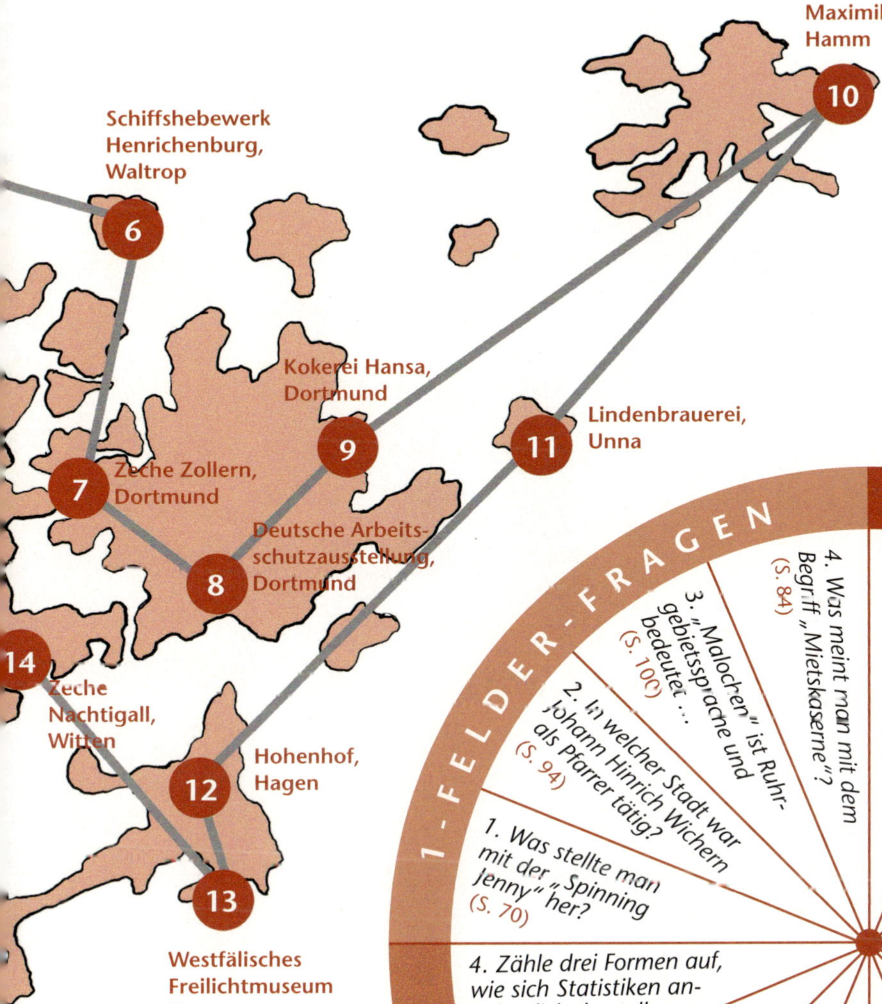

Die Jahrhunderthalle wurde zur Industrieausstellung 1902 in Düsseldorf erbaut, anschließend demontiert und als Gasgebläsehalle in Bochum wieder aufgebaut.

ab 1880

„Wettlauf" der europäischen Staaten um Kolonien in Afrika und im Pazifik

1890

„Deutsch-Ostafrika", die erste Kolonie des Deutschen Reiches, wird gegründet.

1904

Aufstand der Herero in Deutsch-Südwestafrika

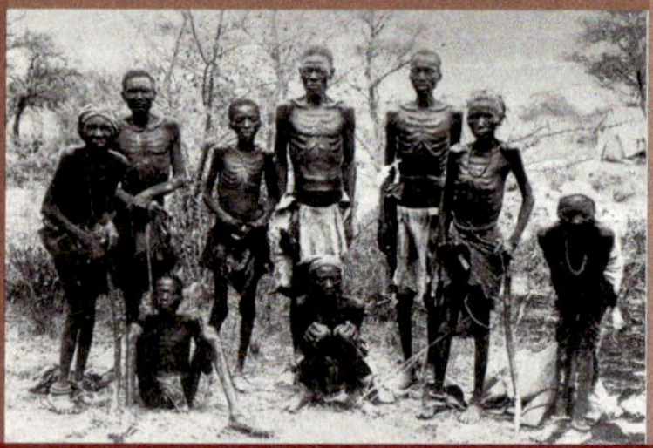

1912/13

Kriege in den Ländern auf dem Balkan

Imperialismus und Erster Weltkrieg

„Einen Platz an der Sonne" forderte der deutsche Außenminister Bülow 1897 für das Deutsche Reich. Zu dieser Zeit war der Wettlauf der europäischen Großmächte um Kolonialbesitz bereits in vollem Gang. Getrieben vom Streben nach Macht, von übersteigertem Nationalismus und vom Gefühl rassischer Überlegenheit hatten die Industriestaaten nahezu ganz Afrika und Südostasien unter sich aufgeteilt. Die einheimischen Völker wurden rücksichtslos unterworfen. Die dabei angefachte Rivalität zwischen den Großmächten mündete schließlich in der Katastrophe des Ersten Weltkrieges.

Wie die Europäer mit den einheimischen Menschen in den afrikanischen Gebieten umgingen, zeigt diese Postkarte von 1906 aus der Kolonie Deutsch-Ostafrika. Der handschriftliche Zusatz lautet: „ Die schönsten Grüße aus dem schwarzen Erdteil."

1914

Das Attentat von Sarajewo am 28. Juni löst den Ersten Weltkrieg aus.

Gratis. Extra-Blatt. Gratis.

Vossische Zeitung

Der österreichische Thronfolger und seine Gattin ermordet.

1917

Die USA treten in den Krieg ein.

1918

Im November wird ein Waffenstillstandsvertrag unterzeichnet und der Krieg beendet.

1 Die Europäer teilen die Welt unter sich auf

Q1 *„Wenn das Wetter hält, soll nächstens die Fassade unseres Erdballs frisch gestrichen werden."* So lautet die Unterschrift dieser Karikatur aus einer deutschen Zeitschrift von 1884.

A-Z

Imperialismus
(von lat. imperium = Macht, Herrschaft, Reich)
Dieser Begriff bezeichnet ganz allgemein die Herrschaft eines Reiches über die Bevölkerung eines fremden Landes. Meistens wird der Begriff für die Jahre 1880 bis 1914 verwendet, in der die europäischen Großmächte weite Gebiete in Afrika und Südostasien in ihren Besitz brachten.

Wettlauf um Kolonien

Mitte des 19. Jahrhunderts war eine Reihe europäischer Staaten durch den Überseehandel und die Industrialisierung wohlhabend und mächtig geworden. Der ausreichend vorhandene Rohstoff Kohle und der zunehmende Fortschritt bei der Eisen- und Stahlverarbeitung trieben die industrielle Entwicklung unentwegt voran. Das Selbstbewusstsein der Industriestaaten stieg, viele von ihnen strebten nach noch mehr Reichtum und politischem Gewicht. Zahlreiche Politiker und Unternehmer in fast allen europäischen Staaten forderten daher, sich Gebiete in Afrika und Asien anzueignen. Im letzten Drittel des 19. Jahrhunderts kam es auf diesen beiden Erdteilen zu einem regelrechten Wettlauf der europäischen Großmächte um die noch nicht kolonisierten Gebiete.

Wirtschaftliche Interessen

Bei dem Erwerb von Kolonien standen zunächst wirtschaftliche Interessen im Vordergrund. Denn viele Industrielle und Kaufleute wollten vor allem die Rohstoffe wie Baumwolle und Kautschuk billig für die eigene Industrie ausführen. Davon versprachen sich sowohl die Fabrikanten in Europa als auch die Plantagenbesitzer in den Kolonien hohe Gewinne. Auch hofften die europäischen Unternehmer, in den Kolonien neue Absatzmärkte für ihre fertigen Produkte zu finden.

Doch diese Hoffnungen erfüllten sich kaum. Der Handel mit den Kolonien blieb relativ gering – die meisten Geschäfte wurden doch unter den „entwickelteren", also den europäischen Staaten gemacht. Auch war es sehr kostspielig, die Kolonien zu verwalten und militärisch zu schützen sowie Straßen und Eisenbahnstrecken auszubauen. Insgesamt steckten die europäischen Mächte weit mehr Geld in ihre Kolonialgebiete hinein, als sie daraus gewannen.

Politische Ziele

Trotz der Schwierigkeiten hielt man an den Kolonien fest, denn Kolonien waren mittlerweile auch zu „Prestigeobjekten" geworden. Sowohl die Regierungen als auch die Bürgerinnen und Bürger in den europäischen Staaten glaubten, es sei eine Frage des Ansehens und der Macht in der Welt, möglichst viele Kolonien zu besitzen. Denn nur mächtige und reiche Nationen könnten im „Kampf ums Dasein" überleben. Dabei bewegten sich die Kolonialmächte oft am Rande eines Krieges, weil sie sich nicht immer über die Grenzen ihrer überseeischen Gebiete einigen konnten.

Neben den meisten europäischen Großmächten reihten sich schließlich auch die USA und Japan in den Kreis der Staaten mit Kolonialbesitz ein. Während die USA vorwiegend den eigenen Kontinent erschloss, breitete sich Japan im asiatischen Raum aus und eroberte Gebiete in Korea und in Taiwan. Um 1900 waren große Teile der Welt in riesige Kolonialreiche unter europäischer Herrschaft aufgeteilt. Diese Zeit nennen wir heute das Zeitalter des Imperialismus.

Q2 *Aus einer Rede des französischen Politikers Eugène Etienne (1889):*
Heute also muss Frankreich darum besorgt sein, sich seinen eigenen Markt zu bewahren, nämlich denjenigen, den es auf seinem eigenen Territorium, in seinen Kolonien besitzt (...). Wegen der sich immer schneller vollziehenden maschinellen Produktion muss man bemüht sein, den Konsum zu erweitern. Es ist deshalb nötig, dass Frankreich sich nach außen begibt. Frankreich muss nach Afrika und nach Indien gehen. In Indochina haben wir uns für alle Zeit niedergelassen, (...), was auch immer man einwenden möge. (...); wir müssen von dort aus nach China vorstoßen.

Q3 *Der deutsche Historiker Heinrich von Treitschke beschreibt 1890 die Bedeutung von Kolonien für große Mächte aus seiner Sicht:*
Alle großen Völker der Geschichte haben, wenn sie stark geworden waren, den Drang gefühlt, Barbarenländern den Stempel ihres Wesens aufzudrücken. Und heute sehen wir die Völker Europas drauf und dran, weit über den Erdkreis eine Massenaristokratie der weißen Rasse zu schaffen. Wer bei diesem gewaltigen Wettkampf nicht mitwirkt, wird später einmal eine klägliche Rolle spielen. Es ist daher eine Lebensfrage für eine große Nation heute, kolonialen Drang zu zeigen. Das erste Volk der Geschichte, das die Majestät des Welthandels erkannt hatte, die Phöniker, sind auch große Kolonisatoren gewesen. Dann folgt die Kolonisation der Griechen im östlichen und westlichen Becken des Mittelmeers, dann die Römer, im Mittelalter die Deutschen, Spanier und Portugiesen, schließlich Holland und England. (...) Ganz ohne Zweifel ist eine große koloniale Entwicklung ein Glück für ein Volk.

Q4 *Aus einer Rede des britischen Kolonialministers Joseph Chamberlain (1903):*
Unsere nationale Existenz beruht auf unserer industriellen Leistungsfähigkeit und Produktion. Wir sind nicht etwa ein wesentlich Ackerbau betreibendes Land, dies kann niemals die Hauptquelle unseres Wohlstandes sein. Wir sind ein großes industrielles Land. Daraus folgt eins: dass der Handel innerhalb unseres Weltreiches für unser Gedeihen in der Gegenwart unbedingt notwendig ist. Geht dieser Handel nieder oder hört er nur auf im Verhältnis zu unserer Bevölkerung zuzunehmen, dann sinken wir zu einer Nation fünfter Klasse herab.

Q5 *Die Stahlindustrie förderte die Kolonialpolitik* mit der Lieferung von Schienen für den Bau einer Eisenbahn in der deutschen Kolonie Togo. Deutsche Banken stellten das Kapital (Foto, 1905).

D1 *Die deutsche Roheisenproduktion 1880–1910 im Weltvergleich* (Angaben in t).
Die Produktion von Roheisen galt vor dem Ersten Weltkrieg als wichtiges Kennzeichen für wirtschaftliche Stärke.

	1880	1890	1900	1910
Vereinigte Staaten von Amerika	3 896 554	9 349 943	14 009 624	27 742 000
Großbritannien	7 800 266	8 030 374	9 052 107	10 173 000
Deutschland mit Luxemburg	2 729 038	4 658 451	8 520 390	14 794 000
Frankreich	1 725 293	1 962 196	2 699 494	4 033 000
Russland	448 411	926 482	2 925 000	3 040 000
Weltproduktion	18 484 205	27 460 996	40 836 775	65 853 000

1 Beschreibe anhand des VT und der Karte auf der ADS 104/105, wie die Europäer die Welt unter sich verteilten.

2 Erläutere die wichtigsten Gründe für den Erwerb von Kolonien (VT).

3 Lies Q2 und Q4 und gib die Argumente darin mit eigenen Worten wieder.

4 Heinrich von Treitschke führt weitere Argumente für die Kolonialpolitik an (Q3). Welche Haltung wird darin deutlich?

5 Eine hohe Produktion von Roheisen galt Ende des 19. Jahrhunderts als Zeichen für wirtschaftliche Stärke. Vergleiche die Produktionszahlen in D1 miteinander. Was fällt dir auf?

2 Afrika – „herrenloses Land"?

1 *Die Berliner Kongo-Konferenz von 1884/85* (Holzstich nach einer Zeichnung von 1884). Der deutsche Reichskanzler von Bismarck steht rechts im Hintergrund. An der Wand links hängt eine Karte von Afrika. Da man keinem Land das Gebiet am Kongo zusprechen wollte, einigte man sich darauf, ein 2,5 Millionen Quadratkilometer großes Gebiet dem König von Belgien zur Verwaltung zu überlassen.

TIPP

Afrika ist bunt und vielfältig, uralt und modern zugleich. Die wechselvolle Geschichte des Kontinents wird in diesem Buch für junge Leser lebendig. (Lutz van Dijk, Die Geschichte Afrikas, Campus, 2004. Auch erhältlich bei der Bundeszentrale für politische Bildung)

Das „alte Afrika"

Auf dem afrikanischen Kontinent lebten verschiedene Völker. Einige führten ein Leben als Jäger und Sammler, andere als Bauern, Handwerker oder Hirten und manche zogen als Nomaden umher. Die Menschen lebten in Großfamilien zusammen, die allen Angehörigen Schutz boten. Alle Völker hatten ihre eigenen Lieder, ihre eigene Sprache, Kultur und Religion. Politisch war der Kontinent in mehrere Reiche aufgeteilt, in denen Könige, Fürsten oder Priester herrschten. Auch gab es jahrhundertealte Städte, die meist an alten Handelswegen lagen.

Reisen in Afrikas Mitte

Lange Zeit waren nur wenige und relativ kleine Gebiete in der Hand der Europäer: 1806 hatten die Briten die Spitze Südafrikas und 1830 die Franzosen das nördliche Algerien besetzt. Im heutigen Angola und Mosambik lebten etwa 3000 Portugiesen. An der Westküste gab es mehrere Handelsniederlassungen, von denen aus europäische Kaufleute regen Handel mit den Völkern aus dem Landesinneren führten. Das Klima, gefürchtete Krankheiten wie Gelbfieber und Malaria, aber auch die Angst vor afrikanischen Kriegern hielten die europäischen Kaufleute und Siedler davon ab, weiter in den Kontinent vorzudringen.

Doch 1856 durchquerte der britische Forscher und Missionar David Livingstone als erster Europäer den afrikanischen Kontinent. Zu Tode erschöpft und an Malaria erkrankt, erreichte er am 25. Mai die Ostküste Afrikas. Als Livingstone von einer zweiten Expedition nicht zurückkehrte, machte sich der amerikanische Reporter Henry Morton Stanley auf die Suche und fand Livingstone schließlich am Tanganjikasee.

Livingstones und Stanleys Reisen ebneten den Weg dafür, Zentralafrika zu kolonialisieren. Der Herrscher von Bugunda am Victoriasee gestattete Stanley, in seinem Land zu missionieren. Mit Geld vom belgischen König ließ Stanley dann 1879 eine Straße am Kongofluss bauen, die quer durch den Kontinent führte.

Beute der europäischen Mächte

Beim Wettlauf um die Kolonien gerieten besonders Großbritannien und Frankreich in einen lang andauernden Streit. Die Streitigkeiten wurden noch komplizierter, als auch das Deutsche Reich Gebiete in Südwestafrika, Togo, Kamerun und Ostafrika beanspruchte. Um einen militärischen Konflikt zu vermeiden, lud der deutsche Reichskanzler Bismarck 1884 zu einer Konferenz ein. Hier legten die Vertreter der europäischen Staaten fest, wie der afrikanische Kontinent aufgeteilt werden sollte. Die wichtigste Bestimmung lautete, dass alle Mächte mit Besitz von Küstenländern ihre Grenzen zum Hinterland beliebig erweitern durften.

Am Konferenztisch wurden auf noch ungenauen Karten die neuen Grenzlinien in Afrika gezogen. Dass sie damit in vielen Landesteilen traditionelle Stammesgebiete der afrikanischen Völker zerteilten oder Handelsstraßen zerschnitten, war den europäischen Politikern egal. Sie betrachteten ein Land als „herrenlos", solange es von keiner anderen Kolonialmacht besetzt war.

Q2 *Hendrik Witboi, Häuptling der Nama in Südwestafrika, sprach 1892 zu anderen Häuptlingen:*

Dieses Afrika ist das Land der roten Kapitäne (Häuptlinge); wir sind von derselben Farbe und Lebensart, haben gemeinschaftliche Gesetze, die für uns und unsere Leute genügen. Wir sind nicht hart gegeneinander, sondern ordnen Dinge in Frieden und Brüderschaft. (…) Die weißen Menschen aber handeln ganz anders. Ihre Gesetze sind unpassend für uns rote Menschen und undurchführbar. Diese unbarmherzigen Gesetze bedrücken den Menschen von allen Seiten; sie kennen kein Gefühl oder Rücksicht darauf, ob ein Mensch reich ist oder arm.

Ich bin sehr ungehalten über euch (…), die ihr deutschen Schutz angenommen habt und dadurch den weißen Menschen Rechte und Einfluss in unserem Land gebt. (…) Die Deutschen lassen sich (…) nieder, ohne erst um Erlaubnis zu bitten, drängen den Menschen, denen die Gebiete gehören, ihre Gesetze auf, verbieten das freie Herumstreifen auf den Wegen, verbieten ihnen freie Verfügung über ihr eigenes Wasser und über die Weide; sie verbieten den Landeseingeborenen die Jagd auf ihr eigenes Wild, verbieten den Menschen mit Gewehr auf irgendeinem Platz zu erscheinen, geben den Menschen bestimmte Uhrzeiten und Tage als Termine an und halten die Menschen außerhalb der Wohnplätze an.

Q3 *Über den Imperialismus urteilt der nigerianische Historiker Jacob Ajayi 1977:*

Gestützt auf ihre technologische Überlegenheit, errichteten die Europäer ihre Herrschaft über den ganzen Kontinent. Sie zerstörten, unterdrückten oder schufen Staaten nach Belieben. (…) Die Gebiete, in die Afrika aufgeteilt wurde, waren ein völliger Neubeginn. (…) Die Grenzen der früheren Reiche unterlagen häufigen und raschen Veränderungen. Im Hin und Her der Geschichte war nichts von Dauer. Aber die Aufteilung der Europäer zielte darauf ab, die unablässige Veränderung zu unterbinden, indem sie die Entwicklung in völlig ungewohnte Bahnen zu lenken versuchte.

Q4 *Der neue „Rhodes-Koloss“* (Karikatur aus der britischen Zeitschrift „Punch“ von 1892). 1892 war die Telegrafenleitung von Kapstadt nach Kairo fertig gestellt worden. Die Figur stellt den britischen Kaufmann und Pionier Cecil Rhodes dar, der sich stark für den Erwerb von Kolonien einsetzte.

1. *Beschreibe, welche Lebensweisen es in Afrika vor der Zeit des Imperialismus gab (VT, D1).*
2. *Wie verfuhren die Europäer bei der Aufteilung des afrikanischen Kontinents (VT, Q1, Q4)?*
3. *Liste anhand von Q2 und Q3 auf, welche Folgen die europäische Kolonialisierung hatte.*
4. *Wie beurteilt der nigerianische Historiker heute den Imperialismus (Q3)?*

D1 *Afrika vor 1880*

3 Der Globus in der Hand der „überlegenen Rasse"

Q 1 *„Frankreich wird Marokko Kultur, Wohlstand und Frieden bringen können"* (Titelseite des „Petit Journal", 19. November 1911)

A-Z

Rassismus
ist eine scheinwissenschaftliche Unterscheidung der Menschen nach biologischen oder kulturellen Merkmalen, z. B. der Hautfarbe, von denen auf bestimmte Eigenschaften geschlossen und der Wert der Menschen bestimmt wird.

Rassismus der Weißen

Der englische Dichter Rudyard Kipling schrieb 1895 das Gedicht „Die Bürde des weißen Mannes". Darin forderte er seine Landsleute auf, in die Welt zu ziehen, um den „eingefangenen Völkerschaften, die halb Kinder sind und halb Teufel", zu essen zu geben und dort herrschende Seuchen zu bekämpfen. Wie viele seiner Zeitgenossen war er davon überzeugt, dass die „weiße Rasse" allen anderen Menschen überlegen sei. Viele Menschen in Europa glaubten daher, die „unterentwickelten" Völker in Afrika und Asien zu ihrem eigenen Besten zivilisieren zu müssen. Zu diesen angeblich primitiven Völkern zählten die Europäer sogar alte Hochkulturen wie Indien, China oder die hoch entwickelten Aschanti in Westafrika.

Weiße Missionare

Mit den Kolonialherren kamen die Missionare, um in den Kolonien den christlichen Glauben zu verbreiten. Außerdem richteten manche Missionare Krankenhäuser und Schulen ein, um das Leben der Menschen in Kolonien zu verbessern. Doch sie trugen auch dazu bei, die alten Lebensgewohnheiten zu zerstören. Zum einen wurden viele einheimische Kinder in den Missionsschulen und Waisenhäusern gezwungen, den christlichen Glauben anzunehmen. Zum anderen verdrängte die Kirche die traditionellen afrikanischen Bräuche, Sitten und Feste, wodurch sich das Leben in den Familien, Dörfern und Städten sehr veränderte.

Die Folgen des Rassismus

Auf die gewachsenen Handelsstrukturen und die traditionelle Landwirtschaft der einheimischen Völker nahmen die weißen „Herren" keine Rücksicht, als sie den Kontinent für sich erschlossen. Sie waren nur daran interessiert, möglichst hohe Gewinne zu erzielen. Handelsgesellschaften und Kaufleute ließen große Plantagen anlegen, auf denen sie Kaffee, Tee, Kakao und Baumwolle anbauten. Auch Bergwerke wurden erschlossen, um wertvolle Rohstoffe wie Gold, Kupfer und Diamanten zu gewinnen. Sowohl auf den Plantagen und in den Bergwerken als auch im Straßen- und Eisenbahnbau ließen die Besitzer tausende Afrikaner als Sklaven für sich arbeiten.
Die europäischen Familien in den Kolonialgebieten wohnten in der Regel in eigenen Stadtteilen mit breiten Straßen und hellen, großen Villen oder Bungalows. Hier waren die einheimischen Männer und Frauen nur als Hauspersonal, Gärtner oder Pförtner geduldet. Ihre Unterkünfte lagen in eng bebauten, stickigen Wohnvierteln, wo es häufig weder festen Straßen noch eine Kanalisation gab.

Q2 *Der spätere Kolonialpolitiker Cecil Rhodes sagte 1877 als junger Student:*

Ich behaupte, dass wir die erste Rasse der Welt sind und dass es für die Menschheit umso besser ist, je größere Teile der Welt wir bewohnen. (...) Darüber hinaus bedeutet es einfach das Ende aller Kriege, wenn der größere Teil der Welt in unserer Herrschaft aufgeht. Da (Gott) sich die Englisch sprechende Rasse offensichtlich zu seinem auserwählten Werkzeug geformt hat, (...) muss es auch seinem Wunsch entsprechen, dass ich alles in meiner Macht Stehende tue, um jener Rasse so viel Spielraum und Macht wie möglich zu verschaffen. Wenn es einen Gott gibt, denke ich, so will er daher eines gern von mir getan haben: nämlich so viel von der Karte Afrikas britisch-rot zu malen wie möglich und anderswo zu tun, was ich kann, um die Einheit der Englisch sprechenden Rasse zu fördern und ihren Einflussbereich auszudehnen.

Q3 *Georges Clemenceau, der spätere französische Ministerpräsident, erwiderte in einer Debatte einem anderen Kolonialpolitiker (1885):*

Überlegene Rassen! Minderwertige Rassen! Das ist leicht gesagt! Ich für meinen Teil bin da vorsichtig, seit ich erlebt habe, wie deutsche Gelehrte wissenschaftlich nachgewiesen haben, dass Frankreich den Krieg gegen Deutschland verlieren musste, weil die Franzosen den Deutschen gegenüber eine minderwertige Rasse seien. Die Hindus – eine minderwertige Rasse (...)? Die Chinesen? (...) Nein!

Nein, es gibt kein Recht für so genannte überlegene Nationen gegenüber unterlegenen Nationen. Wir sollten nicht die Gewalt mit der heuchlerischen Bezeichnung Kultur verhüllen. Sprechen wir nicht von Recht oder Pflicht. Die Eroberung, die Sie propagieren, ist nichts anderes als der Missbrauch der Macht, die die Wissenschaft unserer Kultur gegenüber zurückgebliebenen Kulturen gibt. Sie dient dazu, sich der Menschen zu bemächtigen, sie zu foltern oder alles aus ihnen herauszuholen zum Profit des angeblichen Kulturbringers.

Q4 *Ein afrikanischer Lehrer und seine Frau* (Foto, um 1900). Die europäische Kultur wurde auch mit Zwang eingeführt. Selbst private Bereiche wie Heirat und Familienleben waren davon betroffen.

1 *Erkläre den Begriff Rassismus mit eigenen Worten (VT, Lexikon). Finde auch Beispiele aus heutiger Zeit.*

2 *Fasse zusammen, wie die Europäer die Völker in Afrika sahen. Welches Recht leiteten sie daraus ab (VT, Q1, Q5)?*

3 *Lies Q2 und Q3 und gib die Meinungen der Verfasser mit eigenen Worten wieder. Welche von Clemenceaus Argumenten findest du besonders überzeugend?*

Q5 *Einheimische im belgischen Teil des Kongo.* Ihnen wurden die Hände abgehackt, weil sie zu wenig Kautschuk abgeliefert hatten (Foto, 1907). Da die wachsende Elektro-, Auto- und Fahrradindustrie immer größere Mengen an Gummi benötigte, war der Handel mit Kautschuk für die Europäer ein lohnendes Geschäft.

4 Das Deutsche Reich wird Kolonialmacht

Q1 *Titelbild eines deutschen Schulbuchs von 1891*

Bismarck und die Kolonien

Lange hatte der Reichskanzler Bismarck es abgelehnt, Kolonien zu erwerben. Aus seiner Sicht waren Kolonien schon deswegen nicht erstrebenswert, weil ihre Verwaltung hohe Kosten verursachte. Aber auch aus außenpolitischen Gründen war er gegen deutsche Kolonien. Bismarck glaubte, dass sich die Spannungen mit den Nachbarstaaten verschärfen würden, sollte sich das Deutsche Reich am Wettlauf um überseeische Besitzungen beteiligen. Um die anderen Mächte, vor allem Frankreich, von Deutschland abzulenken, förderte Bismarck sogar deren koloniale Bestrebungen.

Von sozialen Spannungen ablenken

Doch 1884 musste Bismarck seine ablehnende Haltung aufgeben. Denn einflussreiche Großindustrielle und Großgrundbesitzer forderten immer nachdrücklicher den Erwerb von Kolonien. Zudem meinten viele Politiker, dass man durch eine erfolgreiche Kolonialpolitik leicht von den sozialen Problemen im eigenen Land ablenken könnte.

Weltmacht Deutschland?

Auch der junge Kaiser Wilhelm II. begeisterte sich für die Idee, das Deutsche Reich in den Kreis der Kolonial- und Weltmächte einzureihen. Diesen Forderungen gab Bismarck letztlich nach. Im Auftrag der Regierung zogen ab 1884 deutsche Kaufleute, Forscher und Offiziere nach Afrika und in die Südsee, um hier so genannte „Schutzgebiete" zu erwerben. Dazu zählten Kamerun, Togo, Deutsch-Ostafrika, Deutsch-Südwestafrika und kleinere Inselgruppen im Pazifik wie die Marshall-Inseln. Dennoch blieb Bismarck stets ein zurückhaltender Kolonialpolitiker, was viele Zeitgenossen und führende Politiker enttäuschte und was auch zu Meinungsverschiedenheiten zwischen ihm und dem Kaiser führte.

„Im Dienste Seiner Majestät"

Einer der deutschen Afrikareisenden war Carl Peters aus Neuhaus an der Elbe. Er hatte 1884 die „Gesellschaft für deutsche Kolonisation" gegründet. In deren Auftrag unternahm Peters mit sechs Dienern und vierzig Trägern im November 1884 eine Expedition in das östliche Afrika. In fieberhafter Eile durchquerte die Gruppe das Land mehrerer ostafrikanischer Stämme, um von den Stammesfürsten deren Gebiete als deutschen Besitz zu erwerben. Es war ein Wettlauf mit der Zeit, denn auch britische und französische Expeditionen waren mit diesem Ziel unterwegs. Es gelang Carl Peters, innerhalb von fünf Wochen Verträge mit zwölf Stammesfürsten abzuschließen und ein riesiges Gebiet zu erwerben, das die Regierung in Berlin 1890 als Kolonie Deutsch-Ostafrika übernahm.

Q2 *Carl Peters beschreibt, wie er mit den Sultanen die Verträge abschloss:*

Ich selbst hatte mir, um den Sultanen ebenbürtig zu erscheinen, eine Reihe Fahnen mitgenommen, die ich aufziehen ließ (…). Wir tranken dann einen Trunk guten Grogs und brachten seine Hoheit von vornherein in die vergnüglichste Stimmung (…). Alsdann wurden Ehrengeschenke ausgetauscht (…).

Peters schreibt außerdem, wie er vorging, wenn ein Sultan sich weigerte einen Vertrag mit ihm abzuschließen:

Ich wandte mich nun in die benachbarten Dörfer (…), um noch vor Einbruch der Nacht den Leuten eine Lektion zu erteilen. Ich befahl alles, was für uns von Wert war, schnell herauszuräumen, und ließ dann nacheinander sechs von diesen Dörfern in Brand stecken.

Q3 *Zur Kolonialpolitik sagte Wilhelm Liebknecht (SPD) 1885 im Reichstag:*

Was wird mit der so genannten Kolonialpolitik denn eigentlich bezweckt? Wenn wir auf den Grund gehen, so wird als der Zweck hingestellt: die Überproduktion und die Überbevölkerung zu [bekämpfen]. (…) Deutschland ist noch lange nicht übervölkert, bei vernünftiger sozialer Organisation, bei zweckmäßiger Organisation der Industriearbeit und bei wissenschaftlichem Betriebe des Ackerbaues könnte Deutschland eine weit größere Bevölkerung ernähren, als dies heutzutage der Fall ist (…). Und gerade so ist es mit der Überproduktion. Da klagen unsere Fabrikanten, dass ihre Produkte keinen Absatz finden. Ja, meine Herren, warum haben sie keinen Absatz? Weil das Volk nicht kaufen kann – abermals eine Folge unserer mangelhaften sozialen Verhältnisse – und wenn die Sozialreform (…) an der richtigen Stelle ansetzen will, dann muss sie dafür sorgen, dass (…) der Nationalreichtum (…) seine richtige Verteilung findet. (…) Und wird etwa durch die Kolonialpolitik etwas nach dieser Richtung erreicht? Nein, meine Herren, sie exportieren einfach die soziale Frage. Sie zaubern vor die Augen des Volks eine Art Fata Morgana auf dem Sande und auf den Sümpfen Afrikas.

Q5 *Carl Peters* (sitzend mit weißer Jacke) mit seinen Begleitern in Ostafrika

Q4 *Das Lied „Bibel und Flinte" entstand etwa 1890 und wurde auf der Melodie von „Es klappert die Mühle am rauschenden Bach" gesungen:*

Was treiben wir Deutschen in Afrika?
Hört, hört!
Die Sklaverei wird von uns allda zerstört.
Und wenn so ein Kaffer von uns nichts will,
den machen wir flugs auf ewig still.
Piff paff, piff paff, hurra!
O glückliches Afrika.

Wir pred'gen den Heiden das Christentum.
Wie brav!
Und wer´s nicht will glauben, den bringen wir um
Piff paff!
O selig die „Wilden", die also man lehrt
die christliche Liebe mit Feuer und Schwert.
Piff paff, piff paff, hurra!
O glückliches Afrika.

Wir haben gar schneidige Missionär.
Juchhei!
Den Branntwein, den Krupp und das
Mausergewehr, die drei.
So tragen Kultur wir nach Afrika;
Geladen! Gebt Feuer! Halleluja!
Piff paff, piff paff, hurra!
O glückliches Afrika!

1 *Stelle gegenüber, wie Bismarck und Kaiser Wilhelm II. über den Erwerb von Kolonien dachten (VT).*
2 *Wie ging die deutsche Regierung vor, um Kolonien in Afrika zu erwerben (VT, Q2, Q5)?*
3 *Vergleiche Q1 mit Q4 und Q6. Was soll das Bild auf dem Schulbuch vermitteln, was drücken das Lied und das Foto aus?*
4 *Fasse die Argumente von Wilhelm Liebknecht zusammen (Q3). Was kritisiert er vor allem?*

Q6 *Der deutsche Reichstagsabgeordnete Dr. Arendt in Deutsch-Ostafrika, 1906*

5 Ausbeutung und Vernichtung

Völkermord
Massenhafte Vernichtung bis hin zur Ausrottung von Menschen einer nationalen, ethnischen oder religiösen Gruppe, wie beispielsweise die Verfolgung der europäischen Juden während des Zweiten Weltkriegs oder der Massenmord an dem Volk der Tutsi in Ruanda in den 1990er-Jahren.

Deutsche Kolonialherrschaft

Die deutschen Kolonialherren unterschieden sich kaum von den anderen europäischen Mächten darin, wie sie ihre Gebiete beherrschten. Die weißen Siedler nahmen der Bevölkerung ihr Land und häufig auch ihr Vieh und zwangen die Männer und Frauen, auf ihren Plantagen zu arbeiten. Aufseher und Plantagenbesitzer gingen rücksichtslos mit den Arbeitern um, misshandelten sie und vergewaltigten ungezählte Frauen. Immer wieder kam es zu Aufständen der einheimischen Bevölkerung, die die Europäer aber meist schnell mit Gewalt niederschlugen. An einen Aufstand, der auch im Deutschen Reich Aufsehen erregte, erinnerten im Jahr 2004 sowohl die Menschen im heutigen Namibia als auch Politiker in Deutschland und Europa.

Ein Volk wehrt sich …

1883 hatte der Bremer Kaufmann Adolf Lüderitz an der Südwestküste Afrikas Ländereien erworben, welche die deutsche Regierung später zur Kolonie Deutsch-Südwestafrika erklärte. Hier, am Rand einer großen Wüste, lebten die Herero, die als Nomaden mit ihren Viehherden von Weideplatz zu Weideplatz zogen. Als eine Rinderpest unter ihren Tieren ausbrach, waren die Herero gezwungen, ihr überlebendes Vieh zu einem Spottpreis an die weißen Siedler zu verkaufen.

1903 wurde den Herero von den deutschen Behörden ein Gebiet zugewiesen, wo sie künftig leben sollten. Doch dieses Reservat bestand aus unfruchtbarem Land, das Weideland der Herero hatten die Deutschen für sich behalten. Der Zorn der Herero wurde weiter angestachelt, als die Behörden eine Eisenbahnlinie von der Küste zu den Minen im Landesinneren bauen ließen. Dadurch wurden die Herero von den lebensnotwendigen Wasserlöchern abgeschnitten.

Ihre Not und ihr Zorn brachte die Herero dazu, sich gegen die Kolonialherren zu wehren. In der Nacht zum 12. Januar 1904 gingen sie gegen die Deutschen vor und vertrieben sie aus ihren Häusern und von ihrem Land. Der Angriff kam so unerwartet, dass die Herero in kurzer Zeit das Zentrum des Landes besetzen konnten. Insgesamt wurden ungefähr 100 Siedler getötet.

… und wird vernichtet

Doch gegen die Gewehre und Kanonen der deutschen Truppen waren sie chancenlos. Die Soldaten trieben alle Herero – Männer, Frauen und Kinder – in die Omaheke-Wüste und riegelten das gesamte Gebiet ab. Wenn jemand versuchte, aus der Wüste zu entkommen oder an eines der wenigen Wasserlöcher zu gelangen, schossen die Soldaten. Bis zu 60 000 Herero kamen in der Wüste um. Nur etwa 15 000 Menschen überlebten diese Militäraktion, die viele afrikanische und auch europäische Historiker den ersten Völkermord des 20. Jahrhunderts nennen. Zwar kritisierten manche Deutsche das gnadenlose Vorgehen. Aber man hielt es durchaus für richtig, die Ansprüche der Siedler gegenüber den einheimischen Völkern notfalls auch gewaltsam zu verteidigen.

Q 1 *Mit ihren Maschinengewehren waren die deutschen Soldaten den einfacher bewaffneten Herero überlegen* (Foto, 1904).

Q2 *Ein deutscher Farmer schrieb nach einem Überfall der Herero:*

Für solch unbarmherziges Rauben, Morden und Schänden kann es nur eine Strafe geben: (...) Von den überlebenden Mördern müssen für jeden erschlagenen Weißen mindestens fünf Stück aufgehängt werden (...). Für die Überlebenden: Frondienst, bis diese sich (...) bewusst sind, der Weiße, und ganz speziell der Deutsche, ist Herr und nicht gesonnen, seine Herrschaft abzutreten.

Q3 *Der Häuptling der Herero schrieb an den deutschen Gouverneur:*

Der Anfang des Krieges ist nicht jetzt in diesem Jahr durch mich begonnen worden, sondern er ist begonnen worden von den Weißen. Du weißt, wie viele Herero durch die weißen Leute, besonders durch Händler, mit Gewehren und in Gefängnissen getötet worden sind (...). Die Händler raubten meine Leute aus. Für ein oder zwei Pfund Sterling Schulden nahmen sie meinen Leuten zwei oder drei Rinder gewaltsam weg (...). Leutnant N. fing an, meine Leute im Gefängnis zu töten. Es starben zehn und es hieß, sie seien an Krankheit gestorben, aber sie starben durch die Aufseher (...). Jetzt muss ich die Weißen töten (...).

D1 *Deutsch-Südwestafrika und der Aufstand der Herero, 1904/05.* Nach dem Aufstand bestimmte der deutsche Kaiser, dass die Herero ihr gesamtes Land verloren. Der Gouverneur der Kolonie, Lothar von Trotha, ließ die gefangenen Herero Zwangsarbeit beim Eisenbahnbau leisten. Alle Überlebenden wurden in speziellen Lagern untergebracht, die sie nicht eigenmächtig verlassen durften. Außerdem wurden die Männer und Frauen als Arbeitskräfte auf Werften, beim Straßenbau und bei anderen öffentlichen Arbeiten eingesetzt.

1. *Erkläre, warum es zum Aufstand der Herero gegen die Deutschen kam (VT, Q3).*
2. *Schreibe einen kritischen Zeitungsartikel über das Vorgehen der deutschen Truppen (VT, Q1, Q4).*
3. *Wie erklärst du die Haltung vieler Deutscher gegenüber den Herero (VT, Q2)?*

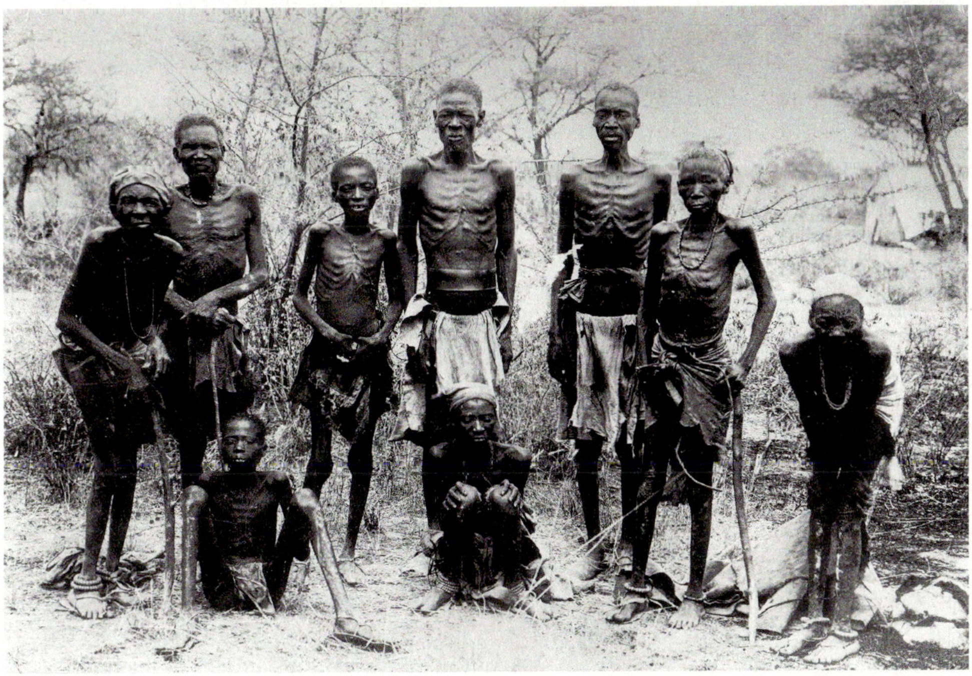

Q4 *Herero, die vor deutschen Truppen geflüchtet waren, nach ihrer Rückkehr aus der Omaheke-Wüste (Foto, 1907)*

6 Afrika heute

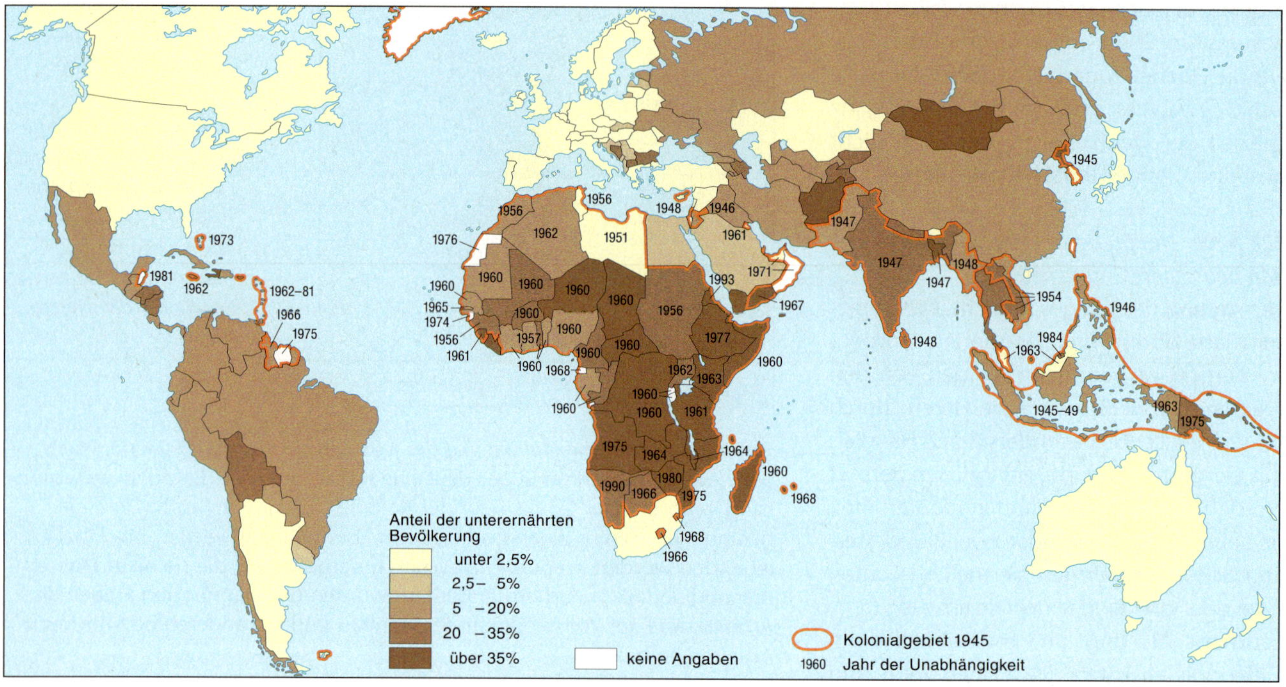

D 1 *Hunger in der Welt*

Die Folgen der Kolonialherrschaft

Die Kolonialmächte bestimmten die weitere wirtschaftliche Entwicklung „ihrer" Kolonien. Da die Bodenschätze und die Erträge der Plantagen vor allem den Mutterländern zugute kommen sollten, wurde die industrielle Entwicklung in den Kolonien nicht gefördert. Durch die Plantagenwirtschaft wurden Produkte wie Kaffee, Tee und Bananen für die Menschen in Europa immer erschwinglicher. Für die Kolonien bedeutete die Plantagenwirtschaft aber, dass andere einheimische Pflanzen- und Gemüsesorten kaum noch angebaut wurden.

Doch die Veränderungen durch die Europäer gingen noch weiter: Neue Grenzziehungen zerschnitten in vielen Landesteilen traditionelle Stammesgebiete oder Wanderwege der Nomaden. Zudem wurden die Großfamilien auseinandergerissen, da viele Männer und Frauen auf den Plantagen, in den Bergwerken oder auf den Baustellen der Europäer arbeiten mussten.

Bürgerkriege und Hunger

Immer wieder brechen in verschiedenen Teilen Afrikas Bürgerkriege aus. Eine Ursache dafür liegt auch in der Kolonialgeschichte: 1884/85 verteilten die Kolonialmächte 1000 Volksgruppen auf neu festgelegte Territorien. So wurden beispielsweise Stämme, die seit langem verfeindet waren, in gemeinsame Staatsgebiete gezwungen. Da sich diese Grenzen bis heute kaum verändert haben, brechen in vielen Staatsgebilden immer wieder Konflikte zwischen den verschiedenen Volksgruppen auf.

Zudem wurden auch Staaten gebildet, die wirtschaftlich kaum lebensfähig sind. Einige Länder verfügen über Bodenschätze und fruchtbare Böden, andere liegen in Wüstengebieten. Allein 31 afrikanische Staaten gehören zu den Ländern mit den niedrigsten Bevölkerungseinkommen der Welt. Sämtliche Staaten Afrikas werden zu einer Gruppe von Ländern gezählt, die wir als „Entwicklungsländer" bezeichnen.

Entwicklungsländer/ unterentwickelte Länder

Beide Begriffe sollen die wirtschaftlich schwächsten Länder der Erde bezeichnen. Sie spiegeln allerdings nur die Sichtweise der reichen Industrieländer, indem sie andere Länder an der eigenen Entwicklung messen.

Q1 *Brunnen in einem äthiopischen Dorf.* Das ist immer noch die Ausnahme. 91 Prozent der äthiopischen Bevölkerung hat keinen Zugang zu sauberem Trinkwasser.

Q2 *Dorfschule in Ghana.* Noch immer kann ein großer Teil der Menschen in Afrika nicht lesen und schreiben. Dies zu ändern, ist eine wichtige Aufgabe der afrikanischen Regierungen und internationaler Hilfsorganisationen.

Q3 *Zwei Meinungen zu den Problemen im heutigen Afrika*

a) Die Sozialwissenschaftler D. Hansohm und R. Kappel schreiben 1994:

Es ist eine verkürzte Sicht, Probleme, die sich historisch entwickelt haben, militärisch lösen zu wollen. Es ist bodenlos naiv (...) zu glauben, im Handstreich gesellschaftliche Probleme lösen zu können. Es wird keine schnellen Lösungen geben. Reformen sind unabdingbar. Wir müssen die herrschenden [Führungsschichten] von der Notwendigkeit ernsthafter Armutsbekämpfung überzeugen, ihr Bemühen aber von mehreren Seiten her unterstützen. Wir könnten auf vielen Ebenen Unterstützung leisten, z. B. den zahllosen Selbsthilfegruppen durch Aus- und Fortbildung helfen oder Genossenschaften durch Kreditvergabe fördern. Auf einer anderen Ebene wäre es sinnvoller als militärisch einzugreifen, den Export von Waffen wirksam zu unterbinden. Unsere Verantwortung leitet sich weniger aus kolonialer Vergangenheit ab als einfach daraus, dass wir heute in einer Weltgesellschaft leben, die nur gemeinsam in [menschlicher Weise] auf diesem Planeten überleben kann.

b) Die kamerunische Sozialwissenschaftlerin Axelle Kabou, 1993:

Die Afrikaner sind die einzigen Menschen auf der Welt, die noch meinen, sich nicht selbst um die eigene Entwicklung kümmern zu müssen. Afrikas Probleme lassen sich nicht von außen lösen. Das Problem heißt nicht Kolonialismus und Verschuldung (...). Das Hauptproblem ist der Minderwertigkeitskomplex der Afrikaner gegenüber dem Westen. Afrika ist gelähmt durch die [Unfähigkeit] seiner politischen Klassen und durch dreißig Jahre Entwicklungs- und Nahrungsmittelhilfe. Afrika muss endlich aus seiner [Trägheit] aufwachen und seine Entwicklung in die eigenen Hände nehmen.

Q4 *Kinder in einem Flüchtlingslager im Sudan.* Niemand kennt die genaue Zahl der Kriegswaisen. Oft genug haben diese Kinder mit ansehen müssen, wie ihre Eltern getötet wurden.

1. *Liste die Folgen der europäischen Kolonialherrschaft auf dem afrikanischen Kontinent auf (VT).*
2. *Erkläre, zu welchen Problemen diese Folgen heute beitragen (VT).*
3. *Sind die ehemaligen Kolonialmächte an der Not in Afrika schuld? Halte deine Meinung in Stichworten fest. Lies Q3a und Q3b. Wie begründen diese Verfasser die Probleme in Afrika?*
4. *Informiere dich im Internet über verschiedene Hilfsorganisationen und deren Projekte in Afrika.*

7 Projekt
Kolonialwaren gestern und heute

Q 1 *Der „Sarotti-Mohr"*

Waren aus den Kolonien – ein Hauch von Exotik
Kaffee oder Kakao zum Frühstück, eine Tasse Tee am Nachmittag – das war Ende des 19. Jahrhunderts etwas ganz Neues, kamen diese Waren doch aus den weit entfernten Kolonien. Handelsgesellschaften führten diese Produkte nach Europa ein, wo sie in so genannten Kolonialwarenläden zu erschwinglichen Preisen verkauft wurden. Diese neuartigen Waren veränderten die Ess- und Trinkgewohnheiten der Menschen in Europa sehr stark und prägten einen neuen Lebensstil.

Damals wie heute geht dieser Genuss allerdings auf Kosten der Kolonien bzw. der heutigen Länder in der „Dritten Welt". Denn nach wie vor kontrollieren große Handelsgesellschaften den Weltmarkt für Kaffee, Tee und Kakao und zwingen die Erzeuger, ihre Produkte zu niedrigsten Erlösen weiterzuverkaufen. Aber es gibt auch Beispiele für „fairen Handel" zwischen alternativen Handelsorganisationen und Kleinbauern in den Entwicklungsländern. Diese fair gehandelten Produkte findet ihr in Eine-Welt-Läden.

D 1 *Ein Kolonialwarenladen um 1900 (Rekonstruktion)*

Q 2 *Werbeplakate um 1900*

Dritte Welt
Die Bezeichnung knüpft an die Blockbildung nach dem Zweiten Weltkrieg an. Die westlichen Industriestaaten sahen sich als die „Erste Welt“, die Staaten des sozialistischen Ostblocks als die „Zweite Welt“. Die anderen z. T. sehr unterschiedlichen Länder wurden zur „Dritten Welt“ gezählt.

D **2** *Eine gute Idee:* Auf einem Schulfest könnt ihr selbst einen Verkaufsstand mit fair gehandelten Produkten einrichten. Am besten arbeitet ihr dafür mit einem Weltladen zusammen. Ihr könnt euren Besuchern auch Kaffee, Tee und Kakao aus dem fairen Handel zum Probieren anbieten. Über den Erlös und freiwillige Spenden freut sich sicherlich eine der vielen Hilfsorganisationen für die „Dritte Welt“, zum Beispiel die Welthungerhilfe oder Menschen für Menschen.

TRANSFAIR
FAIRTRADE

Q **4** *Dieses Logo steht für „fairen“ Handel.*

Q **3** *Produkte aus dem Eine-Welt-Laden*

Vom Kolonialwarenladen zum Eine-Welt-Laden

1. Sucht in Läden und Supermärkten nach ehemaligen „Kolonialwaren“ und achtet in Zeitschriften und im Fernsehen auf Werbung für Kaffee, Tee, Kakao und Schokolade. Erinnert noch etwas an die koloniale Vergangenheit dieser Produkte? Bringt Beispiele dafür mit in die Klasse.
2. Informiert euch im Erdkundeunterricht, in Eine-Welt-Läden oder im Internet über die Situation der Kleinbauern in den Entwicklungsländern (www.weltlaeden.de oder www.gepa.de). Bringt auch Produkte und Informationsmaterial aus einem solchen Laden mit.
3. Gestaltet in eurem Klassenzimmer eine Ausstellung zum Thema „Kolonialwaren heute“.

8 Der Krieg entsteht in den Köpfen – Nationalismus als neue Gefahr

Q1 *Der „deutsche Michel"* zeigt auf der Postkarte von 1913 auf zwei Denkmäler: das Völkerschlachtdenkmal bei Leipzig für die Schlacht von 1813 und das Niederwalddenkmal bei Rüdesheim für den Deutsch-Französischen Krieg von 1870/71. Der „deutsche Michel" ist die gutmütige und etwas verträumte Symbolfigur des Deutschen aus der Zeit des Vormärz.

Patriotismus
meint Vaterlandsliebe und den Willen, sich für die staatliche Gemeinschaft oder das eigene Volk einzusetzen. Wichtig sind den Patrioten auch nationale Symbole, z. B. Nationalfarben und Nationalhymne.

Nationalismus
Übersteigerter Stolz auf die Leistungen und Werte des eigenen Volkes. Andere Völker werden dabei oft gering geschätzt.

Feindbild Frankreich

Der Sieg gegen Frankreich 1870/71 hatte die meisten Deutschen mit Genugtuung erfüllt, denn viele hatten ein schlechtes Bild von den Franzosen. Diese antifranzösischen Vorurteile stammten noch aus der Zeit der napoleonischen Vorherrschaft in Europa. Viele Deutsche begeisterten sich nun am Sieg der deutschen Soldaten. Selbst Liberale, die Bismarck bisher als Unterdrücker der Freiheitsrechte gesehen hatten, wurden zu Bewunderern der Armee.
Die Gefallenen der Einigungskriege galten als Helden, die für des „Vaterlandes Ehre und Freiheit" gefallen waren. Auf Friedhöfen und Plätzen setzte man ihnen Denkmäler mit Schwertern, Kanonen und Siegesadlern. Im Geschichtsunterricht wurden Bismarck und Kaiser Wilhelm zu Heldengestalten verklärt.

Vom Patriotismus zum Nationalismus

Bismarck unterstützte diese Entwicklung, weil sie das neu geschaffene Reich auch im Inneren festigte. Wenn die Mehrheit der Bürgerinnen und Bürger glaubte, „das Reich" bringe Sicherheit, dann fiel es nicht so sehr ins Gewicht, wenn die Freiheit des Einzelnen zurückblieb.
Eine Wende trat in den 1890er-Jahren ein, als Wilhelm II., der Enkel Wilhelms I., eine Politik der Stärke betrieb. Die Patrioten in der Zeit des Vormärz hatten noch einen deutschen Nationalstaat angestrebt, der gleichberechtigt neben anderen Nationen stehen sollte. Doch jetzt fühlten sich die Deutschen als führende Militär- und Wirtschaftsmacht auf dem Kontinent den andern Völkern überlegen. Die Reden zu nationalen Gedenktagen bekamen einen anderen Klang. Sie gipfelten in dem Anspruch, Deutschland müsse Weltmacht werden.

Nationalismus – nicht nur in Deutschland

Nationalistische Tendenzen gab es damals in vielen Staaten – wenn auch nicht so ausgeprägt wie in Deutschland. In Frankreich förderte die Niederlage gegen Deutschland den Nationalismus. So forderten radikale Franzosen schon seit den 1880er-Jahren offen den Krieg gegen Deutschland, um Elsass-Lothringen zurückzugewinnen.

Q2 *„Der Kaiser steht wieder am Deutschen Eck in Koblenz“,* hieß es in der Rheinischen Zeitung vom 3. September 1993. Das Standbild war im Zweiten Weltkrieg zerstört worden. Ein Koblenzer Bürger hatte es der Stadt als Nachguss geschenkt.

Q3 *„Die Wacht am Rhein“, patriotisches Lied von Max Schneckenburger, 1840:*

1. Es braust ein Ruf wie Donnerhall,
wie Schwertgeklirr und Wogenprall:
„Zum Rhein, zum Rhein, zum deutschen Rhein!
Wer will des Stromes Hüter sein?“
Lieb Vaterland, magst ruhig sein, (…)
fest steht und treu die Wacht am Rhein!
2. Durch Hunderttausend zuckt es schnell,
und aller Augen blicken hell;
der deutsche Jüngling, fromm und stark,
beschirmt die heilge Landesmark!
Lieb Vaterland, magst ruhig sein, (…)
fest steht und treu die Wacht am Rhein!
5. „Solang ein Tropfen Blut noch glüht,
noch eine Faust den Degen zieht
und noch ein Arm die Büchse spannt,
betritt kein Feind hier deinen Strand!“
Lieb Vaterland, magst ruhig sein, (…)
fest steht und treu die Wacht am Rhein!
6. Der Schwur erschallt, die Woge rinnt,
die Fahnen flattern hoch im Wind:
„Am Rhein, am Rhein, am deutschen Rhein,
wir alle wollen Hüter sein!“
Lieb Vaterland, magst ruhig sein, (…)
fest steht und treu die Wacht am Rhein!

Q4 *„Was für ein Friede!“*
Baronin von Spitzemberg, die Ehefrau des württembergischen Gesandten in Berlin, schrieb am 3. März 1871 in ihr Tagebuch:
Und was für ein Friede für uns Deutsche! Herrlicher und glorreicher, als wir je einen geschlossen! Vereint zu einem Reiche, dem größten, mächtigsten, gefürchtetsten in Europa, groß durch seine physische Macht nicht allein, größer noch durch seine Bildung und den Geist, der das Volk durchdringt! Jedes deutsche Herz hatte das erhofft, keines geahnt, dass seine Träume sich in dieser Weise so bald und so herrlich erfüllen würden. Glücklich sind wir, dass wir nicht nur den Stern deutscher Größe und Herrlichkeit aufgehen sahen, sondern dass wir noch jung genug sind, um uns unter seinen Strahlen zu wärmen, um die, so Gott will, recht reichen und segensvollen Früchte zu genießen, die aus dieser unter Blut und Tränen gesäten Saat hervorgehen. Möge Gott den Geist meines Volkes also lenken, dass seine Entwicklung eine friedliche und zivilisatorische bleibe, sein Reich ein Reich des Lichts, der Freiheit, der wahren christlichen Gesinnung sei!

1 Erkläre den Unterschied zwischen Patriotismus und Nationalismus (VT, Lexikon).

2 1840 drohte ein französischer Minister mit Krieg; daraufhin schrieb Max Schneckenburger sein Lied von der „Wacht am Rhein“ (Q3). Klingt das Lied eher patriotisch oder nationalistisch? Begründe deine Meinung.

3 Untersuche das Bild auf der Postkarte Q1. Welche Haltung der Deutschen gegenüber Frankreich kommt darauf zum Ausdruck?

4 In Deutschland hat man seit 1871 den Jahrestag der Schlacht von Sedan gefeiert. Wie mag das auf die Franzosen gewirkt haben (Q5)?

Q5 *Sedanfeier in Berlin 1895.* Das Foto wurde 1895 bei der Feier zum 25. Jahrestag der Schlacht bei Sedan aufgenommen. Mit solchen Feiern, Paraden und patriotischen Reden erinnerte man alljährlich an den entscheidenden Sieg im Deutsch-Französischen Krieg. Die deutschen Armeen hatten das französische Hauptheer am 2. September 1870 bei der Stadt Sedan eingeschlossen und zur Kapitulation gezwungen.

9 Der Staat – ein Kasernenhof?

Q1 *Der schönste Mann im Staat* (Postkarte, um 1910). Solche Propagandadarstellungen gab es in vielen Varianten. Sie werfen ein bezeichnendes Licht auf die Erziehungsziele im Kaiserreich – Welche Vorbilder und Werte der Gesellschaft ahmen die Kinder nach?

Militarismus
Eine Gesinnung, die allem Militärischen einen hohen Wert zumisst. Der Uniformträger wird zu einem Leitbild der Gesellschaft.

Der Hang zur Uniform

„Haben Sie gedient?" Diese Frage bekam so mancher junge Mann um 1900 gestellt, wenn er Arbeit suchte. Wer des „Kaisers Rock", also die Soldatenuniform, getragen hatte, galt etwas in der Gesellschaft. Nach drei siegreichen Kriegen genoss das Militär höchstes Ansehen, zudem galt die militärische Stärke als Grundlage für die angestrebte Vormachtstellung in Europa.
Die meisten Deutschen schauten voller Stolz auf ihre Soldaten, wenn sie mit bunten Uniformen zur Parade aufmarschierten. Kaiser und Regierung förderten diese Haltung. Denn der Soldat lernte nicht nur den Umgang mit der Waffe, sondern auch Ordnung und Pflichterfüllung, vor allem aber Gehorsam gegenüber den Vorgesetzten.

Vorbild Offizier

Dafür durfte er sich als Angehöriger eines herausgehobenen Standes fühlen. Vor allem die Offiziere nahmen eine besondere Stellung ein, wurden bewundert und nachgeahmt. Auf den Bürgersteigen wich man ihnen als Zivilist aus und in den Restaurants wurden sie bevorzugt bedient. Viele Bürger nahmen hohe Kosten auf sich, um ihren Söhnen die Offizierslaufbahn zu ermöglichen. Wer auch nur als Leutnant der Reserve abging, genoss schon hohes Ansehen und hatte viele Vorteile im Berufsleben. Wenn ein Unteroffizier die Armee nach zwölf Jahren verließ, hatte er Anspruch auf eine Stelle bei der Bahn, Post oder Polizei. Als Uniformträger genoss er Respekt. Seinen militärischen Befehlston behielt er meist bei, wenn er mit „normalen" Bürgern sprach.

Erziehung im Militarismus

Auch in der Schule herrschte ein strenger Ton. Die Schülerinnen und Schüler hatten zu lernen und zu gehorchen. Alles geschah zackig und nach festen Regeln, mit wenig Lob und häufigen Strafen. Kinder und Jugendliche sollten zu kaisertreuen Untertanen erzogen werden. Das Militärische fand sich auch beim Spiel und in der Mode wieder. Zinnsoldaten, Modelle von Kriegsschiffen und Kanonen waren beliebte Geschenke. Kaum ein Junge, der nicht sonntags im Matrosenanzug, kaum ein Mädchen, das nicht im blauen oder weißen Matrosenkleid herumlief.

Q2 *Aus einer „Richtlinie für Lehrerinnen und Lehrer der Volksschule" von 1880:*
Damit jede Störung des Unterrichts unmöglich werde, hat der Lehrer (...) darauf zu achten, dass
a) alle Schüler anständig, gerade, mit dem Rücken angelehnt und in Reihen hintereinandersitzen (...);
b) jedes Kind seine Hände geschlossen auf die Schultafel legt (...);
c) die Füße parallel nebeneinander auf den Boden gestellt werden (...);
d) sämtliche Schüler dem Lehrer fest ins Auge schauen. (...)

Gibt der Lehrer (...) das Zeichen „Eins", dann erfassen die Kinder das unter der Schultafel liegende Buch; beim Zeichen „Zwei" erheben sie das Buch über die Schultafel; bei „Drei" legen sie es geräuschlos auf die Schultafel nieder, den Blick wieder, wie früher, unverwandt und fest auf den Lehrer gerichtet.

Q5 *„Staatsbürgerkunde"* (Karikatur von Th. Th. Heine, 1910/11). Die Karikatur hatte folgenden Text: „An den preußischen Schulen soll jetzt ein neues Unterrichtsfach Staatsbürgerkunde eingeführt werden. Es ist wohl selbstverständlich, dass der Unterricht von Schutzleuten erteilt wird."

Q3 *„Eine luxuriöse Kaserne" nannte der Franzose Henri Didon Berlin im Jahr 1884:*
Die Kaserne, die Schule: Das ist es, was dem fremden Beobachter zuerst in die Augen fällt, das ist das ganze Deutschland der Gegenwart. (...) Es gibt kein Land, in welchem der Militarismus stärker organisiert und die Wissenschaft allgemeiner gepflegt wird. Man sehe nur Berlin: überall der Soldat. Wir in Frankreich verbergen die Uniformen, in Deutschland zeigt man sie, wo immer man es kann. Uns scheint die Uniform eine unbequeme Last; sie tragen sie steif und stolz (...). Die germanische Rasse (...) kritisiert nicht, sie gehorcht. Dieses Phänomen beobachtet man in der Politik wie in der Schule.

Q4 *Über die Militarisierung der Gesellschaft sagte der sozialdemokratische Abgeordnete Wendel 1914 im Reichstag:*
Die geschichtliche Entwicklung Deutschlands hat es mit sich gebracht, dass die bürgerliche Klasse (adlige Lebensformen nachahmt) und militarisiert worden ist. Nicht der ehrenwerte Bürger ist das vielfach gangbare Ideal für die Mittelklasse des deutschen Volkes, sondern der schneidige Herr „von" mit dem aufgedrehten Schnurrbart. Ein junger Kaufmann will bei uns nicht aussehen wie ein junger Kaufmann, sondern womöglich wie ein Leutnant in Zivil.

Q6 *„Herr Leutnant tragen das Monokel im Bad?" – „Äh, befürchte, sonst für einen Zivilisten gehalten zu werden."* (Kariktur von J. B. Engl, 1897)

1. *Erkläre mit Hilfe des VT sowie Q1, Q3, Q4 und Q6 den Begriff Militarismus in deinen eigenen Worten.*
2. *Fasse zusammen, wie Wendel und Didon die Gesellschaft des Kaiserreichs bewerten (Q3, Q4).*
3. *Vergleiche die in Q1 und Q4 beschriebenen Wertevorstellungen mit den „Tugenden", die dir heute wichtig erscheinen.*
4. *Halte einen Kurzvortrag zur Kindererziehung im Kaiserreich 1871–1918. Mache dir dazu Stichpunkte aus Q1, Q2 und Q5. Welches Ziel hatte diese Erziehung (VT)?*
5. *Welche Gefahr siehst du bei der Überbetonung des Militärs in der Gesellschaft? Diskutiert darüber in der Klasse.*

10 Bündnisse und Konflikte

Q1 *Kaiser Wilhelm II. in Admiralsuniform* (Ausschnitt aus einer Ansichtskarte, um 1900). Mit solchen Darstellungen wurde in der deutschen Bevölkerung für die Flottenaufrüstung geworben.

Zeitreise multimedial – Das lange 19. Jahrhundert: Konflikte – „Imperialismus und Erster Weltkrieg"

Bismarcks Bündnispolitik

Um das Deutsche Reich abzusichern, hatte Reichskanzler Bismarck Bündnisse mit Russland, Österreich-Ungarn und Italien geschlossen. Auf diese Weise sollte Frankreich isoliert werden. Doch mit der Zeit verfeindeten sich Österreich-Ungarn und Russland immer stärker, da beide Macht auf die Völker in den Balkanländern ausüben wollten. Durch diese Feindschaft geriet das Deutsche Reich in Gefahr, in einen Krieg gegen Russland verwickelt zu werden.

1888 bestieg der junge Kaiser Wilhelm II. den Thron. Zwischen ihm und Bismarck kam es bald zu großen Streitigkeiten, denn der junge Kaiser wollte in seiner Außenpolitik einen neuen Kurs verfolgen: Er wollte so viele Kolonien wie möglich erwerben und das Deutsche Reich zu einer Weltmacht machen, ihm einen „Platz an der Sonne" sichern, wie Außenminister Bülow es ausdrückte. Bismarck dagegen war zurückhaltender in der Kolonialpolitik. 1890 forderte Wilhelm II. Bismarck auf, zurückzutreten, was dieser verbittert tat. Bismarcks Nachfolger erneuerten das Bündnis mit Russland nicht mehr. Daraufhin verbündeten sich Frankreich und Russland, sodass Deutschland sich nun von zwei Seiten bedroht sah.

„Unsere Zukunft liegt auf dem Wasser"

Das jedenfalls behauptete Kaiser Wilhelm II. Eine große Kriegsflotte sollte dem Deutschen Reich eine führende Stellung in der Welt sichern. Die deutsche Regierung beschloss daher, die Flotte auf insgesamt 36 Linienschiffe, 22 große und 38 kleine Kreuzer auszubauen. Im Ausland wurde die deutsche Politik misstrauisch beobachtet. Vor allem die britische Regierung sah ihre Vormachtstellung auf See gefährdet. Ab 1904 begannen deshalb auch die Briten, ihre Flotte mit mehr und größeren Kriegsschiffen aufzurüsten.

Wilhelm II. nahm in Kauf, dass er durch seine Weltmachtpolitik mit anderen Mächten in Streit geriet. Doch während sich die Beziehungen zwischen dem Deutschen Reich und seinen Nachbarn verschlechterten, änderte sich das Verhältnis der anderen europäischen Mächte untereinander.

Deutschland wird isoliert

1898 hatte sich die Lage in den afrikanischen Kolonialgebieten gefährlich zugespitzt: Frankreich und Großbritannien beanspruchten beide ein Gebiet am oberen Nil bei Faschoda im heutigen Sudan. Es drohte, zum Krieg zu kommen. Doch letztlich erkannten beide Regierungen, dass es besser sei, sich über die Kolonialpolitik zu verständigen. Deshalb schlossen sie 1904 eine Allianz, welche sie „Entente cordiale" („herzliches Übereinkommen") nannten.

Als Frankreich nach dieser Krise Marokko besetzte, protestierte die deutsche Regierung. Doch nun zeigte sich, dass Frankreich und Großbritannien gegen das Deutsche Reich zusammenhielten. Auch Großbritannien und Russland einigten sich, nachdem sie lange um Macht und Einfluss in Persien und Afghanistan gestritten hatten. Das Deutsche Reich war nun in Europa isoliert.

Q2 *Im Jahr 1892 schlossen Frankreich und Russland ein Militärabkommen. Darin wurde Folgendes festgeschrieben:*

1. Falls Frankreich von Deutschland oder von Italien mit Deutschlands Unterstützung angegriffen wird, wird Russland alle seine verfügbaren Kräfte für einen Angriff auf Deutschland einsetzen. Falls Russland von Deutschland oder von Österreich mit Unterstützung Deutschlands angegriffen wird, wird Frankreich alle seine verfügbaren Kräfte zum Kampf gegen Deutschland einsetzen.

2. Falls der Dreibund oder eine der an ihm beteiligten Mächte etwa mobil machen sollten, werden auch Frankreich und Russland auf die erste Kunde von diesem Ereignis sofort gemeinsam ihre gesamten Streitkräfte mobil machen und so nahe wie möglich an die Grenze werfen.

3. Die gegen Deutschland verfügbaren Streitkräfte werden auf französischer Seite 1 300 000 Mann, auf russischer Seite 700 000 bis 800 000 Mann betragen. Diese Streitkräfte werden mit Nachdruck (...) derart vorgehen, dass Deutschland zugleich sowohl nach Osten wie nach Westen hin zu kämpfen hat.

Q3 *Die Sozialdemokraten zur geplanten Verstärkung der deutschen Flotte (1900):*

Die Arbeiterklasse hat kein Interesse, Rüstungen zu unterstützen, welche die Gefahren zu Reibungen zwischen den Kulturstaaten vermehren (...). Insbesondere ist es wieder die Arbeiterklasse, auf deren Schultern die Last der neuen ins Riesenhafte sich steigernden Ausgaben hauptsächlich abgewälzt wird, wohingegen die herrschenden Klassen durch die ungeheuren Profite aus diesen Rüstungen ihren Reichtum ins Ungemessene steigern und neue einflussreiche Posten und Versorgungsstellen für ihre Angehörigen gewinnen.

Q4 *Der britische Außenminister Grey sagte 1911 zur deutschen Flottenpolitik:*

Aber ich meine, die deutsche öffentliche Meinung sollte bedenken, (...) wenn eine Nation die größte Armee in der Welt besitzt und wenn sie eine sehr große Flotte hat und fortfährt, eine noch größere Flotte zu bauen, dann muss sie alles, was in ihren Kräften steht, tun, um den natürlichen Befürchtungen vorzubeugen, die sonst bei andern, die keine aggressiven Absichten gegen jene Macht haben, darin entstehen würden, dass jene Macht mit ihrer Armee und Flotte aggressive Absichten gegen sie hege.

1 Untersuche die Bündnisse und Konflikte zwischen den europäischen Großmächten (D1). Wer stand sich 1914 gegenüber?

2 Prüfe, ob Frankreich und Russland 1892 ein Verteidigungs- oder Angriffsbündnis geschlossen haben (Q2).

3 Arbeite aus Q3 und Q4 die Argumente gegen die deutsche Flottenpolitik heraus. Welche Gefahren sahen die jeweiligen Parteien?

D1 *Bündnisse und Spannungen zwischen den Großmächten 1887 und 1914*

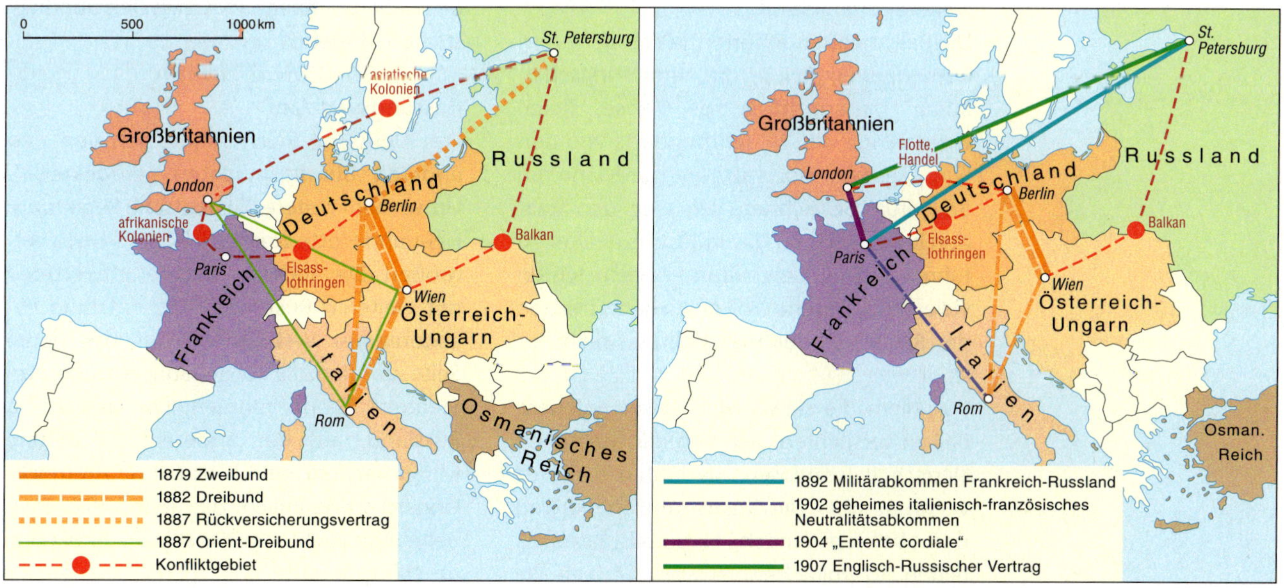

11 „Pulverfass" Balkan

Q1 *Die fünf Großmächte auf einem Dampfkessel* (Karikatur aus der englischen Satirezeitschrift „Punch", 1908).
– Kannst du die Aufschrift auf dem Kessel übersetzen?

Ein Krisenherd in Europa

Der „Wettlauf" der imperialistischen Mächte um Kolonien sowie ihre Streitigkeiten um Grenzziehungen und Einflussgebiete belasteten ihre Beziehungen auch in Europa. Zusätzlich bedrohte das Flottenwettrüsten zwischen dem Deutschen Reich und Großbritannien den Frieden. In dieser angespannten Situation bildete der Balkan eine weitere Krisenregion.

Die Balkanvölker gehörten seit langem zum Osmanischen Reich, das vom türkischen Sultan beherrscht wurde. Dieses Reich wurde Ende des 19. Jahrhunderts von den Europäern nur noch als „kranker Mann am Bosporus" bezeichnet. Versuche, den Staat durch Reformen in das Industriezeitalter zu führen, waren gescheitert. Zudem lebten viele verschiedene Völker in den Grenzen des Reichs, wodurch es politisch recht instabil war.

Vor allem die slawischen Völker auf dem Balkan versuchten, sich von der türkischen Herrschaft loszulösen. Sie lebten zum Teil verstreut über die Staatsgrenzen hinweg und strebten danach, Nationalstaaten zu bilden. So wollte beispielsweise Serbien alle Serben in einem „großserbischen Reich" vereinen. Dazu sollten auch die Serben gehören, die auf dem Gebiet des österreichisch-ungarischen Kaiserreichs lebten. Russland als größte slawische Nation verstand sich als Beschützer aller Slawen, also auch der Serben.

Kriege auf dem Balkan

1908 rebellierten türkische Offiziere gegen den Sultan. Österreich-Ungarn nutzte diese Krise des Osmanischen Reichs aus und annektierte Bosnien und Herzegowina. Damit löste die österreichische Regierung eine gefährliche Krise aus: Serbien betrachtete Österreich als Feind und drohte, militärisch vorzugehen. Auch Russland fühlte sich durch die Annexion in seinen Interessen angegriffen. Doch die deutsche Regierung, die ja mit Österreich-Ungarn verbündet war, warnte Russland davor, Serbien gegen Österreich zu unterstützen.

Auf dem Balkan selbst brachen in den folgenden Jahren mehrere Kriege aus. Nur mit Mühe gelang es den europäischen Großmächten, diese Kämpfe zu beenden. Doch seit 1908 galt der Balkan als „Pulverfass", von dem jederzeit Kriege zwischen den Bündnisstaaten ausgehen konnten.

Rüstungswettlauf

Das Deutsche Reich fühlte sich von den anderen Bündnismächten „eingekreist". Umso mehr rüstete die deutsche Regierung: Heer und Flotte wurden 1912/13 noch vergrößert. Die anderen Mächte antworteten mit weiteren Rüstungen. So entstand ein allgemeines Wettrüsten. Auf der einen Seite standen die so genannten „Entente-Staaten" Großbritannien, Frankreich und Russland, auf der anderen die beiden Mittelmächte Deutschland und Österreich-Ungarn sowie Italien, das aber 1902 einen geheimen Nichtangriffspakt mit Frankreich geschlossen hatte.

	1889 bis 1900	1900 bis 1910	1910 bis 1913
Großbritannien	38	36	20
Deutschland	12	25	13
Frankreich	15	11	11
Russland	15	6	4

D1 *Der Bau schwerer Kriegsschiffe*

Q2 *Österreichs Haltung gegenüber Serbien formulierte der österreichische Generalstabschef am 20. Januar 1913:*

Die Entwicklung eines selbstständigen großserbischen Staates ist eine (sehr große) Gefahr für die Monarchie (Österreich-Ungarn); sie liegt darin, dass (…) die Slawen der Monarchie (…) ihren Hort in diesem neuen, von Russland unterstützten Staatswesen suchen, dass vor allem die Serben der Monarchie die Angliederung an dasselbe anstreben werden; damit droht der Monarchie der Verlust der wichtigsten Gebiete für ihre Großmachtstellung und ihr wirtschaftliches Gedeihen. (…) Eingekeilt zwischen Russland, dann einem mächtig gewordenen Serbien und Montenegro und einem auf die Dauer kaum verlässlichen Italien wird die Monarchie zur politischen Ohnmacht und damit zum sicheren Niedergang verurteilt sein. (…) Die Monarchie muss durch eine militärische Kraftäußerung ihr Prestige, besser gesagt ihre politische Geltung, wiederherstellen.

Q3 *Die serbische Zeitung „Piemont" schrieb am 8. Oktober 1913, dem Jahrestag der Annexion Bosniens und Herzegowinas:*

Den Schmerz, der an diesem Tage dem serbischen Volke zugefügt wurde, wird das serbische Volk noch durch Jahrzehnte fühlen. (…) Das Volk legt das Gelübde ab, Rache zu üben, um durch einen heroischen Schritt zur Freiheit zu gelangen. Serbische Soldaten (…) legen heute das Gelübde ab, dass sie gegen die „zweite Türkei" ebenso vorgehen werden, wie sie (…) gegen die Balkan-Türkei vorgegangen sind. (…) Der Tag der Rache naht. Eine Türkei verschwand. Der gute serbische Gott wird geben, dass auch die „zweite Türkei" verschwindet.

	1905	1910	1913
Frankreich	991	1177	1327
Russland	1069	1435	2050
Großbritannien	1263	1367	1491
Deutschland	1064	1377	2111
Österreich-Ungarn	460	660	720

D2 *Rüstungsausgaben* (in Millionen Mark)

Q4 *links: „Wie sollen wir uns da die Hand geben?"* (deutsche Karikatur in der satirischen Zeitschrift „Simplicissimus", 1912). Die Figur links ist der „deutsche Michel", die andere stellt England dar.

D3 *Der Balkan 1908 bis 1913*

1 *Erläutere, aus welchen Gründen der Balkan ein „Pulverfass" für Europa war (VT, Q1).*

2 *Prüfe, was Österreich mit der Annexion von Bosnien und Herzegowina erreichen wollte (Q2). Welche Folgen hatte dieser Schritt (Q3)?*

3 *Untersuche die Karikatur Q4. Auf welche Gefahren weist der Zeichner hin?*

12 „In Europa gehen die Lichter aus“

Q 1 *Kurz nach dem Attentat:* Der serbische Student Gavrilo Princip wird überwältigt und festgenommen (Fotografie, 1914).

Zeitreise multimedial – Das lange 19. Jahrhundert: Konflikte – „Darum auf! Zu den Waffen!“

A-Z

Mobilmachung
Damit wird die Kriegsbereitschaft der Streitkräfte (Heer, Flotte, Luftwaffe) hergestellt, so müssen z. B. Transportmittel bereitgestellt und Reservisten einberufen werden. Eine Mobilmachung gilt auch als Form der Kriegsdrohung.

Das Attentat in Sarajewo

Am Abend des 28. Juni 1914 verkündeten in den Großstädten Europas Extrablätter eine entsetzliche Meldung: In der bosnischen Stadt Sarajewo war auf Erzherzog Franz Ferdinand, den österreichischen Thronfolger, geschossen worden. Der Attentäter war ein serbischer Student, der mit seiner Tat gegen die Unterdrückung der Serben in Österreich-Ungarn protestieren wollte. Die Menschen waren empört über diesen politischen Mord.

Krieg statt Diplomatie

Das Streben der Serben nach einem eigenen Staat war für Österreich-Ungarn seit langem eine Gefahr. Daher sah die Regierung in Wien in dem Attentat einen geeigneten Anlass, um mit Serbien „abzurechnen“. Das Deutsche Reich war bereit, diese Politik zu unterstützen. Die Regierung in Berlin ging davon aus, dass Russland einem Krieg Österreichs gegen Serbien tatenlos zusehen würde. So sicherte die deutsche Regierung Österreich-Ungarn am 6. Juli ihre bedingungslose Unterstützung zu. Damit erteilte sie dem Bündnispartner eine Art „Blankovollmacht“ für jedes weitere Vorgehen.
Falls Russland Serbien aber doch unterstützen sollte, wäre ein europäischer Krieg kaum vermeidbar. Denn alle Großmächte waren durch ihre Bündnisse feste militärische Verpflichtungen eingegangen. Über dieses Risiko war sich die Regierung in Berlin im Klaren. Sie vertraute auf die Zusage der militärischen Führung, einen Krieg gegen Frankreich und Russland gewinnen zu können. „Jetzt oder nie“, notierte Kaiser Wilhelm II. Großbritannien schlug mehrfach vor, alle Staaten sollten eine Verhandlungslösung suchen. Doch aus Sicht der Regierungen in Berlin und Wien wäre ein Kompromiss eine Niederlage gewesen.

Per Kettenreaktion in den Krieg

Ende Juli stellte die österreichische Regierung Serbien ein Ultimatum: Unter anderem sollten österreichische Beamte an den Untersuchungen des Attentats vom 28. Juni mitwirken. Die serbische Regierung war bereit, Wien entgegenzukommen, lehnte aber eine Einmischung in die inneren Angelegenheiten ab. Daraufhin erklärte Österreich Serbien den Krieg. Entgegen der deutschen Hoffnung begann die russische Regierung mit der Mobilmachung, um die Serben gegen die Österreicher zu unterstützen. Daraufhin erklärte die deutsche Reichsregierung Russland und dessen Verbündeten Frankreich den Krieg.
Gleich zu Kriegsbeginn überfielen deutsche Truppen das neutrale Belgien. Die deutsche militärische Führung wollte Frankreich von Norden her schnell besiegen, um sich dann gegen Russland zu wenden. Für Großbritannien war dieser Überfall auf Belgien der Anlass, an der Seite Frankreichs und Russlands in den Krieg einzutreten. Damit waren alle europäischen Großmächte in den Krieg verwickelt. Englands Außenminister Grey war entsetzt: „In Europa gehen die Lichter aus. Wir werden es nicht mehr erleben, wenn sie wieder angehen.“

Q2 *Zwei Historiker über die Schuld am Ausbruch des Ersten Weltkriegs:*

a) Fritz Fischer (1967):

Bei der angespannten Weltlage des Jahres 1914, nicht zuletzt als Folge der deutschen Weltpolitik (…), musste jeder lokale Krieg in Europa, an dem eine Großmacht unmittelbar beteiligt war, die Gefahr eines allgemeinen Krieges unvermeidbar nahe heranrücken. Da Deutschland den österreichisch-serbischen Krieg gewollt und gedeckt hat und, im Vertrauen auf die deutsche militärische Überlegenheit, es im Juli 1914 bewusst auf einen Konflikt mit Russland und Frankreich ankommen ließ, trägt die deutsche Reichsführung den entscheidenden Teil der historischen Verantwortung für den Ausbruch des allgemeinen Krieges.

Q3 *Am 1. August 1914 in Berlin:* Kriegsbegeisterte Jugendliche ziehen durch die Stadt (Foto).

b) Karl Dietrich Erdmann (1985):

Gewiss, keine der europäischen Regierungen hat den allgemeinen Krieg gewollt. Aber fragen wir einmal umgekehrt: Haben sie den Frieden gewollt? Jede hätte den Krieg verhindern können, wenn sie bereit gewesen wäre, den Preis für den Frieden zu zahlen: Österreich, wenn es darauf verzichtet hätte, den seine Existenz als Vielvölkerstaat bedrohenden großserbischen Nationalismus zu zerbrechen, Deutschland, wenn es Österreich hierbei nicht angetrieben, sondern zurückgehalten hätte (…); Russland, wenn es darauf verzichtet hätte, den serbisch-österreichischen Konflikt durch seine Mobilmachung zu einem europäischen Konflikt zu erweitern (…); Frankreich, wenn es dem russischen Bundesgenossen nicht die Gewissheit gegeben hätte, unter allen Umständen mit französischer Hilfe rechnen zu können (…); England, wenn es nicht seinen Entente-Partnern [Bündnispartnern] die Gewissheit gegeben hätte, dass es im Kriegsfall auf deren Seite stehen werde.

Gratis. Extra-Blatt. Gratis.

Vossische Zeitung

Der österreichische Thronfolger und seine Gattin ermordet.

Q4 *Extrablatt einer Berliner Zeitung vom 28. Juni 1914*

D1 *Einem Automatismus gleich kommt die Kriegsmaschine in Gang –* die Ereignisse im Sommer 1914

28. Juni	Attentat in Sarajewo
5. Juli	Die deutsche Reichsführung versichert gegenüber Österreich ihre volle Rückendeckung und Bündnistreue.
23. Juli	österreichisches Ultimatum an Serbien, unter anderem mit der Forderung nach Untersuchung der Schuld unter Beteiligung österreichischer Beauftragter
25. Juli	russisches Hilfsversprechen für Serbien, serbische Mobilmachung
28. Juli	Kriegserklärung Österreich-Ungarns an Serbien
30. Juli	russische Mobilmachung
31. Juli	deutsches Ultimatum an Frankreich (Frankreich sollte in einem russisch-deutschen Krieg neutral bleiben); deutsches Ultimatum an Russland (Einstellung der Mobilmachung)
1. August	15 Uhr französische Mobilmachung 17 Uhr deutsche Mobilmachung 19 Uhr Kriegserklärung Deutschlands an Russland
3. August	Kriegserklärung Deutschlands an Frankreich
4. August	deutscher Einmarsch in Belgien, Kriegserklärung Englands an Deutschland

1 *Fasse zusammen, wie es zum Kriegsausbruch kam (VT, D1).*
2 *Beschreibe anhand von Q3 die Stimmung in der Bevölkerung.*
3 *Welche Gründe für den Kriegsausbruch führen die beiden Historiker in Q2 jeweils an?*
4 *Urteile selbst: Was waren die Ursachen und was war der Anlass für den Ersten Weltkrieg?*

13 Bemüht sich niemand um Frieden?

Q1 *Bertha von Suttner (1843–1914) schrieb 1889 das Buch „Die Waffen nieder!".* Sie erhielt 1905 den Friedensnobelpreis und war Vizepräsidentin des Internationalen Friedensbüros in der Schweiz.

Pazifismus
(von lat. pax = Frieden) bezeichnet eine Grundhaltung, die militärische Gewalt zur Lösung von Konflikten grundsätzlich ablehnt.

Eine Friedensbewegung entsteht

Viele Menschen waren im 19. Jahrhundert zu der Überzeugung gekommen, dass Krieg kein Mittel sei, um politische Probleme zu lösen. Schon der amerikanische Bürgerkrieg von 1861–1864 hatte deutlich gemacht, dass ein Krieg im Industriezeitalter furchtbare Verluste und großes Leid mit sich bringt. In Europa und den USA gründeten sich Friedensgesellschaften, in denen Männer und Frauen darüber diskutierten, wie sich Kriege verhindern und Konflikte friedlich lösen ließen.

1862 veröffentlichte der Schweizer Henri Dunant ein Buch über seine grauenvollen Erlebnisse auf dem Schlachtfeld von Solferino. 1889 erschien der Roman „Die Waffen nieder!" von der Österreicherin Bertha von Suttner. Dieses Buch wurde in fast alle europäischen Sprachen übersetzt und machte die Friedensidee weit bekannt und populär. Bertha von Suttner nahm an zahlreichen Friedenskonferenzen teil und setzte sich in der ganzen Welt dafür ein, Kriege durch internationale Vereinbarungen zu ächten.

Sprengstoff für den Frieden?

Der schwedische Chemiker Alfred Nobel schlug dagegen einen anderen Weg ein. Er wollte „einen Stoff oder eine Maschine schaffen können von so fürchterlicher, massenhaft verheerender Wirkung, dass dadurch Kriege überhaupt unmöglich würden (...). An dem Tag, da zwei Armeekorps sich gegenseitig in einer Sekunde werden vernichten können, werden wohl alle zivilisierten Nationen zurückschaudern und ihre Truppen verabschieden." – So glaubte er. 1867 erfand Nobel das Dynamit. Doch als er sah, was seine Erfindung in den folgenden Jahren anrichtete, änderte sich sein Denken radikal. Mit seinem Vermögen, das er mit dem Dynamit verdient hatte, stiftete er einen besonderen Preis. Bis heute wird der Friedensnobelpreis jedes Jahr an Politiker oder andere Menschen verliehen, die sich um den Frieden in der Welt verdient gemacht haben.

Proteste gegen den Krieg

1899 und 1907 kamen in Den Haag die Vertreter zahlreicher Staaten zu einer Friedenskonferenz zusammen. Doch sie schafften es nicht, sich auf Schritte zu einer allgemeinen Abrüstung zu verständigen. 1912 trafen sich dann in der Schweiz zahlreiche Vertreter der europäischen Arbeiterparteien, um über die Kriegsgefahr in Europa zu diskutieren. Sie waren sich einig, dass in einem künftigen Krieg in den Massenheeren des Industriezeitalters vor allem die Arbeiterschaft die größten Opfer bringen würde.

Als nach dem Attentat von Sarajewo ein europaweiter Krieg drohte, demonstrierten Hunderttausende Arbeiterinnen und Arbeitern sowie andere Friedensanhänger vor allem in Deutschland und Frankreich gegen die Kriegspolitik ihrer Regierungen. Doch auch die europäische Friedensbewegung konnte den Krieg nicht verhindern.

Q2 *Aus einer Reichstagsrede von August Bebel (SPD), 1911:*

Eines Tages kann die eine Seite sagen: Das kann nicht so weitergehen. Sie kann auch sagen: Halt, wenn wir länger warten, dann geht es uns schlecht, dann sind wir der Schwächere statt der Stärkere. Dann kommt die Katastrophe. Dann werden in Europa sechzehn bis achtzehn Millionen Männer, die Blüten der verschiedenen Nationen, ausgerüstet mit den besten Mordwaffen, gegeneinander ins Feld rücken. (...) Hinter diesem Krieg steht der Massenbankrott, steht das Massenelend, steht die Massenarbeitslosigkeit, die große Hungersnot.

Q3 *Der protestantische Pfarrer Otto Umfrid schrieb 1913:*

Wenn es der Kriegspartei in Deutschland gelingen sollte, uns wirklich in den fürchterlichsten Zukunftskrieg hineinzuhetzen, wenn dann die Blüte der deutschen männlichen Jugend auf dem Schlachtfeld zerrissen daliegen wird, dann wird das deutsche Volk vielleicht eine Antwort finden auf die Frage, ob derjenige sein Vaterland mehr geliebt habe, der seine ganze Kraft daransetzte, ihm diese Schrecken zu ersparen, oder derjenige, der Blut säte und dafür Blut erntete.

Die Friedenssonne aber wird und muss über die Nebel der Vorurteile siegen trotz Flotten- und Wehrverein.

Q4 *Bürgerliche Pazifisten, zu denen auch der Physiker Albert Einstein gehörte, veröffentlichten im Oktober 1914 diesen Aufruf:*

Der heute tobende Kampf wird kaum einen Sieger, sondern wahrscheinlich nur Besiegte zurücklassen. Darum scheint es nicht nur gut, sondern auch bitter nötig, dass gebildete Männer aller Staaten ihren Einfluss dahin aufbieten, dass (...) die Bedingungen des Friedens nicht die Quelle künftiger Kriege werden, dass vielmehr die Tatsache, dass durch diesen Krieg alle europäischen Verhältnisse in einen gleichsam labilen (...) Zustand geraten sind, dazu benutzt werde, um aus Europa eine organische Einheit zu schaffen.

Q5 *Sanitäter mit einer Rotkreuz-Armbinde* (Foto aus dem Ersten Weltkrieg).
Der Schweizer Henri Dunant gründete das Rote Kreuz 1864. Auslöser für ihn war die Schlacht von Solferino. Im Rahmen der italienischen Unabhängigkeitsbestrebungen kam es im Jahr 1859 dort zu Kämpfen zwischen Truppen Piemont-Sardiniens und Frankreichs auf der einen Seite und der Armee Österreichs auf der anderen Seite. Dunant war von den Zuständen auf dem Schlachtfeld und der Not der Verwundeten derart erschüttert, dass er sich zu einer spontanen Hilfsaktion für die Verletzten auf beiden Seiten entschloss. Seit der Gründung des Roten Kreuzes kümmert sich die Organisation unter anderem um Verwundete im Krieg und um das Schicksal von Vermissten.

Q6 *Der russische Zar Nikolaus II. schlug eine Abrüstungskonferenz vor. In seinem Aufruf vom 24. August 1898 heißt es:*

Die Aufrechterhaltung des allgemeinen Friedens und eine mögliche Herabsetzung der übermäßigen Rüstungen, die auf allen Nationen lasten, stellen sich in der gegenwärtigen Lage der ganzen Welt als ein Ideal dar, auf das die Bemühungen aller Regierungen gerichtet sein müssen (...). Hunderte von Millionen werden aufgewendet, um furchtbare Zerstörungsmaschinen zu beschaffen, die heute als das letzte Wort der Wissenschaft betrachtet werden und schon morgen dazu verteufelt sind, jeden Wert zu verlieren infolge irgendeiner neuen Entdeckung auf diesem Gebiet (...). Diesen unaufhörlichen Rüstungen ein Ziel zu setzen und die Mittel zu suchen, dem Unheil vorzubeugen, das die ganze Welt bedroht, das ist die höchste Pflicht, die sich heutzutage allen Staaten aufzwingt.

1. *Fasse die Gründe vieler Menschen im 19. Jahrhundert zusammen, sich für den Frieden einzusetzen (VT).*
2. *Russland war im Jahr 1898 Deutschland und Österreich militärisch unterlegen. Prüfe vor diesem Hintergrund, warum Zar Nikolaus für eine Abrüstung argumentierte (Q6).*
3. *Liste die Gefahren und möglichen Folgen eines Krieges auf, wie sie die Verfasser von Q2–Q4 sahen.*
4. *Überlege, warum die Friedensbewegung den Krieg nicht verhindern konnte.*

14 Europa wird zum Schlachtfeld

Q1 *Deutsche Soldaten fahren in einem Güterwagen an die Westfront* (Foto, 1914). Der Eisenbahn kam während des Ersten Weltkriegs eine wichtige strategische Rolle zu: Massenhaft transportierte sie die Truppen an die verschiedenen Fronten. – Welche Vorstellung vom bevorstehenden Krieg wird in dem Bild deutlich?

Zeitreise multimedial – Das lange 19. Jahrhundert: Konflikte – „Der Erste Weltkrieg" und „Eine neue Form des Krieges"

Jubel bei Kriegsbeginn

Als im August 1914 die Züge mit Millionen von Soldaten an die Fronten rollten, herrschte in der deutschen Bevölkerung überwiegend Begeisterung. Etliche junge Männer meldeten sich freiwillig an die Front. Wie der Dichter Thomas Mann empfanden viele den Krieg nach all den Jahren sich steigernder Spannung als „Reinigung, Befreiung (…) und ungeheure Hoffnung". Viele Menschen glaubten, gemäß dem Denkmuster der damaligen Zeit, die Ehre und die Macht des Staates gegen den Angriff anderer Mächte verteidigen zu müssen.

Waren die Reichstagsabgeordneten der Arbeiterparteien zunächst gegen den Krieg, wollten sie nun nicht als Vaterlandsverräter gelten. Mit wenigen Ausnahmen stimmten sie der Bewilligung von Kriegskrediten zu, damit die Regierung die hohen Kriegskosten bezahlen konnte. Die Regierung ging davon aus, dass sie nach einem gewonnenen Krieg hohe Entschädigungen von Frankreich erhalten würde. Zudem erwartete die Regierung und ein Großteil der Bevölkerung einen kurzen Krieg. Zu überlegen fühlte man sich dem Gegner.

Erste Kämpfe

Die ersten Kämpfe schienen zu bestätigen, dass dieser Krieg nur von kurzer Dauer sein würde. Innerhalb weniger Wochen drangen deutsche Truppen durch Belgien bis kurz vor Paris vor. Dieses Vorgehen beruhte auf einem Plan der militärischen Führung: Frankreich sollte schnell besiegt werden, um im Anschluss mit allen Truppen gegen Russland kämpfen zu können. Der Angriff gegen Frankreich sollte durch das neutrale Belgien führen. Damit wollte man die starken Befestigungen an der deutsch-französischen Grenze umgehen.Unerwartet früh griffen allerdings russische Armeen Deutschland im Osten an, sodass die deutschen Armeen zugleich gegen Belgier, Briten, Franzosen und Russen kämpfen mussten.

Nach verlustreichen Kämpfen an der Marne in der Nähe von Paris kam im September der deutsche Vormarsch zum Stehen. Zur gleichen Zeit besiegten deutsche Truppen im Osten zwei russische Armeen. Damit verhinderten sie zwar einen Einmarsch der russischen Soldaten in Ostdeutschland, doch der Plan eines schnellen Sieges an der Westfront war gescheitert.

Q2 Der deutsche Reichskanzler Bethmann Hollweg skizzierte am 9. September 1914 in dem geheimen „Septemberprogramm“ die deutschen Kriegsziele:

Das allgemeine Ziel des Krieges: Sicherung des Deutschen Reiches nach West und Ost auf erdenkliche Zeit. Zu diesem Zweck muss Frankreich so geschwächt werden, dass es als Großmacht nicht neu erstehen kann, Russland von der deutschen Grenze nach Möglichkeit abgedrängt und seine Herrschaft über die nichtrussischen Vasallenvölker gebrochen werden. Die Ziele des Krieges im Einzelnen:

1. Frankreich. Von den militärischen Stellen zu beurteilen, ob die Abtretung von Belfort, des Westabhangs der Vogesen, die Schleifung der Festungen und die Abtretung des Küstenstrichs von Dünkirchen bis Boulogne zu fordern ist. In jedem Falle abzutreten, weil für die Erzgewinnung unserer Industrie nötig, das Erzbecken von Briey. Ferner eine in Raten zahlbare Kriegsentschädigung; sie muss so hoch sein, dass Frankreich nicht imstande ist, in den nächsten 18 bis 20 Jahren erhebliche Mittel für Rüstung aufzuwenden. Des Weiteren: ein Handelsvertrag, der Frankreich in wirtschaftliche Abhängigkeit von Deutschland bringt, es zu unserem Exportland macht und es ermöglicht, den englischen Handel in Frankreich auszuschalten. (...)

2. Belgien. (...) Jedenfalls muss ganz Belgien, wenn es auch als Staat äußerlich bestehen bleibt, zu einem Vasallenstaat herabsinken.

Q3 Der französische Botschafter in St. Petersburg beschrieb am 12. September 1914 die russischen Ziele:

1. Das Hauptziel der drei Verbündeten würde sein, die Macht Deutschlands und seinen Anspruch auf militärische und politische Herrschaft zu brechen. (...)

3. Russland würde sich den Unterlauf des Njemen und den östlichen Teil Galiziens aneignen. Es würde dem Königreich Polen das östliche Posen, Schlesien (...) und den westlichen Teil Galiziens angliedern.

4. Frankreich würde Elsass-Lothringen wiedernehmen, wobei es ihm freisteht, einen Teil Rheinpreußens und der Pfalz hinzuzufügen. Belgien würde (...) einen bedeutenden Gebietszuwachs erhalten. (...)

12. England, Frankreich und Japan würden sich die deutschen Kolonien teilen.

13. Deutschland und Österreich würden eine Kriegskontribution zahlen.

Q4 Die Pariser Bevölkerung verabschiedet französische Truppen in den Krieg.
– Vergleiche mit Q1.

1 Schildere den Verlauf des Krieges in den ersten Monaten (VT, Q1, D1).

2 Vergleiche die Kriegsziele der Deutschen und der Alliierten (Q2, Q3). Erläutere die möglichen Folgen dieser Ziele.

D1 Frontenverlauf des Ersten Weltkriegs

15 Grausame Kriegswirklichkeit

Q1 *Soldaten schützen sich mit Gasmasken gegen das Giftgas.* Diese Waffe war eine deutsche Erfindung.

A-Z

Stellungskrieg
Krieg, der an einer fast starren und von Schützengräben, Stacheldrahtzäunen und Unterständen durchzogenen Linie stattfindet. Geländegewinne waren nur durch Offensiven mit erheblichem Materialeinsatz möglich.

Verdun
Die Schlacht um Verdun war die blutigste und verlustreichste Materialschlacht des Ersten Weltkriegs – rund 700 000 französische und deutsche Soldaten wurden getötet, verwundet, gefangen genommen oder vermisst gemeldet.

Tödliche Technik im Stellungskrieg

Nach dem gestoppten Vormarsch der deutschen Truppen erstarrte der Krieg zum „Stellungskrieg“. Schützengräben, in denen sich die Soldaten verschanzten, zogen sich bald von der Küste durch Belgien und Frankreich bis zur Schweiz. Das Kampfgeschehen spielte sich meist auf einem Geländestreifen von wenigen Kilometern ab, die feindlichen Stellungen oft in Sichtweite.
Die Grausamkeit des Frontalltags ist für uns kaum vorstellbar. Industrialisierung und moderne Technik machten den Einsatz neuer Waffen möglich und veränderten so den Charakter des Krieges. Flammenwerfer, Maschinengewehre, Flugzeuge und Panzer machten das Leben der Soldaten in den Schützengräben zur Hölle. Das später eingesetzte Giftgas steigerte die entsetzlichen Leiden um ein weiteres. In den sinnlosen Materialschlachten wurden die Soldaten regelrecht verheizt und zu Tausenden in das gegnerische Geschützfeuer gehetzt.
Waffen und Munition wurden massenhaft in Fabriken hergestellt, dennoch reichte der Nachschub kaum aus. Selbst die Fortschritte auf dem Gebiet der Kommunikation machte sich die militärische Führung zu Nutzen. Meldegänger informierten über die Kriegslage nun per Feldtelefon.

Die Hölle von Verdun

Am 21. Februar 1916 eröffnete die deutsche V. Armee das Feuer auf die Stadt Verdun sowie auf die Nachschubwege und die gegnerischen Schützengräben. Die Strategie war, Frankreich „ausbluten“ zu lassen und so zum Aufgeben zu zwingen. Über Monate hinweg tobten grausame Schlachten zwischen dem deutschen und französischen Heer, wobei zehntausende Männer von Maschinengewehren „niedergemäht“ oder von Granaten zerrissen wurden. Im Oktober letztlich waren die deutschen Truppen gezwungen, aus Verdun abzuziehen. An einem einzigen Tag gewannen die Franzosen das Gelände zurück, das die Deutschen in vier Monaten erkämpft hatten.

Alltag an der „Heimatfront“

Seit Kriegsbeginn behinderte eine britische Seeblockade die Warenlieferungen nach Deutschland. Folglich mangelte es dort an Nahrungsmitteln, Kleidungsstücken und Gebrauchsgegenständen. Lebensmittel wurden rationiert, Höchstpreise festgelegt und die gesamte Wirtschaft auf den Krieg ausgerichtet.
Jeder männliche Deutsche, der zwischen 17 und 60 Jahren alt und kein Soldat war, musste Arbeit in der Kriegsindustrie, in der Landwirtschaft oder der Krankenpflege leisten. Auch Kinder, Jugendliche, Frauen, Invaliden, Kriegsgefangene und Zwangsarbeiter wurden als Arbeitskräfte eingesetzt.
Die ständigen Entbehrungen zermürbten die Menschen. Seit dem „Steckrübenwinter“ 1916/17, in dem Tausende verhungerten, kam es zu immer mehr Protesten für Frieden und Brot und gegen die politische Ordnung.

Q2 *Ein Soldat an der Front schreibt an seine Familie:*

Ich schicke euch einen Brief, den ein Urlauber erst in Deutschland aufgibt, denn wir dürfen nicht schreiben, wie es uns geht, es wird alles gelesen. Ich bin nun 19 Tage hier (...). In dieser Stellung ist noch keine feste Mauer und kein bombenfester Unterstand. Da heißt es jetzt zwei Stunden Posten stehen, dann zwei Stunden arbeiten, so geht's Tag und Nacht. Hat man dann einmal ein paar Stunden zum Schlafen, dann kann man eine Stunde nicht schlafen wegen der Ratten, die alles zusammenbeißen und gruppenweise über das Gesicht springen. Und dieser Dreck, von oben bis unten voll Lehm (...). Jetzt die Hauptsache, das Essen. In der Stellung wird abends Kaffee (warmes Wasser) gefasst und gleich für den anderen Morgen. Es ist vielleicht so viel wie bei euch eine Tasse, dann kannst du hungern die ganze Nacht, von Schlafen keine Rede und früh zwischen neun und zehn Uhr gibt's schon das Mittagessen. Eine Dörrgemüsesuppe, ein Stück Fleisch und wieder Kaffee, dann ist Schluss.

Q3 *Aufruf an alle Schülerinnen und Schüler in Deutschland:*

Herrliche Taten verrichten unsere Soldaten an der Westfront in Kämpfen (…). Doch die Entscheidung wird zum großen Teil in der Heimat fallen. (…) Jetzt gilt es: Wer die Entbehrungen, die aus der Unterdrückung des Seehandels erwachsen, am längsten ertragen kann, der ist Sieger! Die kommenden Monate sollen die Entscheidung bringen. Und dabei mitzuwirken, sind wir alle berufen. (…)

Sammelt die Knochen aus euren Haushaltungen! Denn aus Knochen lässt sich ein gutes Speisefett herstellen. Sammelt die Obstkerne! (…) Denn daraus wird Speiseöl gewonnen. Sammelt die Brennnesselstängel! Denn sie werden zu Gespinststoffen verarbeitet und dienen unseren Feldgrauen zur Kleidung! (…) Sammelt das Menschenhaar! Denn daraus werden wegen des Ledermangels Treibriemen für die Munitionsfabriken hergestellt. (…) Sammelt Weißblech (Konservendosen usw.) für die Munitionsfabriken, damit nicht die Orgelpfeifen unserer Kirchen der Glut der Schmelzflammen zum Opfer fallen müssen. Sammelt Alt-Gummi; Alt-Papier und alle Metalle (…)! Sucht nach in Boden und Keller, auch bei Freunden und Bekannten, wo ein Stück Metall nutzlos daliegt.

Q4 *Im April 1916 erhielten Anna Böhmer und ihre Tochter Nachricht, dass ihr Mann bzw. Vater Gottfried Böhmer gefallen war:*

Sehr geehrte Frau Anna Böhmer!

Ihr Schreiben vom 3. März (…) hat mich erreicht, und ich bin in der Lage, Ihnen persönlich über den Tod unseres lieben Böhmer Auskunft zu geben. (…) Hätte er mir gefolgt, wäre er zur kritischen Stunde in Urlaub gewesen, aber er wollte erst am 7. April fahren, um die Ostern mit Ihnen zu verleben. (…) Sein Tod war schmerzlos, da er durch eine Granate voll getroffen, hoch in die Luft flog und tot zurückkam. Wer so stirbt, stirbt als Held und es ist sicher Gottes Schickung gewesen, so sterben zu müssen. (…) Bleiben Sie stark für die fernere Zukunft. Ergebenst A. Beiersdörfer, Feldwebel.

Q5 *Aufruf zur Arbeit in der Rüstungsindustrie,* Plakat. Frauen mussten immer mehr Tätigkeiten in Rüstungsbetrieben und anderen „Männer-Berufen" übernehmen. Der Anteil der weiblichen Arbeiter in der Industrie stieg bis 1918 von 22% auf 35%.

1. *Schreibe einen Zeitungsartikel über das Leben der Soldaten an der Front (VT, Q1, Q2).*
2. *Beschreibe, wie sich der Krieg auf die Lebensumstände in der Heimat auswirkte (VT, Q3-Q5).*
3. *Überlege, warum der Feldwebel darauf hinweist, dass Gottfried Böhmer als „Held" gestorben sei (Q4)?*

Zeitreise multimedial
Das lange 19. Jahrhundert: Konflikte – „Otto Dix"

16 Methode
Fotografien als Geschichtsquellen betrachten

Geschichte objektiv?
Mit der Erfindung der Fotografie Mitte des 19. Jahrhunderts konnten erstmals historische Ereignisse in dem Moment festgehalten werden, in dem sie geschahen. Außerdem gibt es seit dieser Zeit auch Aufnahmen aus dem täglichen Leben der Menschen. Fotografien sind deshalb wertvolle Geschichtsquellen für uns. Aber wir müssen Fotos auch immer kritisch befragen, denn der Fotograf hält nur einen Ausschnitt der Wirklichkeit fest. Manchmal werden Fotos auch gezielt eingesetzt, um den Betrachter zu beeinflussen. Das kann so weit gehen, dass Fotografien nachträglich retuschiert, d. h. mit Absicht gefälscht werden.

Der Erste Weltkrieg auf Fotos
Aus der Zeit des Ersten Weltkriegs sind zahlreiche Fotos erhalten geblieben. Sie zeigen sowohl die Geschehnisse an der Front als auch das Leben in den Städten zu Hause. Doch diese Fotografien müssen wir besonders kritisch betrachten, denn gerade in Kriegszeiten werden Fotos oft dazu benutzt, um ein ganz bestimmtes Bild zu vermitteln und über die schrecklichen Seiten des Krieges hinwegzutäuschen.

Q 1 *Britische Soldaten auf einem Schlachfeld in Flandern.*

Methodische Arbeitsschritte

1. Betrachte das Foto genau und beschreibe die Einzelheiten.
2. Fasse zusammen, welche konkrete Situation der Fotograf auf dem Bild festgehalten hat.
3. Überlege, zu welchem Zweck das Foto aufgenommen wurde. Ist es ein Pressefoto oder eine private Aufnahme?
4. Beschreibe die Wirkung des Fotos. Welche Einzelheiten hat der Fotograf besonders hervorgehoben; welche Stimmung herrscht auf dem Bild?
5. Betrachte das Foto kritisch. Trifft der Fotograf eine bestimmte Aussage? Will er sachlich informieren oder eine bestimmte Wirkung beim Betrachter erzielen?

Q 2 *Nach der Schlacht.* Verwundete Soldaten werden im Feldlazarett versorgt.

Q 3 *Todesnachricht von der Front*

Q 4 *Arbeiterinnen beim Reinigen von Maschinengewehren, 1916.* Das preußische Kriegsministerium erklärte in einem Schreiben vom 5. Februar 1917: „Die Industrie muss damit rechnen, dass ihr immer mehr Männer entzogen werden. Die Nutzbarmachung der weiblichen Arbeitskräfte gewinnt daher immer größere Bedeutung."

1 *Ordne die Fotografien auf dieser Seite zeitlich in den Kriegsverlauf ein. In welchem Zusammenhang sind sie entstanden?*

2 *Betrachte die Fotos anhand der methodischen Arbeitsschritte. Welche Fotos sind eher sachlich-informierend, welche sollen eine emotionale Wirkung erzielen?*

3 *Suche dir ein weiteres Foto aus den vorangegangenen oder den nächsten Kapiteln aus und analysiere es.*

4 *Frage in deiner Familie nach, ob ihr Fotos aus der Zeit des Ersten Weltkriegs besitzt, und bringe sie mit in die Klasse.*

17 Frieden „durchsetzen" oder „stiften"?

Q 1 *„Nur die Marine kann dies beenden"* (Propagandaplakat der US-amerikanischen Regierung von 1917)

Die entscheidende Wende
Angesichts der ausweglosen Lage an allen Fronten verschärfte die Oberste Heeresleitung im Februar 1917 den Krieg zur See. Deutsche U-Boote sollten nun auch Handels- und Passagierschiffe versenken. Damit wollte man Englands Versorgungswege unterbrechen. Als in diesem „uneingeschränkten U-Boot-Krieg" auch amerikanische Schiffe versenkt wurden, erklärte Präsident Wilson den Deutschen im April 1917 den Krieg. Dadurch erhielten die Alliierten nicht nur militärische sondern auch wirtschaftliche Unterstützung. Die USA brachten über 30 Milliarden Dollar und 4,5 Millionen Soldaten auf und gaben dem Krieg damit die entscheidende Wende.

Verständigungsfrieden …
Nach den blutigen Materialschlachten des Jahres 1916 hatten manche Politiker erkannt, dass es schwer werden würde, einen militärischen Sieg zu erringen. Der deutsche Reichskanzler Bethmann Hollweg griff einen Vorschlag des amerikanischen Präsidenten Wilson, Friedensverhandlungen zu führen, auf und richtete Ende 1916 ein Friedensangebot an die Gegner. Nachdem Österreich-Ungarn und Deutschland über Rumänien gesiegt hatten, fühlten sie sich stark genug, die Friedensbedingungen zu bestimmen. Die Alliierten lehnten das Angebot allerdings ab. Auch sie wollten aus einer Position der Stärke heraus verhandeln. Wilson forderte alle Krieg führenden Mächte auf, ihre Bedingungen für eine Friedenskonferenz zu nennen, und schlug einen „Frieden ohne Sieg vor". Doch zu einem Verständigungsfrieden war zu diesem Zeitpunkt keine der Regierungen bereit.

… oder „Siegfrieden"?
Als in Russland im Frühjahr 1917 eine Revolution ausbrach, hatte dies auch Auswirkungen auf den Kriegsverlauf: Der Zar wurde gestürzt und die Sozialisten unter dem Politiker Lenin übernahmen die Macht. Politische Kämpfe im ganzen Land und Probleme in der Lebensmittelversorgung schwächten dabei die russische Regierung und die Truppen so sehr, dass Russland Anfang 1918 um Friedensverhandlungen bat. Diese Situation nutzte die deutsche Regierung aus. Obwohl der amerikanische Präsident Wilson mit einem im Januar 1918 veröffentlichten 14-Punkte-Plan erneut für einen Verständigungsfrieden geworben hatte, diktierte Deutschland dem unterlegenen Russland im Friedensvertrag von Brest-Litowsk seine harten Friedensbedingungen.
Russland hatte große Gebiete im Westen an Deutschland abzutreten, konnte aber aufgrund seiner militärischen Schwäche nicht anders, als die Bedingungen anzunehmen. Die deutsche Regierung setzte damit bewusst auf einen militärischen Sieg und schlug alle Vorschläge Wilsons in den Wind.

A-Z

Alliierte
Durch Verträge miteinander verbündete Kriegsmächte. Im Ersten Weltkrieg bezeichnet dieser Begriff die gegen das Deutsche Reich verbündeten Staaten (Russland, Frankreich, England, später die USA und weitere Bündnisstaaten).

Q2 *Das deutsche Friedensangebot*

a) Schreiben der Regierung vom 2. Dezember 1916 an die Alliierten:

Getragen von dem Bewusstsein ihrer militärischen und wirtschaftlichen Kraft und bereit, den ihnen aufgezwungenen Kampf nötigenfalls bis zum Äußersten fortzusetzen, zugleich aber von dem Wunsch beseelt, weiteres Blutvergießen zu verhüten und den Gräueln des Krieges ein Ende zu machen, schlagen die vier verbündeten Mächte vor, alsbald in Friedensverhandlungen einzutreten. Die Vorschläge, (…) die darauf gerichtet sind, Dasein, Ehre und Entwicklungsfreiheit ihrer Völker zu sichern, bilden nach ihrer Überzeugung eine geeignete Grundlage für (einen) dauerhaften Frieden.

b) Antwort der Alliierten vom 30. Dezember 1916:

Vor jeder Antwort legen die alliierten Mächte Gewicht darauf, gegen die beiden wesentlichen Behauptungen der Note der feindlichen Staaten lauten Einspruch zu erheben, welche auf die Alliierten die Verantwortung für den Krieg abwälzen will und die den Sieg der Zentralmächte verkündete. (…) Für die Vergangenheit übersieht die deutsche Note die Tatsachen, die Daten und die Zahlen, die feststellen, dass der Krieg gewollt hervorgerufen und erklärt worden ist durch Deutschland und Österreich-Ungarn. (…) Für die Zukunft verlangen die (…) verursachten Verwüstungen (…) Sühne, Wiedergutmachung und Bürgschaften.

Q3 *Der Abgeordnete Kuno Graf von Westarp (Deutsch-konservative Partei) im Reichstag am 19. Juli. 1917:*

Auf das Urteil unserer Heerführer gestützt, erwarten wir mit unerschütterlicher Zuversicht den vollen Sieg unserer Waffen. Ihm allein werden wir den Frieden verdanken. Bis er eintritt, muss, will und kann unser Volk aller Entbehrungen, aller Schwierigkeiten unserer wirtschaftlichen Lage Herr werden. Zu Friedensverhandlungen wird Deutschland bereit sein, sobald die Feinde unter uneingeschränktem Verzicht auf ihre Forderungen zwangsweiser Gebietserwerbungen und Entschädigungen sie anbieten. Dann wird es die Aufgabe sein, den Frieden so zu gestalten, dass er Deutschland und seinen Verbündeten Dasein, Zukunft und Entwicklungsfreiheit wirksam sichert. Unsere Grenzmarken müssen für alle Zeiten besser geschützt sein (…).

Q4 *Aus einer Denkschrift der SPD-Reichstagsfraktion, 28. Juni 1917:*

Die Stimmung der Bevölkerung ist durch die anhaltenden Entbehrungen aufs Tiefste herabgedrückt. (…) Auch bei den Truppen greift die Kriegsmüdigkeit um sich. (…) Der Glaube an die Möglichkeit eines entscheidenden Sieges ist mehr und mehr erschüttert. (…) Durch das offene Bekenntnis der Reichsleitung zu einem allgemeinen Frieden ohne Annexionen und Kontributionen würde in allen Ententeländern die aus der Tiefe des Volkes kommende Friedensströmung (…) sehr gestärkt werden. Auch die Wirkungen einer solchen Erklärung auf die nach Frieden verlangenden Massen unseres Volkes würde die denkbar beste sein. Die Überzeugung würde allgemein und fest begründet werden, dass wir nicht um Eroberungen willen, sondern lediglich zur Verteidigung unserer eigenen Lebensrechte den Krieg führen, dass unsererseits einem baldigen Frieden der Verständigung nichts im Wege steht (…).

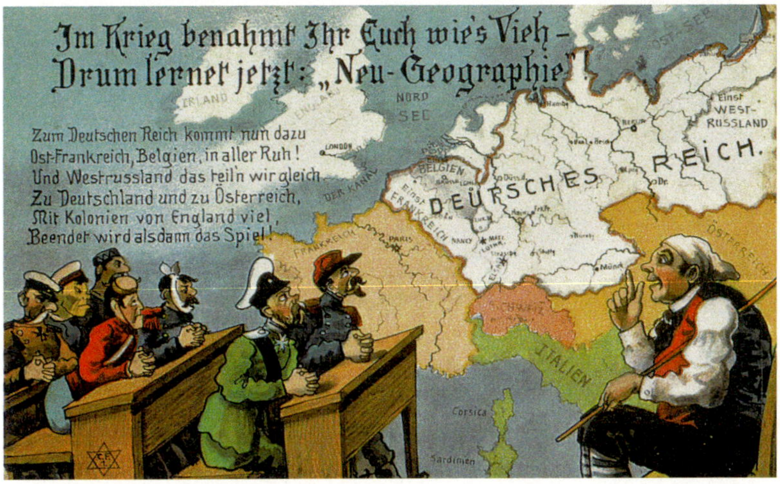

Q5 *„Neu-Geographie"* (deutsche Postkarte, Poststempel vom 8. 3. 1915).
– Welche territorialen Veränderungen sollen nach dem Krieg erfolgen?

1. *Untersuche das Plakat Q1. An welche Gefühle appelliert die amerikanische Kriegspropaganda?*
2. *Was bewog Präsident Wilson, in den Krieg einzutreten? Inwiefern brachte dies eine entscheidende Wende (VT)?*
3. *Lies Q2 und beurteile den Friedenswillen der Kriegsparteien.*
4. *Suche nach Erklärungen für die Haltung Westarps und die der SPD-Reichstagsfraktion (Q3, Q4).*
5. *Erkläre in deinen eigenen Worten die Begriffe Verständigungsfrieden und „Siegfrieden".*

18 War der Sieg „zum Greifen nah"?

Zeitreise multimedial – Das lange 19. Jahrhundert: Konflikte – „Das Tagebuch der Maria Anna Kohns"

TIPP

Ein spannendes Buch über die Ereignisse im November 1918 und das Kriegsende: „Die roten Matrosen oder Ein vergessener Winter" (Klaus Kordon, Beltz & Gelberg, 2003)

Revolution und Waffenstillstand

Anfang 1918 machte sich bemerkbar, dass die USA gewaltige Massen an Kriegsmaterial nach Europa gebracht hatten und dass die deutsche Armee erschöpft war. Der Krieg war praktisch verloren.

Im September 1918 verlangte die Oberste Heeresleitung unter General Paul von Hindenburg und General Erich Ludendorff von der deutschen Regierung, wegen der aussichtslosen militärischen Lage einen Waffenstillstand herbeizuführen. Die deutsche Marineführung aber erteilte Anfang November der Hochseeflotte den Befehl, gegen die englische Flotte auszulaufen. Lieber heldenhaft untergehen, als die Flotte an den Feind auszuliefern, war ihre Devise. Doch die Matrosen verweigerten den Gehorsam. In Kiel kam es zum bewaffneten Aufstand, der sich zu einer Revolution in ganz Deutschland ausbreitete. Am 9. November musste Kaiser Wilhelm II. von seinem Thron zurücktreten. Zwei Tage später unterzeichneten Vertreter der neuen demokratischen Regierung einen Waffenstillstand. Der Erste Weltkrieg war zu Ende.

Q 1 *Die deutsche Waffenstillstandskommission* auf dem Weg zu den Verhandlungen. Matthias Erzberger, Mitglied der neuen Regierung, unterzeichnet am 11. November 1918 den Waffenstillstandsvertrag.

Frieden in Versailles

Die Friedensverhandlungen im französischen Versailles führten Vertreter der neuen deutschen Regierung. Die Siegermächte stellten harte Bedingungen. Dem Deutschen Reich wurde die Alleinschuld am Krieg angelastet. Daraus leiteten die Alliierten das Recht ab, hohe Reparationszahlungen zu verlangen. Mindestens 30 Jahre sollten die Deutschen Milliardenbeträge bezahlen. Außerdem musste Deutschland große Gebiete im Westen und im Osten abtreten sowie seine Armee verringern.

Die deutsche Regierung lehnte zunächst ab. Da die Siegermächte aber drohten, in Deutschland einzumarschieren, blieb den demokratischen Politikern der jungen deutschen Regierung keine andere Wahl, als den Friedensvertrag zu unterschreiben.

Im Felde unbesiegt?

In Deutschland war man entsetzt über den als „Diktat von Versailles" und „Schandfrieden" empfundenen Vertrag. Die alten Machteliten des untergegangenen Kaiserreichs nutzten diese Situation, um gegen die neue demokratische Regierung zu hetzen. Jene Politiker, die den Vertrag unterzeichnet hatten, wurden als „Erfüllungsgehilfen" der Alliierten verleumdet. Zudem leugneten die Militärs plötzlich jegliche Verantwortung für die Niederlage. Die Armee sei „im Felde unbesiegt" gewesen und „in der Heimat verraten" worden: Die Politiker seien Schuld an der Niederlage, da sie hinterrücks einen Waffenstillstand ausgehandelt hätten. Die Streiks und Proteste der Sozialisten während des Krieges hätten zudem wie ein Dolchstoß in den Rücken der Soldaten gewirkt.

Diese so genannte Dolchstoßlegende verbreitete sich rasend schnell. Sie wurde zu einer schweren Belastung für die junge deutsche Republik.

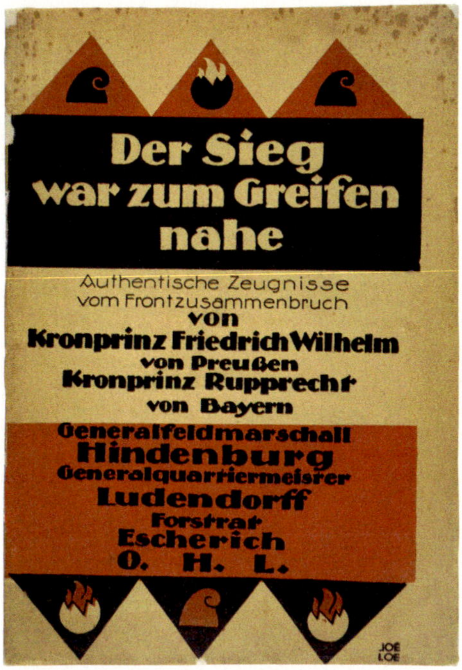

Q2 *Der Sieg war zum Greifen nahe,* (Titelblatt einer Broschüre aus dem Jahr 1921). Die Schrift sollte helfen, die Dolchstoßlegende zu verbreiten. Auch die ehemaligen Generäle Hindenburg und Ludendorff wurden im Buch zitiert.

Länder	während des Krieges insgesamt mobilisierte Streitkräfte	gefallen und gestorben	Verwundete	Gefangene und Vermisste	Gesamtausfälle der mobil. Streitkräfte in %
Alliierte und verbündete Staaten:					
Russland	12000000	1700000	4950000	2500000	76,3
Frankreich*	8410000	1357800	4266000	537000	73,3
Großbritannien*	8904467	908371	2090212	191652	35,8
Italien	5615000	650000	947000	600000	39,1
USA	4355000	126000	234300	4500	8,2
Japan	800000	300	907	3	0,2
Rumänien	750000	335706	120000	80000	71,4
Serbien	707343	45000	133148	152958	46,8
Belgien	267000	13716	44686	34659	34,9
Griechenland	230000	5000	21000	1000	11,7
Portugal	100000	7222	13751	12318	33,3
Montenegro	50000	3000	10000	7000	40,0
Gesamt	42188810	5152115	12831004	4121090	52,3
Mittelmächte:					
Deutschland	11000000	1773700	4216058	1152800	64,9
Österreich-Ungarn	7800000	1200000	3620000	2200000	90,0
Türkei	2850000	325000	400000	250000	34,2
Bulgarien	1200000	87500	152390	27026	22,2
Gesamt	22850000	3386200	8388448	3629829	67,4
Gesamtbilanz	65038810	8538315	21219452	7750919	57,6

*einschließlich Kolonialtruppen

D1 *Der Erste Weltkrieg in Zahlen*

Q3 *Von hinten erdolcht? Ein deutscher Offizier notierte die wichtigsten Aussagen einer Rede General Ludendorffs über die militärische Lage am 1. Oktober 1918:*

So sei vorauszusehen, dass dem Feinde schon in nächster Zeit mithilfe der kampffreudigen Amerikaner ein großer Sieg, ein Durchbruch in ganz großem Stil gelingen werde, dann werde dieses Westheer seinen letzten Halt verlieren und in voller Ausrüstung zurückfluten über den Rhein. (…) Diese Katastrophe müsse unbedingt vermieden werden. (…) Deshalb habe die OHL von Seiner Majestät und dem Kanzler gefordert, dass ohne jeden Verzug der Antrag auf die Herbeiführung eines Waffenstillstandes gestellt würde bei dem Präsidenten Wilson von Amerika. (…) Er habe sich nie gescheut, von der Truppe Äußerstes zu verlangen. Aber nachdem er jetzt klar erkenne, dass die Fortsetzung des Krieges nutzlos sei, stehe er auf dem Standpunkt, dass schnellstens Schluss gemacht werden müsse.

Q4 *Auszüge aus dem Kommentar der Süddeutschen Zeitung zu den Bestimmungen von Versailles, 24.6.1919:*

Dem deutschen Volke ist die Schande angetan worden, nicht nur sein Todesurteil zu unterschreiben, sondern seines eigenen Blutes und Stammes Genossen dem Feinde auszuliefern (…). Was haben wir denn gutzumachen, wir, die wir der großen seit Jahrzehnten zusammengebrauten Verschwörung Hass erfüllter Nachbarn und gieriger, Neid erfüllter Konkurrenten zum Opfer gefallen sind. Wie kann man dem heiligen Volksempfinden so ins Gesicht schlagen! Waren die Augusttage 1914, wo aus Millionen deutscher Herzen das Befreiungslied, der vaterländische Jubel sich rang, Lüge, waren sie Selbstbetrug? (…) Es ist geschehen, dein Schicksal, deutsches Volk, ist besiegelt, durch die Männer der Revolution, die den 9. November zum Nationalfeiertag machten, den Tag der Freiheit, wie sie meinten.

1 *Schildere mit deinen eigenen Worten das Ende des Krieges (VT, Q1).*
2 *Erläutere, wie der Versailler Vertrag in der deutschen Öffentlichkeit aufgenommen wurde (VT, Q4).*
3 *Erkläre den Begriff „Dolchstoßlegende" (VT, Q2, Q3). Welche Wirkung konnte diese Legende haben?*
4 *Betrachte D1. Was können uns solche Statistiken mitteilen, was aber nicht?*

19 Methode
Kriegerdenkmäler befragen

Denkmäler für die Gefallenen

Nach dem Ersten Weltkrieg wurden in vielen Städten und Dörfern Denkmäler errichtet, um der Gefallenen aus der eigenen Gemeinde zu gedenken. Die Gestaltung der Denkmäler fiel allerdings sehr unterschiedlich aus. Dienten die Kriegerdenkmäler im 19. Jahrhundert noch dazu, militärische Siege oder erfolgreiche Feldherren zu verherrlichen, so drückten nach dem Ersten Weltkrieg viele Künstler in ihren Denkmälern auch das Leid der Soldaten und die Trauer der Familien aus. Schon bei der Planung und Errichtung vieler Kriegerdenkmäler gab es deshalb Streit unter den Künstlern, Auftraggebern und dem Publikum. Manche Denkmäler wurden später sogar beschmutzt oder zerstört.

Ein Denkmal als Quelle nutzen

Ein Denkmal ist also eine sehr aufschlussreiche historische Quelle, denn zum einen erinnert es an Ereignisse oder Personen aus der Geschichte. Zum anderen sagt ein Denkmal auch viel über die Menschen aus, die es in Auftrag gegeben, gestaltet und aufgestellt haben. Am Ort des Denkmals steht meist auch eine Tafel, die dir erste Informationen gibt. Weitere Informationen zum Denkmal und seiner Geschichte finden sich in Zeitungsartikeln, Festreden oder anderen Berichten zur Stadtgeschichte. Diese Dokumente liegen im Stadtarchiv.

Q 1 *Kriegerdenkmal in Hildesheim* zu Ehren der Gefallenen des Ersten Weltkriegs. „Nie wieder Krieg" stand 1981 eines Morgens in großen weißen Buchstaben auf dem Denkmal. Viele Einwohner reagierten empört.

Methodische Arbeitsschritte

1. Beschreibe das Denkmal genau. Was ist dargestellt, welche Einzelheiten fallen auf?
2. Wie wirkt das Denkmal auf dich? Zeigt es wirkliche Menschen oder Helden? Werden Gefühle wie Trauer und Schmerz sichtbar oder verkörpern die Figuren Heldenmut und Stärke?
3. Gibt es eine Inschrift und was sagt sie aus?
4. An welchem Ort ist das Denkmal aufgestellt? Hat dieser Platz eine besondere Bedeutung für die Stadt?
5. Informiere dich über die Entstehungsgeschichte des Denkmals. Aus welchem Anlass wurde es errichtet, wer hat den Auftrag dazu gegeben und wer hat es geschaffen?
6. Versuche, die Botschaft des Denkmals zu formulieren. Kannst du ihr zustimmen?

Q 2 *Die Brüder Hans und Peter Kollwitz als Kinder*

Q 3 *Aus dem Tagebuch von Käthe Kollwitz:*

Sonntag, 9. August 1914

Karl (der Vater): „Das Vaterland braucht dich noch nicht, sonst hätte es dich schon gerufen." Peter leise, aber fest: „Das Vaterland braucht meinen Jahrgang noch nicht, aber mich braucht es." Immer wendet er sich stumm mit flehenden Blicken zu mir, dass ich für ihn spreche.

Montag, 10. August 1914

Verzweifeltes Aufwachen am Morgen. Gefühl der Unmöglichkeit der Hingabe Peters. Mit Peter nach dem Frühstück gesprochen. Gesagt, dass ich nichts zurücknähme vom gestrigen Abend. Er müsse über sich selbst bestimmen. Aber ob er nicht doch noch etwas warten wolle, bis er gerufen werde? Die Wahrscheinlichkeit läge nahe, dass keiner dieser Jünglinge wiederkäme.

(...) Während des Sprechens dasselbe Gefühl wie am Abend vorher, als Karl sprach: Man spricht umsonst und man findet keine Worte, weil der stumm zuhörende Junge mit Macht sich gegen das eigene Innere durchsetzt.

(...) Abends ich und Karl allein. Weinen, Weinen, Weinen.

1 Betrachte die beiden Denkmäler Q1 und Q4 anhand der methodischen Arbeitsschritte. Was wollten die Künstler jeweils ausdrücken?

2 Lies die Zusatzinformationen zu dem Denkmal von Käthe Kollwitz. Erläutere nun genauer, wie das Denkmal entstanden ist.

3 Informiere dich im Internet oder in der Bibliothek über Käthe Kollwitz und ihre Werke. Finde weitere Bilder von ihr, in denen sie sich mit dem Krieg auseinandersetzt.

4 Gibt es in eurer Stadt auch ein Denkmal für die gefallenen Soldaten des Ersten Weltkriegs? Besucht es und betrachtet es genau auf seine Aussage und Wirkung hin.

Q 4 *Trauerndes Elternpaar (*Denkmal von Käthe Kollwitz, 1867–1945, auf dem Soldatenfriedhof Vladslo bei Dixmude in Belgien). Die Künstlerin Käthe Kollwitz verlor im Ersten Weltkrieg ihren damals 18-jährigen Sohn Peter. Diesen Verlust konnte sie ihr ganzes Leben nicht verwinden. Vor allem machte sie sich Vorwürfe, dass sie ihren Sohn nicht davon abgehalten hatte, sich freiwillig als Soldat zu melden. Nach einer kurzen Ausbildung wurde Peter im Kampfgebiet in Flandern eingesetzt, wo er nach wenigen Tagen fiel.

20 Abschluss
Wohin der „Wettlauf“ um Kolonien führte

Es war ein verhängnisvoller Weg, den die europäischen Großmächte im letzten Drittel des 19. Jahrhunderts einschlugen und der letztlich in einer Katastrophe endete. Entscheidende „Stationen“ dieser Jahre kannst du hier noch einmal nachvollziehen.
Start ist an einem Verhandlungstisch in Berlin. An insgesamt 18 Weggabelungen erhältst du eine Frage mit zwei Antwortmöglichkeiten. Folge dem Pfeil, der an der – wie du meinst – richtigen Lösung steht, weiter zur nächsten Station.
An der Strecke findest du mehrere Buchstaben, die du dir notieren solltest. Wenn du die Buchstaben am Ende in die richtige Reihenfolge bringst, erfährst du, wer sich immer wieder gegen die Kolonialpolitik und das Wettrüsten der europäischen Mächte ausgesprochen hat.

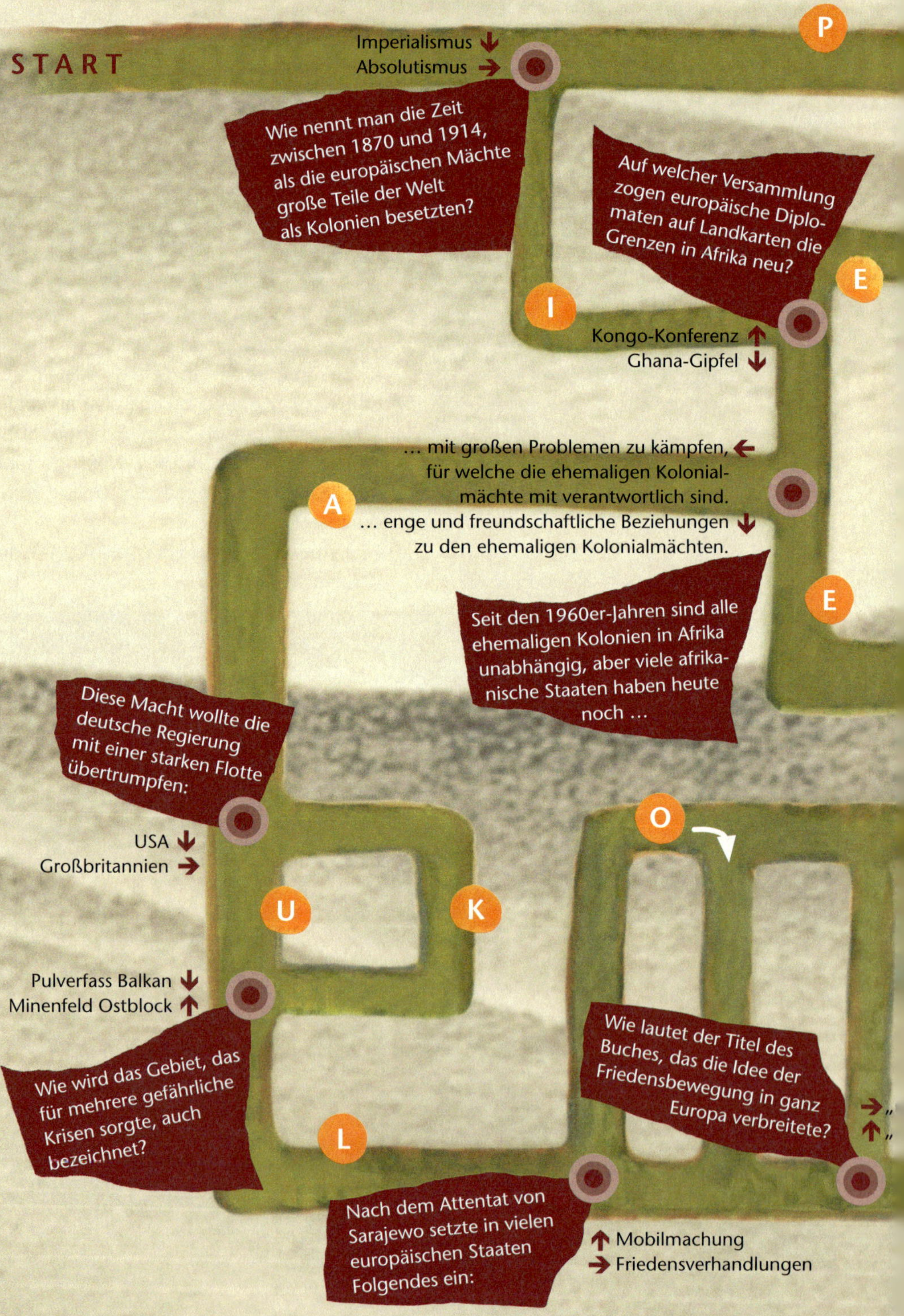

S

O

Wie bezeichnet man die Einstellung, wenn sich ein Volk oder eine Person aufgrund ihrer Herkunft oder Hautfarbe anderen Menschen überlegen fühlt?

D

Rassismus ←
Nationalismus ↓

Z

Als was betrachteten die Europäer den afrikanischen Kontinent?

gesetzloses Land ↓
herrenloses Land ↑

Was behaupteten die Europäer, den einheimischen Völkern in den Kolonien zu bringen?

Kultur und Zivilisation →
Reichtum und Frieden ↓

Wer von diesen beiden Männern begeisterte sich von Anfang an für den Erwerb von möglichst vielen Kolonien?

Otto v. Bismarck ↑
Kaiser Wilhelm II. ↓

An welchem Volk verübten die deutschen Kolonialtruppen einen Massenmord?

Kongolesen ↑
Herero ←

R

Wie hieß die Kolonie, die Carl Peters im Auftrag der deutschen Regierung erwarb?

Deutsches Südafrika ↑
Deutsch-Ostafrika ←

A

M

Was baute Bismarck auf, um das Deutsche Reich politisch und militärisch abzusichern?

← ein mehrseitiges Bündnissystem
↓ mehrfach überwachte Grenzen

↓ Matrosen der Kriegsflotte
→ Junge Rekruten an der französischen Front

Wer verweigerte im Oktober 1918 den Befehl der Offiziere und rief zur Revolution auf?

Welches Ereignis brachte 1917 eine entscheidende Kriegswende?

↑ Die USA traten in den Krieg ein.
← Russische Truppen eroberten Berlin.

Verdun ↓
Stalingrad →

Bei der Schlacht um diese Stadt im Jahr 1916 verloren Hunderttausende Soldaten ihr Leben.

N

T

ıder Krieg"
'en nieder"

W

↑ den Waffenstillstandsvertrag
→ ein Friedensangebot an die Alliierten

Am 11. November 1918 unterzeichneten Vertreter der deutschen Regierung …

ZIEL

Methodenglossar (Band 1)

Zeitzeugen befragen (Band 1, S. 14)

1. Thema überlegen und Fragen sammeln:
   - Überlege, was du wissen und herausfinden möchtest.
   - Formuliere kurze und eindeutige Fragen, die du in eine sinnvolle Reihenfolge bringst.
   - Vermeide Fragen, die nur mit „Ja“ oder „Nein“ beantwortet werden können.

2. Zeitzeugen auswählen:
   - Welche Person bzw. Personen möchtest du befragen?
   - Wähle einen passenden Ort für die Befragung aus.
   - Verabrede einen Termin.

3. Vorbereitung:
   - Überlege, wie du die Antworten festhalten möchtest.
   - Halte entsprechende Materialien bereit (Notizzettel und Stifte, Rekorder oder Diktiergerät mit Kassette, Videokamera).
   - Bitte den Befragten um Erlaubnis, seine Antworten eventuell mitzuschneiden.

4. Die Befragung:
   - Nimm deinen Fragenkatalog und stell die Fragen.
   - Lege dem Zeitzeugen passende Fotos, Briefe oder Urkunden (z. B. Familienstammbuch) vor, die seine Erinnerungskraft anregen können.
   - Lass dir auch solche Erinnerungsstücke vom Zeitzeugen zeigen.
   - Wenn dir etwas unklar ist, frage nach.
   - Bedanke dich nach dem Gespräch für das Interview.

5. Auswertung und Präsentation:
   - Überlege, wie du die Ergebnisse deiner Befragung präsentieren kannst (Vortrag, Wandzeitung (s. S. 22/23), [Videofilm])
   - Hast du Materialien vom Zeitzeugen erhalten (z.B. Fotos, Urkunden), stelle auch diese vor.
   - Denke daran, einen Kommentar zu den Ergebnissen abzugeben.

Informationen präsentieren: die Wandzeitung (Band 1, S. 22)

1. Informationen auswählen und darstellen:
   - Welche Informationen sind wichtig, welche können weggelassen werden?
   - Überlege, wie du diese Informationen darstellen möchtest (eigene Zeichnungen und Texte oder Material aus Büchern).

2. Gestaltung der Wandzeitung:
   - Schrift:
     Sie muss groß und gut lesbar sein.
     Überlege, ob du Druck- oder Schreibschrift verwendest.
     Die Schriftfarbe muss erkennbar sein.
     Nicht mehr als zwei Farben verwenden.
   - Fotos/Bilder:
     Geeignete großformatige Bilder auswählen.
     Bildunterschriften verfassen.
     Anordnung der Bilder festlegen.
   - Texte:
     Kurze, übersichtliche Texte mit einer klaren Gliederung verfassen.
     Gute Überschriften überlegen, die zum Weiterlesen verlocken.
   - eigene Zeichnungen:
     Welche Informationen kannst du per Zeichnung darstellen?

   TIPP: Skizziere zunächst auf einem Blatt Papier, wie das Plakat später aussehen soll.

3. Benötigtes Material:
   - Welches Material (Stifte, Lineal, Papier, Pappe, Tapete, Klebstoff, Schere…) wird gebraucht?

4. Wandzeitung erstellen:
   - Bei Gruppenarbeit festlegen, wer welche Aufgaben übernimmt:
     Wer schreibt, wer zeichnet, wer kümmert sich um die Bilder (großformatig kopieren, ausschneiden, aufkleben usw.), wer achtet auf die Zeit?

   TIPP: Bilder und Texte erst lose auflegen und dann aufkleben!

5. Ergebnisse präsentieren:
   - Wandzeitung für den Vortrag nutzen.
   - Vorher überlegen, welches Thema wie ausführlich erklärt wird.

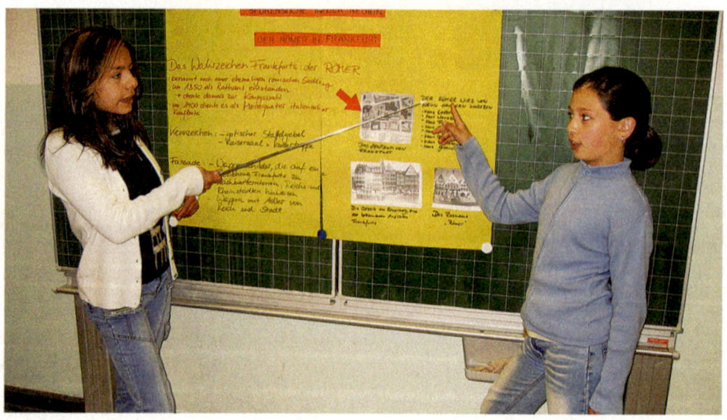

Vom Fund zur Rekonstruktion (Band 1, S. 34)

1. Beschreibe den ursprünglichen Fund: Wie viel war von dem Gegenstand oder Gebäude erhalten und in welchem Zustand war der Fund?
2. Vergleiche die Rekonstruktion mit dem Fund. Was wurde originalgetreu wiedergegeben? An welchen Stellen hat der Archäologe etwas hinzugefügt?
3. Betrachte die Rekonstruktion kritisch: Was konnte der Archäologe wissen, wo musste er dagegen Vermutungen anstellen? Hat er vielleicht auch an manchen Stellen seine Fantasie spielen lassen?

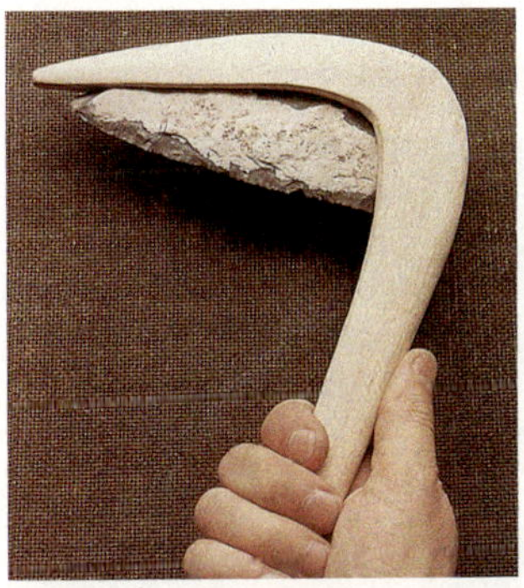

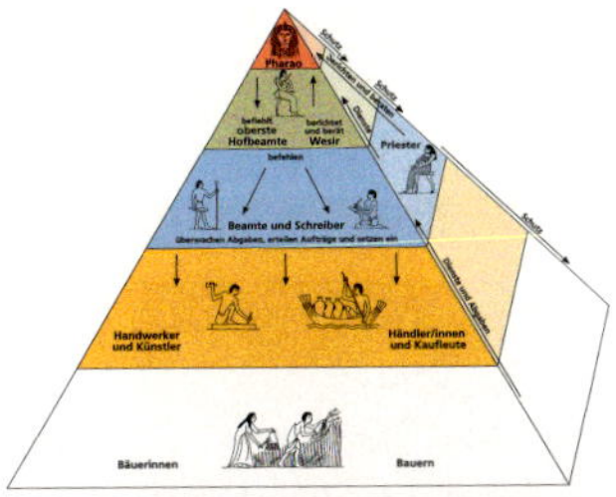

Ein Schaubild verstehen (Band 1, S. 62)

1. Stell fest, welches Thema das Schaubild behandelt. Die Legende verrät es dir.
2. Untersuche, warum einzelne Teile des Schaubildes in verschiedenen Farben dargestellt sind.
3. An welchen Stellen werden Pfeile und Linien verwendet? Was sagen sie über die Beziehungen zwischen den Personen aus?
4. Warum eignet sich die Form einer Pyramide besonders gut, um die ägyptische Gesellschaft darzustellen? Kannst du dir noch eine andere Form vorstellen?

Schriftliche Quellen auswerten (Band 1, S. 82)

Fragen zum Text:

1. Worum geht es in dem Text? Welche Orte, Personen oder Gruppen werden genannt?
2. Gibt es Wörter oder Sätze, die du nicht verstehst? Schlage in einem Wörterbuch nach oder frage deine Lehrerin bzw. deinen Lehrer.
3. Unterteile den Text in einzelne Abschnitte und verfasse für jeden eine kurze Überschrift.

Fragen zum Verfasser:

4. Wer hat den Text verfasst?
5. Kannst du erkennen, an wen sich der Schreiber mit seinem Text wendet?
6. Schreibt der Verfasser über Dinge, die er selbst erlebt hat, oder woher hat er seine Kenntnisse?
7. Mit welcher Absicht mag der Verfasser den Text geschrieben haben?

Geschichtskarten lesen und auswerten (Band 1, S. 114)

1. Über welches Thema gibt die Karte Auskunft? Beachte dafür die Überschrift und die Legende.
2. Welcher Raum wird gezeigt? Welche Orte werden hervorgehoben? Vergleiche im Geografie-Atlas, um welches heutige Gebiet es sich handelt.
3. Über welche geschichtliche Zeit informiert die Karte? Bezieht sie sich auf ein bestimmtes Jahr, auf einen kurzen oder langen Zeitabschnitt? Werden unterschiedliche Zeitstufen dargestellt?
4. Beachte die Legende. Was bedeuten die Zeichen, Farben, Linien und Pfeile in der Karte?

Bilder zum Sprechen bringen (Band 1, S. 128)

1. Betrachte das Bild als Ganzes.
   - Was zeigt das Bild?
   - Was fällt besonders auf?
   - Kläre unbekannte Begriffe.
   - Notiere dir erste Fragen.
2. Beschreibe Einzelheiten des Bildes.
   - Welche Personen oder Gegenstände sind dargestellt?
   - Welche Situationen sind zu erkennen?
   - Welche Farben wurden gewählt? Haben sie eine bestimmte Bedeutung?
3. Ordne Zusammenhänge ein.
   - Was lässt die Anordnung der Personen oder Gegenstände erkennen?
   - Gibt es eine Rangfolge?
   - In welcher Verbindung stehen die Personen zueinander?
4. Deute den Inhalt und die beabsichtigte Wirkung.
   - Wer hat das Bild gemalt? Für wen?
   - Was möchte der Künstler dem Betrachter mitteilen?
   - Zu welcher Gelegenheit ist es entstanden?
   - Ist die Darstellung naturgetreu?
   - Welche Symbole enthält das Bild?

Methodenglossar (Band 2)

Bilder als Geschichtsquelle (Band 2, S. 36)

1. Betrachte das Bild in Ruhe und mache dir erste Gedanken:
   – Was zeigt das Bild?
   – Was fällt dir auf?
   – Welche Teile des Bildes sind besonders interessant?
   – Was verstehst du nicht?
2. Beschreibe das Bild genau:
   – Um welche Art von Bild handelt es sich?
   – Was ist dargestellt? Welche Situation bzw. Situationen sind auf dem Bild festgehalten?
   – Welche Farben und Formen tauchen in dem Bild besonders oft auf?
3. Versuche das Bild zu deuten. Vielleicht benötigst du hierfür zusätzliche Informationen:
   – Wer hat das Bild gemalt?
   – Was möchte der Künstler dem Betrachter mit diesem Bild mitteilen?
   – Warum hat der Maler gerade diese Personen und Ereignisse für sein Bild ausgewählt?
   – Ist die Darstellung naturgetreu?
   – Hat der Künstler in der Zeit gelebt, die er auf dem Bild dargestellt hat?

Historische Karten untersuchen (Band 2, S. 80)

1. Aus welcher Zeit stammt die Karte?
2. Welche Kontinente und Länder sind dargestellt?
3. Gibt es Einzelheiten, die besonders hervorgehoben sind?
4. Über welche Kenntnisse verfügte der Zeichner, was war ihm dagegen noch nicht bekannt?
5. Zu welchem Zweck wurde die Karte angefertigt?
6. Welche geografischen, politischen oder religiösen Vorstellungen der damaligen Zeit lassen sich aus der Karte ablesen?

Schriftliche Quellen vergleichen (Band 2, S. 68)

1. Stell möglichst genau fest, was in den Quellen steht und wer sie geschrieben hat.
   (Du kannst das Verfahren aus Zeitreise 1, Seite 82/83 dafür anwenden.)
2. Stell fest, womit sich die Texte/Autoren gemeinsam befassen bzw. was beide erklären wollen.
3. Liste stichwortartig auf, worin sie übereinstimmen.
4. Liste nun für jeden Text/Autor getrennt auf, was er
   a) zusätzlich und
   b) ganz anders als der andere berichtet. So erkennst du, wo sich die Berichte ergänzen und wo sie sich widersprechen.
5. Überlege bei den Widersprüchen, welcher Text/Autor dir glaubwürdiger erscheint.
6. Fasse die Ergebnisse deines Vergleichs in einem Bericht darüber zusammen, was sich damals wahrscheinlich zugetragen hat.

Stadtpläne erzählen aus der Geschichte (Band 2, S. 44)

1. Wo liegt der älteste Siedlungskern?
2. Wie entwickelte sich die Stadt in den folgenden Jahrhunderten?
3. Welche besonderen Gebäude und Sehenswürdigkeiten erkennst du?
4. Wann wurden diese Gebäude gebaut und welche Funktion hatten sie?
5. Was sagen die Namen von Straßen, Plätzen und Vierteln über ihre (frühere) Bedeutung aus?
6. Wie verlief wohl das wirtschaftliche, kirchliche und gesellschaftliche Leben in der Stadt?

Eine Pro-Contra-Diskussion führen (Band 2, S. 90)

1. Wählt einen Diskussionsleiter/eine Diskussionsleiterin.
2. Bildet zwei Gruppen, die jeweils entgegengesetzte Meinungen vertreten.
3. Gebt den Gruppen Zeit um ihre Argumente zu sammeln.
4. Stimmt darüber ab, wer für die eine Meinung ist und wer für die andere. Haltet das Ergebnis fest.
5. Hört euch die Argumente der beiden Gruppen an und stellt ihnen anschließend Fragen.
6. Stimmt noch einmal zu den gegensätzlichen Meinungen ab.
7. Wertet die Diskussion aus:
   – Welche Argumente waren überzeugend, welche nicht?
   – Hat sich das Abstimmungsergebnis verändert und wenn ja, warum?

Eine Kurzbiografie schreiben (Band 2, S. 112)

1. Sammle Informationen zu Taten, Ereignissen, Erlebnissen im Leben da Vincis. Schreibe sie zunächst einzeln in Stichwörtern auf Notizblätter oder Karteikarten auf; hebe dabei Angaben zu Zeit, Ort und Geschehen hervor. Dann kannst du später die Blätter bzw. Karten leicht in eine bestimmte Reihenfolge bringen. Beginne deine Sammlung mit den Informationen, die dir das Buch hier und in Kapitel 2 bietet. (Für eine Kurzbiografie reichen sie eigentlich schon. Weitere Informationen über da Vinci findest du im Internet sowie in Lexika und anderen Büchern.)

2. Bringe die Blätter bzw. Karten in eine zeitliche Reihenfolge.
3. Formuliere nun aus den so geordneten Angaben zu Zeit, Ort und Geschehen sowie den dazu gehörenden Stichwörtern einen Text. Beachte, dass er klar machen muss, warum da Vinci eine bedeutende Persönlichkeit war.

Ein Verfassungsschema interpretieren (Band 2, S. 158)

Das Schema nach Gruppen und Personen zerlegen

1. Wie ist das Schema gegliedert? Lassen sich verschiedene Blöcke, Farben und Symbole erkennen?
2. Wie sind die Blöcke miteinander verbunden? Welche Richtung und Bedeutung haben Pfeile und Linien?
3. Gibt es Begriffe, die du im Lexikon nachschlagen musst?

Verfassungsmerkmale Machtausübung, Gesetzgebung und Rechtsprechung

4. Wer darf Gesetze vorschlagen? Wer arbeitet sie aus? Wer erlässt sie?
5. Wer sorgt dafür, dass Regierung und Bürger sich an die Gesetze halten?
6. Wer regiert den Staat, d.h. übt Macht mithilfe der Gesetze aus?
7. Wer kann durch seinen Einspruch dafür sorgen, dass ein Gesetz vorläufig nicht in Kraft treten darf? Wer darf Gesetze sogar rückgängig machen?
8. Gibt es Grundrechte, die kein neues Gesetz verletzen darf?

Verfassungsmerkmal Wahl

9. Welche Ämter werden durch Wahl besetzt, welche nicht?
10. Wer darf wählen, wer nicht? Wer darf gewählt werden?

Verfassungsmerkmale Machtverteilung und Machtkontrolle

11. Welche Macht haben die verschiedenen Personen bzw. Gruppen im Staat? Wo ist besonders viel Macht konzentriert?
12. Wo sind „Sicherungen" in der Verfassung eingebaut, damit Einzelne ihre Macht nicht missbrauchen können (z. B. um eine Diktatur zu errichten)?

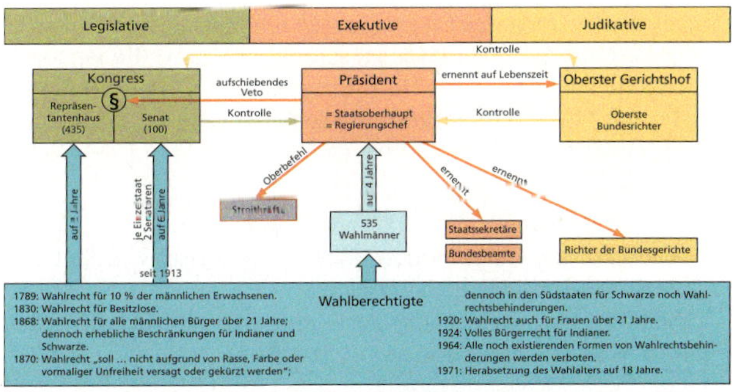

Herrscherbilder zum Sprechen bringen (Band 2, S. 136)

1. Betrachte das Bild und notiere deinen ersten Eindruck.
2. Untersuche das Bild genau:
   – Wie ist der Herrscher auf dem Bild platziert?
   – Wie ist seine Haltung?
   – Welche Herrschaftszeichen finden sich und was bedeuten sie?
   – Welche Farben sind verwendet und wie wirken sie?
3. Finde heraus, wer das Bild gemalt hat und wer der Auftraggeber war.
4. Betrachte das Bild kritisch: Welche Wirkung soll es beim Betrachter erzielen? Wie sieht sich der dargestellte Herrscher selbst?

Methodenglossar (Band 3)

Karikaturen richtig deuten (Band 3, S. 14)

1. Aus welcher Zeit stammt die Karikatur? Wer hat sie gezeichnet?
2. Welche Szene zeigt das Bild? Welche Gegenstände, Sachverhalte, Tiere oder Personen werden abgebildet?
3. Wo weicht der Künstler oder die Künstlerin von der Wirklichkeit ab? Was ist also übertrieben oder verzerrt dargestellt?
4. Welche Symbole erkennst du? Erkläre ihre Bedeutung.
5. Gegen wen richtet sich die Kritik? Wird zum Beispiel eine Person verspottet oder werden gesellschaftliche Verhältnisse kritisiert?
6. Versuche die Aussage der Karikatur in einem Satz zusammenzufassen.
7. Überlege, welche Wirkung der Zeichner beim Betrachter erzielen wollte:
   Welches Publikum sollte angesprochen werden?
   Ergreift der Karikaturist für eine Person oder eine Sache Partei?
   Wie wirkt die Karikatur auf dich?

Historienmalerei – gemalte Geschichte? (Band 3, S. 28)

Fragen zur Person des Malers und zur Person des Auftraggebers

1. Wer war der Maler des Bildes? Wann hat er gelebt?
2. Wer war der Auftraggeber? Welche Position hatte er inne?

Fragen zu den dargestellten Ereignissen und Personen

3. Was ist auf dem Gemälde zu sehen? Wie sind die Personen dargestellt?
4. Welche Personen oder Handlung stellt der Maler in den Mittelpunkt?
5. Hat der Maler das Dargestellte selbst gesehen oder haben ihm andere davon berichtet?

Fragen zur Wirkung

6. Wie setzt der Maler Farben oder den Wechsel von Licht und Schatten ein um eine bestimmte Wirkung zu erzielen?
7. Welchen Eindruck wollte der Maler oder Auftraggeber dem Betrachter vermitteln?
8. Wie wirkt das Gemälde auf dich selber?

Politische Lieder intepretieren (Band 3, S. 54)

1. Wann ist das Lied entstanden?
2. Wer hat den Text geschrieben?
3. Um welche Ereignisse und Personen geht es in dem Lied?
4. Was sagt der Titel des Liedes aus?
5. Wie klingt der Text – anklagend, ironisch, aufrührerisch oder spöttisch?
6. Wie wirkt das Lied insgesamt auf dich?
7. Was hat der Verfasser mit diesem Lied beabsichtigt?

Aus den „unpolitischen Liedern" von Heinrich Hoffmann von Fallersleben, 1841:

Wie ist doch die Zeitung interessant
für unser liebes Vaterland!
Was haben wir heute nicht alles vernommen!
Die Fürstin ist gestern niedergekommen,
und morgen wird der Herzog kommen,
hier ist der König heimgekommen,
dort ist der Kaiser durchgekommen –
bald werden sie alle zusammenkommen –
wie interessant! Wie interessant!
Gott segne das liebe Vaterland!

Statistiken auswerten (Band 3, S. 78)

1. Thema erfassen:
   - Um welchen Sachverhalt geht es? (Meistens steht es in der Überschrift oder in der Legende.)
   - Welchen Zeitraum umfassen die Zahlenangaben?
2. Inhalt und Darstellungsform beschreiben:
   - Wie wird das statistische Material dargestellt: als Tabelle oder Grafik, in absoluten Zahlen oder in Prozent angaben?
   - Sind die Zahlen übersichtlich zusammengestellt und vollständig (Maßstab, Datenmenge)?
3. Statistik auswerten:
   - Was sagen die angegebenen Daten genau aus?
   - Lassen sich Entwicklungen ablesen?
   - Gibt es Zusammenhänge mit anderen Informationen oder Materialien?
   - Inwiefern hat die Statistik neue Erkenntnisse hervorge bracht?
4. Statistik kritisch betrachten:
   - Beruhen die Zahlen auf Schätzungen oder auf genauen Zählungen?
   - Gibt es Zweifel am Wahrheitsgehalt der Aussagen?

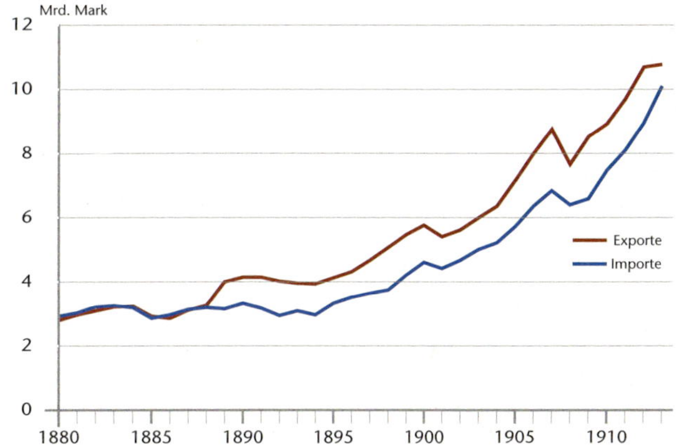

Fotografien als Geschichtsquellen betrachten (Band 3, S. 136)

1. Betrachte das Foto genau und beschreibe die Einzelheiten.
2. Fasse zusammen, welche konkrete Situation der Fotograf auf dem Bild festgehalten hat.
3. Überlege, zu welchem Zweck das Foto aufgenommen wurde. Ist es ein Pressefoto oder eine private Aufnahme?
4. Beschreibe die Wirkung des Fotos. Welche Einzelheiten hat der Fotograf besonders hervorgehoben; welche Stimmung herrscht auf dem Bild?
5. Betrachte das Foto kritisch. Trifft der Fotograf eine bestimmte Aussage? Will er sachlich informieren oder eine bestimmte Wirkung beim Betrachter erzielen?

Kriegerdenkmäler befragen (Band 3, S. 142)

1. Beschreibe das Denkmal genau. Was ist dargestellt, welche Einzelheiten fallen auf?
2. Wie wirkt das Denkmal auf dich? Zeigt es wirkliche Menschen oder Helden? Werden Gefühle wie Trauer und Schmerz sichtbar oder verkörpern die Figuren Heldenmut und Stärke?
3. Gibt es eine Inschrift und was sagt sie aus?
4. An welchem Ort ist das Denkmal aufgestellt? Hat dieser Platz eine besondere Bedeutung für die Stadt?
5. Informiere dich über die Entstehungsgeschichte des Denkmals. Aus welchem Anlass wurde es errichtet, wer hat den Auftrag dazu gegeben und wer hat es geschaffen?
6. Versuche die Botschaft des Denkmals zu formulieren. Kannst du ihr zustimmen?

Verzeichnis der Namen, Sachen und Begriffe

Verwendete Abkürzungen:
Abb. = Abbildung;
afrik. = afrikanisch;
amerik. = amerikanisch;
bürgerl. = bürgerlich;
christl. = christlich;
dt. = deutsch;
elektr. = elektrisch;
europ. = europäisch;
evang. = evangelisch;
f./ff. = folgende Seite/n;
frz. = französisch;
histor. = historisch
holl. = holländisch;
industr. = industriell;
Jh. = Jahrhundert;
kamerun. = kamerunisch;
kathol. = katholisch;
mod. = modern;
napoleon. = napoleonisch;
nigerian. = nigerianisch;
österr. = österreichisch;
patriot. = patriotisch;
polit. = politisch;
preuß. = preußisch;
republik. = republikanisch;
russ. = russisch;
schles. = schlesisch;
schott. = schottisch;
span. = spanisch;
staatl. = staatlich;
techn. = technisch

Hinweise:
▷ Verweis auf ein Stichwort
~ ersetzt das Stichwort bei Wiederholung
Halbfett gesetzt sind historische Grundbegriffe, die im Mini-Lexikon des Buches erläutert werden. Die halbfette Seitenzahl gibt den Fundort an.
Bei Herrschern und kirchlichen Amtsträgern werden so weit möglich die Regierungs-/Amtsdaten, bei allen anderen Personen die Lebensdaten angegeben.

Verzeichnis der Textquellen

Französische Revolution
S. 11: Q2 Volkmar Wittmütz, Die Französische Revolution, Frankfurt/M. 1983, S. 20
S. 13: Q2 Heinz Dieter Schmid, Fragen an die Geschichte, Bd. 3, Frankfurt/M. 1981, S. 148
Q3 Ina u. Paul Hartig, Die Französische Revolution, Stuttgart 1984, S. 34f.
Q4 Cahier de doléances des femmes en 1789 et autres textes, zit. nach: Geschichte auch für Mädchen, hg. v. d. Landesregierung NRW, S. 20
S. 17: Q4 Olympe de Gouges, Schriften, Frankfurt/M. 1980, S. 41.
Q6 Olympe de Gouges, Schriften, Frankfurt/M., Basel 1980, S. 39
S. 18: Q1 Resolution der UN-Generalversammlung 217A (III.)
Q2 zit. nach: Geschichte lernen, Nr.6/1988, S. 19
S. 19: Q3 Henriette Akofa, Keine Zeit für Tränen. Mein Leben als Sklavin in Paris, München 2001
Q4 unicef-Nachrichten 3, September 2003, Thema „Kindersoldaten", Deutsches Komitee für UNICEF e.V. (Hg.), Köln, S. 7, 10 (Auszüge)
S. 21: Q2 Ulrich Friedrich Müller, Die Französische Revolution, Ebenhausen 1961, S. 65ff.
S. 23: Q2 Heinz Dieter Schmid (Hg.), Fragen an die Geschichte, Bd. 3, Frankfurt/M. 1981, S. 162
Q3 Walter Grab, Die Revolution von 1848/49. Eine Dokumentation, München, 1980, S. 171f.
Q4 Michael Sauer, Historische Lieder, Stuttgart 1997, S. 25
S. 25: Q2 Jean Paul Marat, Les pamphlets, hg. v. Charles Valley, Paris 1911, S. 25, übers. v. Erich Goerlitz
Q3 Ina u. Paul Hartig, Die Französische Revolution, Stuttgart 1984, S. 97f.
Q4 Camille Desmoulins, Le vieux Cordelier, 20 décembre 1793 (übers. v. Verf.)
S. 27: Q2 M. de Melito, Mémoires I., S. 163f.
Q3 J. Godoche, Les Institutes de la France, Paris 1968, S. 752 (übers. v. Verf.)
Q4 Christian Daniel Erhard (Hg.), Code Napoléon, Leipzig 1908, S.105ff.
S. 31: D2 zs.-gestellt v. Verf.
Q2 Friedrich Max Kircheisen (Hg.), Gespräche mit Napoleon, Stuttgart 1962, Bd. 2, S. 163
S. 33: D2 zs.-gestellt v. Verf.
Q2 Georg Winter (Hg.), Die Reorganisation des preußischen Staates unter Stein und Hardenberg, Teil I, Bd. I, Leipzig 1931, S. 316ff.
S. 35: D1 Eckart G. Franz, Vom Biedermeier in die Katastrophe des Feuersturms, in: Friedrich Battenberg/Eckart G. Franz, Darmstadts Geschichte. Fürstenresidenz u. Bürgerstadt im Wandel der Jahrhunderte, Darmstadt 1984, S. 296, abgedruckt in: Gerd Bauer, Heiner Boehncke und Hans Sarkowicz, Die Geschichte Hessens, Von der Steinzeit bis zum Neubeginn nach 1945, Frankfurt/M. 2002, S. 212
Q2 Rainer Wohlfeil, Napoleonische Modellstaaten, in: Napoleon I. und die Staatenwelt seiner Zeit, hg. von Wolfgang v. Groote, Freiburg 1969, S. 33ff.
S. 37: Q2 Klemens Wenzel Nepomuk Lothar von Metternich, Denkwürdigkeiten, Bd 1., hg. v. Otto von Brandt, München 1921, S. 246ff.
Q3 Deutschland unter Napoleon in Augenzeugenberichten, Eckart Kleßmann (Hg.), München 1976, S. 380ff.

Deutsche streben nach Einheit und Freiheit
S. 43: Q2 Hans Hohlwein, Aufbruch in die neue Zeit, Stuttgart 1969, S. 51
Q3 Denkschrift Steins vom 24. Juni 1815, zit. nach: Geschichte in Quellen. Das bürgerliche Zeitalter 1815–1914, München 1980, S. 26
S. 45: Q3 Ernst Rudolf Huber (Hg.), Dokumente zur deutschen Verfassungsgeschichte, Bd. 1, Stuttgart 1961, S. 91f.
Q4 Heinrich von Gagern, Das Leben des Generals Friedrich von Gagern, Bd. 1, Heidelberg 1856, S. 270ff.
S. 47: Q2 Johann Georg August Wirth, Das Nationalfest der Deutschen zu Hambach, Neustadt 1837, S. 34ff.
Q3 zit. nach: K. Biedermann, Dreißig Jahre deutscher Geschichte, Bd. 1: 1840–1870. Vom Thronwechsel in Preußen 1840 bis zur Aufrichtung des neuen dt. Kaiserthums, Breslau 1883, S. 21
Q4 Georg Büchner, Werke und Briefe, München 1994, S. 40ff.
S. 49: Q3 Karl Obermann (Hg.), Flugblätter der Revolution 1848/49, München 1972, S. 47ff.
S. 51: Q2 Ernst Rudolf Huber (Hg.), Quellen zum Staatsrecht der Neuzeit, Bd. 1, Tübingen 1949, S. 257ff.
S. 54: Q2 Lebendige Vergangenheit 3, Stuttgart 1992, S. 53
S. 55: Q4 Hoffman von Fallersleben, in: Lebendige Vergangenheit 3, Stuttgart 1992, S. 64
Q5 Text: Ludwig Pfau, Melodie: „Maikäfer, flieg", in: Lebendige Vergangenheit 3, Stuttgart 1992, S. 64
S. 57: Q1 Geschichte in Quellen, Das bürgerliche Zeitalter 1815–1914, München, S. 312
Q2 Geschichte in Quellen, Das bürgerliche Zeitalter 1815–1914, München, S. 367f.
Q3 zit. nach: Helmut Böhme (Hg.), Die Reichsgründung, München 1967, S. 273
S. 59: Q2 August Bebel, Die Sozialdemokratie im deutschen Reichstag, Bd. 1, Berlin 1909, S. 3f.
Q3 Heinrich von Sybel, Das neue deutsche Reich, in: Heinrich von Sybel, Vorträge und Aufsätze, Berlin 1875, S. 327
S. 61: Q2 Eduard Bernstein, Die Geschichte der Berliner Arbeiter-Bewegung, Teil 2, Berlin 1907, Nachdruck Glashütten 1972, S. 298
Q3 Gerhard A. Ritter/Jürgen Kocka, Deutsche Sozialgeschichte. Dokumente und Skizzen, Bd. II. 1870–1914, München 1977 (2. Aufl.), S. 392f.
Q4 Hellmuth von Gerlach: Von Rechts nach Links, Zürich 1937, zit. in: Christian Zentner, Illustrierte Geschichte des deutschen Kaiserreichs, München 1986, S. 192f.
S. 63: Q3a Stefan Zweig, Die Welt von gestern, Frankfurt/M. 1970, S. 94f.
Q3b zit. nach: Reinhard Vogelsang, Bielefelds Weg ins Industriezeitalter, Bielefeld 1986, S. 202
S. 65: Q2 zit. nach: Violet Schultz, In Berlin in Stellung. Dienstmädchen im Berlin der Jahrhundertwende, Berlin 1989, S. 20f.
Q3 Theodor Fontane, Der Stechlin, Berlin 1899
Q4 zit. nach: Gerhard A. Ritter/Jürgen Kocka (Hg.), Deutsche Sozialgeschichte, Bd. II, München 1974, S. 259

Industrialisierung und soziale Frage

S. 73: Q2 Geschichte in Quellen, Bd. 5, München 1980, S. 111f.
Q3 Adam Smith, Untersuchung über Natur und Ursache des Wohlstandes der Nationen, London 1776, übers. v. F. Grünefeld, Bd. 1, Jena 1923, S. 18ff.

S. 75: D2 zit. nach: Jürgen Kocka/ Bernd Müller, Wirtschaft und Gesellschaft im Zeitalter der Industrialisierung, München 1984, S. 54ff.
Q2 Dieter Bradtke, Die Industrielle Revolution in Deutschland, Stuttgart 1985, S. 20

S. 77: Q2 Alfons Thun, Die Industrie am Niederrhein und ihre Arbeiter, Teil 1, Leipzig 1879, S. 173f.
Q3 zit. nach: H. Hauser, Les methodes allemandes d'expansion Economique, Paris 1915, S. 1ff. (übers. v. Verf.)
Q5 Arthur Wilke, Die Elektrizität, (ihre Erzeugung und ihre Anwendung in Industrie und Gewerbe), Leipzig 1893

S. 79: D2 Rainer Gömmel, Realeinkommen in Deutschland, Nürnberg 1979, S. 27ff.
D4 Friedrich-Wilhelm Henning, Die Industrialisierung in Deutschland 1800 bis 1914, Paderborn, S. 20

S. 81: D3 Essen im 19. und 20. Jahrhundert, hg. v. Vorstand der Gesellschaft Institut für Geographie, Essen o. J., S. 422f.
Q2 F. J. Pielert, Das Ruhrtal, zit. nach: Chronik des Ruhrgebietes, Dortmund 1987, S. 186
Q3 Dietrich Baedeker, zit. nach: Chronik des Ruhrgebietes, Dortmund 1987, S. 186

S. 83: D2 zs.-gestellt v. Verf.
Q2 Hessischer Volksfreund, Höchst, 01.04.1911

S. 85: D1 zs.-gestellt v. Verf. aus zeitgenössischen Quellen
Q2 Aus einem Bericht von Heinrich Grunholzer von 1843, in: Herbert Pönicke (Hg.), Quellen zur Geschichte des 19. Jahrhunderts: Die wirtschaftliche und soziale Entwicklung Europas, S. 18ff. (bearb. v. Verf.)
Q3 Interview des Verf. mit einer Zeitzeugin von 1998

S. 87: Q3 Adelheid Popp, Jugend einer Arbeiterin, Nachdruck Berlin 1977, S. 35.
Q4 Auguste Cornu, Karl Marx und Friedrich Engels. Leben und Werk, Bd. 1, Berlin 1954, S. 185f.
Q5 zit. nach: Annette Stockmann, Fabrikkinder in Cromford, Köln 1989, S. 16
Q6 zit. nach: Werner Pöls (Hg.), Deutsche Sozialgeschichte, Bd. 1, München 1973, S. 244f.

S. 88: RUGMARK http://www.rugmark.de/presse/prmeldg/Rugmark_Pressemitteilung_11_06_2003.doc

S. 89: Interview Süddeutsche Zeitung, April 2004

S. 91: Q2 Hans Schwab-Felisch/Gerhard Hauptmann: Die Weber. Vollständiger Text des Schauspiels. Dokumentation, Frankfurt/M., Berlin 1993, 33. Aufl., S. 153/154
Q4 Bodo Harenberg (Hg.), Chronik des Ruhrgebiets, Dortmund 1987, S. 172
Q5 Helmut Hirsch (Hg.), August Bebel, Köln/Berlin 1968, S. 352

S. 93: D1 Jürgen Kuczynski, Die Geschichte der Lage der Arbeiter unter dem Kapitalismus, Bd. 3, Berlin 1962, S. 338.
Q2 Auszug aus dem preußischen Vereinsgesetz von 1850
Q3 Elke Frederiksen, Die Frauenfrage in Deutschland 1865–1915, Stuttgart 1981, S. 220
Q4 Der Textilarbeiter, Nr. 6, o. O., 1909

S. 95: Q2 Werner von Siemens, Briefe, ausgewählt und hg. v. Friedrich Heintzenberg, Stuttgart 1953, zit. nach: Gerhard A. Ritter/Jürgen Kokka (Hg.), Deutsche Sozialgeschichte, Bd. II, München 1974, S. 148
Q3 Wolfgang Kleinknecht/ Herbert Krieger, Die Neueste Zeit, Frankfurt/ M. 1965, S. 87

S. 97: Q2 Iring Fetscher (Hg.), Karl Marx/Friedrich Engels. Studienausgabe in 4 Bänden, Bd. 3, Frankfurt/ M. 1966, S. 76f.

S. 99: D1 zs.-gestellt v. Verf.
D2 Statistik der Steinkohlewirtschaft e. V., Essen
Q3 www.debatte-ruhrgebiet.de/politik/cdu_rede_ruettgers.shtml

Imperialismus und Erster Weltkrieg

S. 107: Q2 Peter Alter (Hg.), Imperialismus, Stuttgart 1989, S. 25f.
Q3 zit. nach: Werner Grütter, Der Imperialismus von 1870 bis 1914, Paderborn 1982, S. 53f.
Q4 Gottfried Guggenbühl, Quellen zur Allgemeinen Geschichte, Bd. IV, Zürich 1954, S.303ff.

S. 109: Q2 Hendrik Witbooi, Afrika den Afrikanern!, hg. v. W. Reinhard, Berlin 1982, S. 132f.
Q3 Peter Alter, Der Imperialismus, Stuttgart 1985, S. 67f.

S. 111: Q2 Heinz Dieter Schmid (Hg.), Fragen an die Geschichte, Bd.3, Frankfurt/M. 1981, S. 302
Q3 zit. nach: Klaus Wohlt, „Gloire à la plus grande France". Imperialismus – das französische Beispiel, in: Praxis Geschichte, 1/1993, S. 22

S. 113: Q2 Carl Peters, Wie Deutsch-Ostafrika entstand, Leipzig 1912, S. 27ff.
Q3 Heinz Dieter Schmid (Hg.), Fragen an die Geschichte, Bd.3, Frankfurt/M. 1981, S. 307
Q4 Heide Buhmann/Hanspeter Hascher, Das kleine dicke Liederbuch. Lieder und Tänze bis in unsere Zeit, Darmstadt 1981, S. 512

S. 115: Q2 zit. nach: Alldeutsche Blätter, Nr. 12 vom 19. 3. 1904
Q3 Imperialimus, Weinheim/Basel 1978, S. 36

S. 117: Q3a Dirk Hansohm/Robert Kappel, Schwarz-weiße Mythen, Münster 1994, S. 16
Q3b Axelle Kabon, in: Weder arm noch ohnmächtig, Basel 1993

S. 121: Q3 Max Schneckenburger, „Die Wacht am Rhein", in: Wolffs Poetischer Hausschatz des Deutschen Volkes, Leipzig o. J., S. 49
Q4 Das Tagebuch der Baronin Spitzemberg geb. Freiin von Varnbüler, Aufzeichnungen aus der Hofgesellschaft des Hohenzollernreiches, Deutsche Geschichtsquellen des 19. u. 20. Jahrhunderts, Bd. 43, Göttingen 1960, S. 121

S. 123: Q2 zit. nach: Geschichte lernen 54/ 1996, S. 24
Q3 zit nach: Karl H. Höfele, Geist und Gesellschaft der Bismarckzeit, Göttingen 1967, S. 74f.
Q4 Stenographische Berichte über die Verhandlungen des Deutschen Reichstages, 13. Legislaturperiode, 1. Session 1914, Bd. 294, Berlin 1914, S. 8091

S. 125: Q2 Friedrich Shere, Deutschland und Europa 1890–1914, Berlin 1928, S. 180ff.
Q3 Dieter Fricke (Hg.), Dokumente zur deutschen Geschichte 1897/98 bis 1904, Frankfurt/M. 1977, S. 54f.
Q4 Die Britischen Amtlichen Dokumente über den Ursprung des Welt-

kriegs 1989–1914, Bd. 7/2, Berlin und Leipzig 1932, S. 1199
S. 127: Q2 Franz Conrad von Hötzendorff, Aus meiner Dienstzeit 1906–1918, Bd. 3, Wien 1922, S. 12f.
Q3 Wolfgang Kleinknecht/Herbert Krieger (Hg.), Materialien für den Geschichtsunterricht in den mittleren Klassen, Bd. 5, Frankfurt/M. 1965, S. 140
S. 129: Q2a Fritz Fischer, Griff nach der Weltmacht. Die Kriegszielpolitik des Kaiserlichen Deutschland 1914/1918, Düsseldorf 1967, S. 82
Q2b Karl Dietrich Erdmann, „Hat Deutschland auch den Ersten Weltkrieg entfesselt?“, in Europa 1914 – Krieg oder Frieden, hg. v. Kultusminister des Landes Schleswig-Holstein, Kiel 1985, S. 45ff.
S. 131: Q2 Stenographische Berichte des Reichstages 1911, I, 7730
Q3 Otto Umfried, An die Adresse von General Keim, in: Otto Umfried u. a. (Hg.), Der Wehrverein. Eine Gefahr für das deutsche Volk, Esslingen o. J., S. 15
Q4 Dokumente zur deutschen Geschichte 1914–1917, hg. v. Dieter Fricke, Frankfurt/M., S. 53
Q6 Heinrich Schulthess (Hg.), Europäischer Geschichtskalender, Nördlingen 1898, S. 326ff.
S. 133: Q2 Gunther Mai, Das Ende des Kaiserreiches, München 1993, S. 201
Q3 Asmut Brückmann, Historisch-politische Weltkunde: Die europäische Expansion, Stuttgart 1993, S. 151
S. 135: Q2 Marianne Sporer, Ein Feldpostbrief ihres Onkels Friedrich Dietz (1895–1916, gefallen) aus dem Ersten Weltkrieg, in: Heimatglocken Nr. 4, 20. 04. 2002, Beilage zur Passauer Neuen Presse
Q3 Kopiervorlage FT 2477: 1917–Jahr der Entscheidung, Schülerarbeitsbogen 1, © Institut für Film und Bild, München
Q4 Familienarchiv des Autors
S. 139: Q2a Geschichte in Quellen, Bd. 5, München 1980, S. 49
Q2b Geschichte in Quellen, Bd. 5, München 1980, S. 49f.
Q3 zit. nach: Herbert Michaelis/Ernst Schraepler (Hg.), Ursachen und Folgen. Vom deutschen Zusammenbruch 1918 und 1945 bis zur staatlichen Neuordnung Deutschlands, Bd. 1, Berlin 1959, S. 40f.
Q4 zit. nach: Herbert Michaelis/Ernst Schraepler (Hg.), Ursachen und Folgen. Vom deutschen Zusammenbruch 1918 und 1945 bis zur staatlichen Neuordnung Deutschlands, Bd. 1, Berlin 1959, S. 211ff.
S. 141: D1 Hans Dollinger, Der Erste Weltkrieg, München 1965, S. 423
Q3 Gerhard A. Ritter/Susanne Miller (Hg.), Die deutsche Revolution 1918–1919, Frankfurt/M. 1983, S. 2
Q4 Süddeutsche Zeitung, 24. 6. 1919, o. S.
S. 143: Q3 Catherine Krahmer, Käthe Kollwitz, Hamburg 1992, S. 181

Verzeichnis der Bildquellen

Cover Deutsche Bahn Museum im Verkehrsmuseum, Nürnberg
S. 8, 5. Mai 1789 Bridgeman Art Library, London (Giraudon)
20. Juni 1789 AKG, Berlin
26. August 1789 AKG, Berlin
S. 9, Gemälde AKG, Berlin
21. Januar 1793 Bridgeman Giraudon, Paris
1793/94 BPK, Berlin
1799–1804 AKG, Berlin
S. 10, Q1 AKG, Berlin
S. 11, Q3 AKG, Berlin
S. 12, Q1 Bridgeman Art Library, London (Giraudon)
S. 13, Q5 AKG, Berlin
S. 15, Q2 Bridgeman Art Library, London
S. 16, Q1 AKG, Berlin
S. 17, Q2 AKG, Berlin
Q3 AKG, Berlin
Q5 AKG, Berlin
S. 19, Q5 Beate Diergardt/ati-design, Rodenbach
S. 20, Q1 Bridgeman Art Library, London (Musee Carnavalet)
S. 21, Q3 Bridgeman Giraudon, Paris
S. 22, Q1 Bridgeman Giraudon, Paris
S. 23, Q5 Bridgeman Art Library, London
S. 24, Q1 AKG, Berlin
S. 25, D2 BPK, Berlin
Q5 BBridgeman Giraudon, Paris
S. 26, Q1 AKG, Berlin
S. 27, Q5 Bridgeman Art Library, London
S. 28, Q1 AKG, Berlin
S. 29, Q2 Bridgeman Giraudon, Paris
S. 31, Q1 Mary Evans Picture Library, London
S. 32, Q1 AKG, Berlin
S. 34, Q1 Michael Mühlstein, Groß Gerau
S. 35, Q3 Foto Marburg, Marburg
Q4 AKG, Berlin
S. 36, Q1 AKG, Berlin
S. 37, Q4 BPK, Berlin
S. 38, Zeichnungen Klett-Archiv, Stuttgart (Katja und Steffi Kassler, Leipzig)
S. 40, 1815 AKG, Berlin
1832 AKG, Berlin
1848 AKG, Berlin
S. 41, Gemälde BPK, Berlin
1848/49 BPK, Berlin
1871 BPK, Berlin
1871–1890 BPK, Berlin
ab Ende des 19. Jh. Karl Stehle, München
S. 42, Q1 AKG, Berlin
S. 44, Q1 AKG, Berlin
S. 45, Q2 AKG, Berlin
S. 46, Q1 AKG, Berlin
S. 47, Q5 Artothek, Weilheim
S. 48, Q1 Bridgeman Art Library, London (Archives Charmet)
S. 49, Q2 AKG, Berlin
S. 51, Q3 BPK, Berlin
S. 52, Q1 ullstein bild, Berlin (Mehrl)
S. 53, Q2 f1 online digitale Bildagentur, Frankfurt (Holger Peters)
Q3 Institut für Stadtgeschichte, Frankfurt
Stadtplan © Stadtvermessungsamt Frankfurt am Main, 2006, Nr. 6233-81-06-D
S. 54, Q1 BPK, Berlin
S. 57, Q4 BPK, Berlin
S. 59, Q4 BPK, Berlin
Q5 AKG, Berlin
S. 60, Q1 AKG, Berlin
S. 61, Q5 Karl Stehle, München
S. 62, Q1 aus: Winfried Mogge, Bilder aus dem Wandervogel-Leben. Die bürgerliche Jugendbewegung in Bildern von Julius Groß, Köln 1986
S. 63, Q2b BPK, Berlin
Q2c AKG, Berlin
Q2d BPK, Berlin
S. 64, Q1 AKG, Berlin
S. 65, Q5 BPK, Berlin

Q6 Deutsches Kochbuchmuseum der Stadt Dortmund/Museum für Kunst und Kulturgeschichte der Stadt Dortmund
Q7 Landesarchiv Berlin
S. 68, **1834** Schapowalow, Hamburg (Atlantide)
1835 Deutsche Bahn Museum im Verkehrsmuseum, Nürnberg
1844 BPK, Berlin
S. 69, **Gemälde** Bridgeman Art Library, London
1863 BPK, Berlin
1879 ullstein bild, Berlin (Siemens AG, München)
1960 ullstein bild, Berlin
S. 70, Q1 BPK, Berlin
S. 71, Q2 Heritage-Images, London
Q3 BASF AG, Ludwigshafen
S. 72, Q1 AKG, Berlin
S. 73, Q4 Bridgeman Art Library, London
S. 74, Q1 Deutsche Bahn Museum im Verkehrsmuseum, Nürnberg
S. 75, Q4 Werkbild von Krauss-Maffei
S. 76, Q1 AKG, Berlin
S. 77, Q4 BPK, Berlin
S. 78, **Grafiken** Klett-Archiv, Stuttgart
S. 79, D3 Klett-Archiv, Stuttgart (Sandy Schygulla, Leipzig)
S. 82, Q1 ThyssenKrupp Konzernarchiv, Duisburg
S. 83, Q3 Stadtarchiv, Rüsselsheim
S. 84, Q1 Ruhrlandmuseum, Essen
S. 85, Q4 BPK, Berlin
S. 86, Q1 BPK, Berlin
Q2 Picture-Alliance, Frankfurt (Tim Brakemeier)
S. 87, Q7 ullstein bild, Berlin
S. 88, links laif, Köln
rechts Visum, Hamburg (David Klammer)
S. 89 laif, Köln (Dorigny/REA)
S. 90, Q1 BPK, Berlin
S. 91, Q6 AKG, Berlin
S. 92, Q1 BPK, Berlin
S. 94, Q1 BPK, Berlin
S. 95, Q4 BPK, Berlin
S. 96, Q1 DHM, Berlin
S. 97, Q3 Picture-Alliance, Frankfurt/M.
S. 98, Q1 ullstein bild, Berlin
S. 99, Q4 ullstein bild, Berlin (Oberhauser/CARO)
S. 100, Q1 acht: g, Rüsselsheim
Q2 Stadtarchiv, Rüsselsheim
S. 101, Q3 Stadtarchiv, Rüsselsheim
Q4 acht: g, Rüsselsheim (Opel, Rüsselsheim)
Q5 Klett-Archiv, Stuttgart (Andrej Keller, Gießen)
S. 106/107, **Spiel** Klett Archiv Stuttgart (Katja und Steffi Kassler, Leipzig)
Gasometer Caro Fotoagentur, Berlin (Dobiey)
Villa Hügel Caro Fotoagentur, Berlin (Oberhäuser)
Jahrhunderthalle Werner Otto, Oberhausen
S. 104 **ab 1880** BPK, Berlin
1890 Friedrich-Ebert-Gedenkstätte, Heidelberg
1904 ullstein bild, Berlin
1912/13 Klett-Archiv, Stuttgart
S. 105 **Ansichtskarte** Wilhelm Stöckle, Filderstadt
1914 ullstein bild, Berlin
1917 Imperial War Museum, London
1918 Süddeutscher Verlag, München
S. 106, Q1 BPK, Berlin
S. 107, Q5 AKG, Berlin
S. 108, Q1 AKG, Berlin
S. 109, Q4 Punch Library, London
S. 110, Q1 © Kharbine/Tapabor, Paris
S. 111, Q4 Basler Mission (Johannes Leimenstoll)
Q5 ullstein bild, Berlin
S. 112, Q1 Friedrich-Ebert-Gedenkstätte, Heidelberg
S. 113, Q5 AKG, Berlin
Q6 ullstein bild, Berlin
S. 114, Q1 ullstein bild, Berlin
S. 115, Q4 ullstein bild, Berlin
S. 117, Q1 Stiftung Menschen für Menschen, München
Q2 STUDIO X, Limours (GA/Chatin Jérome)
Q4 Picture-Alliance, Frankfurt
S. 118, D1 Museum Wustrow, Wustrow (Wendland)
Q1 Stollwerck AG, Köln
Q2 AKG, Berlin
S. 119, D2 Klett-Archiv, Stuttgart (Siegfried Gommel)
Q3 Klett-Archiv, Stuttgart (Henry Zeidler, Leipzig)
Q4 TransFair e.V., Köln
Kaba-Dose Kraft Foods, Bremen
S. 120, Q1 DHM, Berlin
S. 121, Q2 Picture-Alliance, Frankfurt (dpa)
Q5 AKG, Berlin
S. 122, Q1 Wilhelm Stöckle, Filderstadt
S. 123, Q5 BPK, Berlin, VG Bild-Kunst, Bonn 2004
S. 124, Q1 BPK, Berlin
S. 126, Q1 AKG, Berlin
S. 127, Q4 BPK, Berlin
S. 128, Q1 AKG, Berlin
S. 129, Q3 Archiv Gerstenberg, Wietze
Q4 ullstein bild, Berlin
S. 130, **Q1 links** BPK, Berlin
Q1 rechts Arbeitsstelle Friedensforschung, Bonn
S. 131, Q5 ullstein bild, Berlin
S. 132, Q1 BPK, Berlin
S. 133, Q4 ullstein bild, Berlin
S. 134, Q1 AKG, Berlin
S. 135, Q5 Spiker/Ulrich (Hg.): Der Tod als Maschinist. Der industrialisierte Krieg 1914–1918. Rasch Verlag, Bramsche 1998, S. 200
S. 136, Q1 ullstein bild, Berlin
S. 137, Q3 ullstein bild, Berlin
Q4 ullstein bild, Berlin
S. 138, Q1 Imperial War Museum, London
S. 139, Q5 Karl Stehle, München
S. 140, Q1 Süddeutscher Verlag, München
S. 141, Q2 DHM, Berlin
S. 142, Q1 Gabriele Klimek, Hildesheim
S. 143, Q2 Käthe Kollwitz Museum, Köln
Q4 VG Bild-Kunst, Bonn 2005
S. 144/145 **Spiel** Klett Archiv Stuttgart (Katja und Steffi Kassler, Leipzig)
Start-Bild AKG, Berlin
Ziel-Bild Süddeutscher Verlag, München
S. 146, **Interview** Klett-Archiv, Stuttgart (Kerstin Grimm, Essen)
Präsentation Klett-Archiv, Stuttgart (Kerstin Grimm, Essen)
S. 147, **Gemälde** Corbis, Düsseldorf
S. 148, **Bonifatius** AKG, Berlin
historische Karte AKG, Berlin
Gemälde Terry Jones/Alan Ereira, Die Kreuzzüge, München 1995, S. 58
S. 149, **Diskussion** Klett-Archiv, Stuttgart (Klaus-Ulrich Meier)
Portrait AKG, Berlin
Gemälde Bridgeman Giraudon, Paris
S. 150, **Karikatur** Bridgeman Art Library, London
Gemälde Bridgeman Giraudon, Paris
S. 151, **Denkmal** VG Bild-Kunst, Bonn

Nicht in allen Fällen war es uns möglich, den Rechteinhaber der Abbildungen ausfindig zu machen. Berechtigte Ansprüche werden selbstverständlich im Rahmen der üblichen Bedingungen abgegolten.